JIAOYU GAIZAO GONGZUO JINGYAN
JI DIANXING ANLIJI

"五大改造"教育系列丛书

刘亚东 ◎ 主编

教育改造工作经验及典型案例集

中国政法大学出版社

2021·北京

图书在版编目（ＣＩＰ）数据

教育改造工作经验及典型案例集/刘亚东主编. —北京：中国政法大学出版社，2021.1
ISBN　978-7-5620-9827-0

Ⅰ.①教…　Ⅱ.①刘…　Ⅲ.①犯罪分子－监督改造－案例－中国
Ⅳ.①D926.75

中国版本图书馆CIP数据核字(2021)第012734号

书　名	教育改造工作经验及典型案例集
	JIAOYU GAIZAO GONGZUO JINGYAN JI DIANXING ANLIJI
出版者	中国政法大学出版社
地　址	北京市海淀区西土城路 25 号
邮　箱	fadapress@163.com
网　址	http://www.cuplpress.com (网络实名：中国政法大学出版社)
电　话	010－58908466(第七编辑部) 010－58908334(邮购部)
承　印	北京鑫海金澳胶印有限公司
开　本	710mm×1000mm　1/16
印　张	21.75
字　数	368 千字
版　次	2021 年 1 月第 1 版
印　次	2021 年 1 月第 1 次印刷
定　价	85.00 元

《教育改造工作经验及典型案例集》
编 委 会

主　　编：刘亚东

副 主 编：戴建海　何中栋

编委会成员：尉迟玉庆　　李春乙　　曹广健　　马玉正

　　　　　　练启雄　　　秦　涛　　陶　侃　　刘　炫

　　　　　　周天雕　　　万智英　　司晓旭　　何　姣

序

　　近年来，北京市监狱管理局提高政治站位、强化责任担当，深入贯彻"坚守安全底线，践行改造宗旨"工作思路，以统筹推进"五大改造"工作要求为首要目标，积极推动"一四五四"北京行动纲领生动实践，通过开展班组建设、强化心理矫治和推广改造项目等各项举措，充分发挥教育改造攻心治本作用，全面推动教育改造创新发展，有效维护了监狱安全稳定，促进罪犯改造质量不断提升，在攻坚克难、科学改造罪犯的过程中，更是锻炼出一支改造能力过硬的监狱民警队伍，为监狱事业发展奠定了坚实基础。

　　2016年，北京市监狱管理局秉持"班组稳则监区稳，监区稳则监狱安"的理念，扎实开展班组建设工作，以班组建设为载体夯实监狱工作基础，提升民警执法水平，净化罪犯改造风气，提高罪犯改造质量，通过在全局组织开展优秀班组、优秀监区的创建与优秀管班民警的考核评选，全面促进教育改造工作提升。4年来，全局共评选出监狱级优秀班组800余个、局级优秀班组196个，一批先进管班经验得到宣传推广，班组建设已经成为北京市监狱管理局民警施展才能的广阔平台。

　　一直以来，北京市监狱管理局不断深化罪犯心理矫治工作，采取各种举措促进心理矫治队伍强化实战锻炼，不断提高队伍专业技能、强化个案矫治效果、提升罪犯心理健康水平。为检验实践效果、促进经验交流，北京市监狱管理局自2013年起便开始定期开展心理矫治个案评比活动，通过扎实开展个案矫治工作，有效地促进了民警专业能力提升，消除了监狱安全隐患，为维护监管秩序稳定和提高改造质量起到积极作用。自2017年以来，全局共评选出优秀心理咨询案例129篇，表彰心理咨询员76人，推动了首都监狱教育改造工作科学化、专业化发展。

　　为宣扬广大基层民警工作业绩和经验智慧，展现近年来首都监狱教育改造工作的特色和水平，积极推广班组建设和心理矫治工作的先进做法，实现教育改造工作传承与创新，北京市监狱管理局组织编写了《教育改造工作经验及典型案例集》。

　　本案例集挑选了班组建设开展以来部分局级优秀管班民警班组建设工作经验材料和典型改造个案，以及 2018 年至 2019 年部分优秀心理矫治个案，案例均来自民警改造罪犯的实际工作，是民警深入了解、对症施教、多措并举、科学改造的真实反映，具有鲜明的原创性。案例涉及入监教育罪犯、出监教育罪犯、严管教育罪犯、传染病罪犯、精神病罪犯、外省市暂押、短刑罪犯等各种类型罪犯，聚焦不认罪转化、危险犯干预、人格障碍矫治等监狱改造重难点问题，内容详实丰富，具有较强的代表性。所造案例均是管班民警和心理咨询员经过多年实践的结晶，可操作性强，对维护监管秩序稳定、提高改造质量，具有很好的借鉴性。

　　我们相信，这本凝聚着北京市监狱管理局全局专业骨干民警心血和智慧的案例集一定能给广大民警提供有益指导和参考借鉴，对于促进经验交流、固化实践成果必将起到积极作用。只要我们坚持贯彻党中央"以人民为中心"的发展理念，积极践行改造宗旨，以"向社会回送守法公民"为目标，不断推动教育改造创新发展，必将实现改造效能的不断提升，为建设"平安中国"首善之区贡献积极力量。

编委会

2020 年 11 月 12 日

目 录

班组建设工作经验

教育改造典型个案

心理矫治优秀案例

班组建设工作经验

让班组罪犯体验到更多改造获得感

——北京市监狱李鹏班组建设经验

北京市监狱管理局管班民警李鹏从接手班组开始，一直向班组成员灌输"班组就是一个整体、一个团队"的理念，通过找准问题从细微入手让所管罪犯感知获得感，通过探索教育改造新方法让所管罪犯体会获得感，通过注重服刑改造细节让所管罪犯取得获得感，这一理念和方法起到了良好的教育效果，所管班组连续两年被评为局级优秀班组。

一、坚持问题导向，找准班组建设发展新起点

李鹏所管班组 2017 年的班组建设，是从北京市监狱管理局开展班组建设元年就获得"局级优秀班组"的高起点上起步的。都说"打江山容易，守江山难"，不光管班民警李鹏对 2017 年班组建设工作再如何提升心里没底，班组罪犯也都觉得已经"弹尽粮绝"。

既然已经获得优秀班组了，再把往年的活动举办一遍，以不变应万变，求稳求踏实是他们当时内心的想法。从多数人要在功劳簿上吃老本，对班组建设有了疲惫感，参加热情不高的感受中，管班民警发现了班组罪犯在认识上产生了偏差。面对这一不利局面，他一声命令，"家"是班组所有人辛苦一年建好的，不能只建不管、只看不用，把"家"经营好更是考验所有人的时候，"家"也是有更多获得感的源泉。从管班民警做起，要为自己的"家"找出路，找更大的目标，把它装饰得更加美丽。

首先，梳理出班组存在的问题，以此为目标，解决问题、完善问题。班组从抓好"认罪悔罪明身份、遵规守纪见行动"年度主题教育活动入手，从"明身份、见行动"中找切入点，围绕监狱"基础规范"的工作要求，打牢"家"的地基，让"家"更稳固、更结实。班组建设以"队列比整齐、自觉

守纪律"的"五比五自"竞赛拉开序幕，从加强罪犯日常管理精细化着手，抓好遵规守纪、定置管理等日常改造生活中的细节，提出"人要精神，地要干净，物要齐备，摆放有序"的目标。在日常管理中，通过进行"遵规守纪比一比、自觉管理晒一晒"，让班组罪犯用"较真"的精神、"好胜"的决心改正自身顽固的不良习性，规范行为养成，激发罪犯的集体荣誉感，增强罪犯的大局观，形成了求大同、存小异、善包容的良好班组改造氛围。

2017 年的班组建设，管班民警又提出了更高的要求：在班组建设中要以"明身份"激发改造动力，再到见行动成为合格公民，把班组建设彻底融入改造全过程，让大家更多地感受到改造的好处，有更大的获得感。

二、搭建"家文化"互动桥梁，积极融洽改造关系

2017 年，所在监区在监区文化方面致力打造"家文化"教育管理模式，用特色品牌助力提升教育改造质量。班组也在"家庭亲情"教育管理工作理念的引领下，积极开展班组建设活动，在民警与罪犯间搭建"家文化"互动桥梁，并结合内视观想、心理咨询辅导、传统文化教育等活动，营造互帮互教的新型改造文化，使罪犯在回归社会后能自食其力地融入社会、融入家庭，成为一名合格公民。

如何搭建好互动桥梁？谈话是最基础、最主要的材料，谈话质量决定桥梁硬度，而彼此的距离是影响谈话质量的直接因素。管班民警耐心地总结了以往与罪犯交谈的各种经验，发现谈话中的一个姿势、一个语言表示、一个善意动作都能向他们释放出一种真诚，而且可以迅速拉近彼此距离。想让班组罪犯感觉到"家"的温暖，渴望获得"家"的帮助，就要把他们看成"自家人"，要让他们觉得是"自家人"。探索班组建设新方法，从谈话开始。在日常谈话中，民警采取让班组罪犯坐着谈话、并排谈话的方式，交谈中非常注意，避免使用不文明用语，多用肯定和鼓励的话，多用商量、建议的语气，少出现命令的指示，以缓解罪犯的心理压力，引导他们自己说问题，自己想解决问题的方法。这些小举措，体现出管班民警对班组罪犯的尊重、爱护，获得了所管罪犯的认可，慢慢地，班组有了一个更融洽、更信任的改造关系。

要多从罪犯角度去想问题，这也是开展班组建设工作中的一个坚持不变的原则。作为管班民警，必须从班组罪犯迫切需要的"精神需求关怀"入手，及时解决他们正当合理的诉求。罪犯在遭受人生最大打击后，心理承受能力极差。强压不如引导、命令不如鼓励。在日常管理教育中，民警大胆尝试给

班组罪犯传递"允许人犯错误"的理念，只要不犯大错就能给机会，引导他们认识到人没有不犯错误的，有错贵在及时改正。不仅需要培养罪犯遇事要多往好处想的习惯，避免经常发生因为一点小错而过分紧张甚至情绪失控的情况，而且还需要鼓励、帮助他们纠正错误认知，重组认知结构。大胆的尝试、认真的实践，让班组建设取得了事半功倍的效果，罪犯的个人违纪率明显降低。就如班组罪犯甲某所说："原来我挺害怕和警官聊天的，之前每次警官找我谈话我都特别紧张，站在那儿就像被审讯，总觉得又犯了什么错要挨批了。可现在坐着谈话，自己踏实，距离感也少了，而且警官也总是先'拉家常'，嘘寒问暖，让我心里挺舒服，慢慢也就没有了紧张感。我现在也不害怕和警官谈话，有什么说什么，真有错误就主动承认，谁都会犯错误，及时改了，以后不犯就行了。"

罪犯的思想变化、人际交往中的不良心理与情绪都会埋在内心深处，他们一般不会主动与民警沟通与交流。负性心理是影响监管安全、改造质量最大的隐患。心理矫治一直是班组建设中的重中之重。在推行"家文化"的过程中，管班民警也认识到，必须充分了解被管理者的真实想法和行为动向，如此才能提升教育管理工作的针对性，才能在心理矫治中取得良好的效果。为摸排狱情、消除隐患，及时、准确地了解班组每一名罪犯的思想动态，管班民警开展了"悄悄话一卡通"活动，在监舍里设置"一卡通信箱"。自活动开展以来，班组罪犯与管班民警交换卡片 45 次，反映实际问题 52 个，其中民警通过卡片约谈 17 次。在与班组罪犯进行有效沟通的同时，管班民警不仅掌握了他们的内心烦恼、思想压力，还第一时间有效化解了他们的情绪波动。班组罪犯乙某曾在交流卡上这样写道："这两天值班的警官管的事怎么这么多，看电视管、在筒道聊天也管，天热找事吧！明儿我就盯着他们，有事我就炸。"看到卡片后，根据以往该犯处事不计后果的性格，民警迅速分析出该犯很有可能存在与他人发生口角甚至打架的隐患，于是及时对其进行教育疏导，消除其不良情绪，成功遏制了严重违纪事件的发生。

三、多措并举畅通交流渠道，有效解开思想症结

在班组建设中，管班民警坚持从关注罪犯心理问题、纠正罪犯错误认知入手，重点转化两名即将回归社会的班组罪犯。在教育转化过程中，主要针对罪犯在改造生活中出现的问题，以抓细节、抓根源，增强改造获得感来转变他们的思想。

任何罪犯在监狱的服刑中都有可能因为不同的问题而影响正常的改造，知道"发病"原因，"治病"时才能摸准"病人"的习性，"药效"才会起作用。因此，只有对症下药，才能消除隐患，达到真正转化的效果。转化的关键在于找准具体原因，所以，在班组建设中，管班民警充分利用心理测试、心理咨询等方式，结合"悄悄话一卡通"信箱、每月罪犯思想汇报记录本反映的情况，做到第一时间掌控班组每名罪犯的思想动态和情绪波动根源。

　　班组罪犯丙某性格比较固执、偏激，遇到问题动不动就和别人抬杠、较真，加上有夜里睡觉爱大声说梦话的毛病，一直搞不好和班里其他人的关系。自 2016 年开展班组建设后，在管班民警的帮助和其他班组罪犯的理解、包容下，该犯改造表现有了明显的转变，还在班组建设中发挥了重要作用。但 2017 年春节后，他开始陆续出现与班组其他罪犯发生口角的情况，改造消磨混泡，小错不断也成了他那段时间的常态。对于这种情况，必须实施强制性的管理，进行严厉的批评教育，更重要的是要找到问题的根源。民警反复研究了"悄悄话一卡通"信箱里丙某近期写的内容，而且通过向班组其他人了解，发现该犯认为自己符合减刑条件，但在提请减刑时因财产刑执行情况出现一些问题而暂时无法减刑，于是猜疑和埋怨监狱、监区的警察对他有意见才影响其提请减刑的，因此情绪出现了波动，直接影响了其日常改造行为。

　　解决心理问题是根本，民警在进行针对性教育管理的同时，针对该犯比较固执、爱较真、心理承受能力差的特点，把更多的精力放在了从生活细节入手，先让该犯心平气和地与民警谈话，听进民警的话，再想办法让他从牛角尖中钻出来，化解其心结并纠正错误认知。该犯的性格造成他在班组里的人际关系较差。民警就从积极营造宽容、理解的班组环境出发，分别与班里其他人谈话，讲解该犯的犯罪经历、所形成的心理问题，引导班组内人员换位思考，正确认识该犯，鼓励他们理解、包容该犯，对该犯不歧视、不排挤。鉴于该犯平时身体不是很好，有心脏病、高血压，一直长期服药，民警就会经常询问他每天的生活情况，帮助其寻找更有效的治疗方法，并用自己所掌握的心理知识告诉他这些病从心理学的角度讲都算是身心性疾病，心理因素在治病过程中有很大影响，不能光吃药，还要适时调节心情，这样才能让身体变好。民警还充分利用该犯做事较真、有一说一的长处，给他安排任务，鼓励他协助班组长管理班里的部分内务，并对他的一些积极表现给予适时表扬，从把班里的事变成他自己的事入手，以激励作为手段调动起他的责任心，逐步增强他的集体观念。这些举措，不仅让该犯真实感受到来自监区、民警的关怀，慢慢消除了与民警的隔阂、偏见，让彼此有了更多推心置腹的交流，而且让他对人、对事也有了一个正确的认知。在其离监前与管班民警的一次谈话中，该犯深情地说道："其实之前减刑的事情，我也知道是国家出了新政策，这跟监狱没什么关系，而且不是我一个人受影响，以前老是说监狱针对我，只不过是当时不敢面对这个情况。其实后来能够顺利减刑，监狱和监区一直依法依规履行职责，对我提供了帮助，我应该感谢你们。"

让班组每一名罪犯都对自己的班组有一种"家"的认同感，在班组建设中承担起一份责任，收获更多改造获得感，使建设班组成为罪犯改造中的一种常态，这就是管班民警李鹏管班的成功秘诀。班组的团结、包容和坚持，是班组建设取得优异成绩的一大亮点。管班民警李鹏总结道："班组建设是确保监管安全、提高改造质量的重要手段。班组罪犯作为班组建设的主体以及最大的受益者，理应在民警的有力引导下，积极参与、主动配合，充分体验更多的改造获得感。"

包容互助活力创新　建设外籍特色班组

——北京市第二监狱刘炫班组建设经验

如何在外籍罪犯中开展班组建设工作是一个新的课题，北京市第二监狱管班民警刘炫对外籍班组罪犯的特点进行分析，通过树立班组建设理念，营造良好改造氛围；利用外语优势，深入了解班组情况，与罪犯建立信任关系；尊重文化差异，创新开展外国籍特色班组活动等措施，使班组的凝聚力得到进一步提高，有效地保证了监管安全，提升了教育改造效果。

一、树立班组建设理念，营造良好改造氛围

接手班组之后，通过深入细致的调查分析，管班民警发现所管罪犯面临的主要困难如下。

（1）罪犯年龄老龄化，罪犯改造积极性差。班组罪犯平均年龄较大，其中三名罪犯身体状况一般：罪犯甲某 69 岁，患有胃病、高血压等疾病，经常头晕，连走路上楼梯都需要别人搀扶；罪犯乙某，患有白内障、腰间盘突出等疾病；罪犯丙某因常年从事建筑工作，肩部受伤，活动受限，长期吃止痛药，需要持续关注。

（2）罪犯文化多元化，相互沟通难度大。从学历上看，班内罪犯学历参差不齐，有的是初中文化，有的是研究生文化，交流存在冲突性；从国籍上看，罪犯来自亚洲、欧洲、南美洲、北美洲，文化认同、生活习惯差异较大；从语言上看，罪犯讲中文、日语、西班牙语、法语等多种语言，沟通存在一定障碍。

（3）罪犯刑期结构差异大，监管安全隐患多。班组六名罪犯中，三名罪犯涉毒，余刑均在十年以上；三名罪犯涉财，余刑在一年以下的罪犯一名，余刑在四年左右的罪犯两名。其中有三名罪犯财产刑和财产性义务未完全履

行，影响呈报减刑，这也给罪犯的管理带来新的挑战。

（4）警囚缺乏信任感，警囚关系易激化。在刚接手班组的时候，班组成员对监狱和监区的指令往往是程序化服从，对监区警官缺乏信任感，有问题第一反应是找使馆，而不是找警官。个别罪犯对于监区的安排和民警的要求，阳奉阴违，容易以自我为中心，不考虑班内其他成员的看法和感受。

针对班组罪犯的实际情况，管班民警确定了以"包容互助、活力创新"为班组建设的基本理念，以培养服刑人员的身份意识、服刑意识、悔罪意识和规范意识为目标来开展班组建设。为此民警专门召开全体罪犯班会，向班组罪犯耐心解释什么是"包容互助"和"活力创新"。

"包容互助"，就是民警和罪犯之间、班组罪犯之间，都能够明确自己的身份，民警秉公执法，罪犯认罪悔罪，相互之间求同存异，相互帮助、相互尊重，无论你来自何方，来到十班就是一个整体。

例如，在与该犯的个别谈话中，管班民警发现他面对十几万未缴纳的罚金一直持观望态度，存在不缴纳罚金也能减刑的侥幸心理。对此民警对其进行批评教育，引导他主动履行财产刑，让其明白"认罪服法"中的"服法"是一种行动状态，切实履行刑罚执行活动所附加的法律义务才能反映出罪犯是真正服从法律制裁的。如果确有财产刑执行能力而拒不执行的，就可以认定其不符合"确有悔改表现"的要件，是不予减刑、假释的。通过民警持续的工作，该犯最终在亲属会见时积极说服家人，不仅缴纳了自己承担的罚金，还替同案其他罪犯缴纳了罚金，全部履行了该判决的财产刑，用实际表现获得了提请减刑假释的机会，获得了减刑。

在民警的努力教育下，班内所有罪犯均能够认罪悔罪，并重新认真书写了认罪悔罪书。

"活力创新"，是在遵规守纪的前提下，民警创新改造罪犯的方式方法，提高罪犯改造的积极性，罪犯根据自身特点，不拘一格地创新，培养良好的习惯和爱好，改掉坏习惯、坏毛病。

例如在与班组内日本籍老年罪犯的沟通方式方法上，民警根据他们不同的性格和文化背景采用了与其他外籍罪犯不同的方法。管班民警发现日本籍罪犯的性格大都内敛，在与日本籍罪犯进行交谈的过程中，彬彬有礼本身就是一种距离的保持。对此管班民警在与日本籍罪犯进行沟通的时候，首先注重礼仪，让对方感到民警是尊重他的，是为了帮助他；其次要保持耐心，在提问的时候，多运用共情式、疑问式、语气温和的发问，而不是一味地用辩论式、进攻式和语气强硬的发问。在发现日本籍老年罪犯甲某年轻时学过吉他，对音乐比较感兴趣后，民警鼓励他在监区和班组的团体活动中为大家表演吉他、演唱日文歌曲，在大家的称赞和鼓励中，该犯一改以往暮气沉沉的状态，情绪明显变好。

二、利用外语优势，深入了解班组情况，与罪犯建立信任关系

在刚接手班组的时候，管班民警首先通过查询罪犯档案，罪犯撰写的成长史、犯罪史、成长重大事件等方式由浅入深寻找犯因性，找准切入点，激发改造动机。班组罪犯的罪行主要为毒品犯罪和财产性犯罪，犯罪的主要原因为经济原因。为此，民警有针对性地对罪犯展开毒品危害教育和正确价值观教育，鼓励罪犯认罪悔罪，深挖犯罪根源。

与此同时，管班民警利用外语专业的优势，深入了解班组情况，依法依规为罪犯排忧解难，与罪犯建立信任关系。例如，班内的哥伦比亚籍罪犯乙某，在其调入班组之后，管班民警马上找其进行谈话，为了更好地进行交流，民警还自学了西班牙语。这样，不论是班会、日常的个别谈话，还是他填写的思想汇报记录本，民警都能听得懂、看得懂，并能顺畅地与该犯进行沟通，掌握第一手资料。在了解到该犯患有白内障，视力存在障碍的情况后，管班民警积极上报监区，联系监狱医院为其进行检查和治疗。同时得知其经济困难无法负担配眼镜的费用时，民警也积极通过狱政部门联系大使馆，最终由使馆出钱为其配置了眼镜。罪犯的问题得到解决，警囚之间的信任感也就开始建立起来，慢慢地，罪犯在遇到问题时，不再是一言不合找使馆，而是有问题第一时间找警官。

每月月底，管班民警都会对当月班组罪犯的违纪情况、教育学习情况以及劳动情况跟进了解并记录。在班会上点评每名罪犯当月的改造情况，并在每名罪犯的思想记录本上写下有针对性的评语，让罪犯感知到民警的关注。

对于班组罪犯在计分考核、综合奖励和减刑假释方面的问题，管班民警耐心地进行答疑解惑，对于财产性判项未能完全执行履行的罪犯，向其阐明目前减刑假释与财产刑执行的关系，鼓励其积极执行履行财产刑和财产性义务。班组六名成员中，有五名罪犯的判决涉及财产性判项。对于判决为没收个人全部财产的罪犯，民警积极与刑罚执行科沟通，通过逐个给法院发函的形式确认该犯被没收个人全部财产的执行情况；对于有罚金的罪犯，鼓励其尽早缴纳罚金。

　　在班组建设期间，班组两名涉及罚金的罪犯均全额缴纳了罚金，符合减刑条件的罪犯已经顺利呈报减刑，对那些涉及罚金还持观望态度的罪犯起到了良好的示范引导作用。

　　三、尊重文化差异，创新开展外籍特色班组活动

　　根据班组建设的需要，班组成立了汉语、音乐等兴趣小组，运用团体活动、音乐疗法等相关教育矫治技术和改造方法对罪犯进行教育改造。

　　外籍罪犯的管理中最大的困难就是语言障碍。跨越语言障碍，仅仅靠民警学习外语是不够的，鼓励引导外籍罪犯学习汉语才能起到事半功倍的效果。在尊重班组成员文化差异的同时，管班民警成立了汉语学习兴趣小组，通过一系列班组活动向罪犯教授汉语和一些中国传统文化知识。经过近两年的汉语学习，班组内罪犯的中文水平有了很大的提高，特别是哥伦比亚籍罪犯乙某，从刚入监的时候完全不懂中文，到现在具备了简单的读写能力，能够熟练用中文问候民警。

　　在接触外籍罪犯的时候，管班民警发现很多外籍犯虽然文化和教育背景各不相同，但是对于音乐有着相同的热情。音乐是人类共同的语言，美好的旋律可以同时被不同国度、不同文化背景的人们所接纳。心理学理论也有音乐疗法一说，通过音乐体验，能达到让人消除心理障碍、恢复或增进身心健康的目的。于是民警成立了音乐兴趣小组，尝试组织监区罪犯、班组罪犯以音乐为载体进行团体活动，以求更好地与罪犯沟通，从而缓解罪犯的压力，促进其改造。音乐兴趣小组成立以来，在日常改造生活中，民警经常性地开展以音乐为主题的班组活动。在班组活动中，民警有意识地选取一些耳熟能详的歌曲，特别是一些中文填词的外国歌曲，组织罪犯进行学习。例如，在策划一次学习中文歌曲的班组活动过程中，民警发现《友谊地久天长》这首苏格兰民歌，除原文盖尔语版本外，被许多国家谱上了当地语言，可以说是流传广泛，妇孺皆知。于是民警找到这首歌的中文版、英文版、法文版、西班牙文版和日文版，先教会罪犯这首歌的旋律，然后让每名罪犯用本国的语言演唱这首歌，最后组织罪犯合唱这首歌的中文版和英文版。这次活动起到了一举多得的效果，既让罪犯学习了中文，增强了班组的凝聚力，又起到了放松心情、舒缓压力的效果，同时这首歌曲被监区选为监狱合唱比赛的参赛歌曲，并取得了第一名的好成绩，起到了带动整个监区的作用。

四、评估改造效果，总结工作经验

在中国长期的对外交往中，"外交无小事"一直是外交人员在实践中奉行的重要准则，对外国籍罪犯的管理关系到中国警察的执法形象、中国监狱的形象甚至是中国司法的形象。通过一年多的班组建设，民警所管班组罪犯在与本国使馆的信件、通话和会见中，对监狱管理的服从和理解的话越来越多，对监狱和民警的不满的表达越来越少，维护了中国监狱的良好形象。

从安全角度来说，通过近一年的班组建设活动，管班民警的责任意识得到进一步强化，对罪犯情况掌握、狱情摸排、罪犯诉求了解、罪犯矛盾化解等能力得到进一步提高，有效地保证了班组的监管安全。

从改造效果来说，通过班组建设活动，班组的凝聚力得到进一步提高，罪犯改造积极性显著提高，班内秩序井然，班组成员之间和睦相处，能够做到"口角有人劝，动手有人拉，事发有人报"，班内无违规违纪行为发生。

从警囚关系来说，两者之间的互相尊重、信任的关系得以强化，民警在班组罪犯面前树立了威信，增强了执法权威和罪犯对民警的信任感。

从整个监区的工作来说，班组起到了良好的示范效应，有力推动了全监区的班组建设工作。

专注"微"个体 营造"和"文化
——北京市良乡监狱李恩慧班组建设经验

近年来，北京市良乡监狱管班民警李恩慧秉持"立人行事，宽人律己"的班组建设理念，有效维护班组和谐与班组团结。在此基础上，重点打造"和"文化，巩固有效改造措施，通过专注个别教育效能的发挥，进一步深化班组建设，提升班组建设工作水平。

一、化繁为简，聚焦理念，着眼长远

首先，明确班组建设目标。深化"立人行事，宽人律己"的班组理念，通过培养和养成班组成员自我控制和自我管理约束的能力，打造"和谐""团结"的班组氛围，提升班组的凝聚力。

其次，确定班组建设措施。一是进一步深化班组理念，"和"字当头；二是做细做实谈心谈话工作，激发个人内在的自我控制力；三是解决罪犯个体的问题，构建班组和谐，提升改造效能。

最后，固化班组有效做法。在尝试包括团体辅导活动、读书阅读、自传复苏、微电影制作、观影评析、竞赛比拼等方法后，本着化繁为简，聚焦有效贯彻和内化班组理念的目标，将读书阅读和自传复苏两项行之有效的活动固化下来，继续在班组内进行推进。

（1）读书阅读活动，在组织阅读《自我心理减压》等书籍的基础上，结合"五大改造"的内容，特别是"政治改造"要求，增加了阅读关于党和国家政策解读的内容，同时还融入了党史、军史介绍等资料。

（2）自传复苏活动。罪犯改造效能的提高，有赖于罪犯个体对自我的正确认知及对过往的重新审视，以正确定位当下和未来。因此，民警努力将组织罪犯书写自传这一有效的方式固化下来，要求班内罪犯人人都要认真撰写自传，不仅要写过去，还要写当下，让罪犯每时每刻都在进行非封闭的自我

内观，提升罪犯自我认知能力和自我管理意识，为罪犯个体及班组改造效能的提升提供源泉与保障。

民警要求罪犯撰写个人成长经历，就是要通过这个过程，让罪犯明白痛苦的记忆不能简单成为过往，而要通过对自己过往的回顾，抓住自己生命中一些刻骨铭心的经历或有用的东西，重新反思和规划，在今后的生活中演绎自己。揭开伤疤并不一定是坏事，也许会更有利于愈合。尽管有一部分罪犯是新调入班组的，但是管班民警从他们入班的第一天开始就安排他们写自传，目的就是着眼于长远。

二、打造班组"和"文化，实施文化改造

"团结和谐，才能汇磅礴之力；安定有序，方可收长远之功。"班组建设紧紧围绕"和"字做文章，但一个班组和谐、团结向上的氛围绝非一朝一夕就能形成的。面对罪犯思想观念多变、价值取向多元、利益诉求多样的复杂情况，需要不断创新方法。管班民警在打造班组"和"文化上下功夫，实施文化改造，将管理学家雷鲍夫提出的"雷鲍夫法则"进行扩展，提出了"八'重要'"的班组文化理念，要求罪犯在处理班组问题时牢记"八'重要'"，即

最重要的八个字：我承认我犯过错误；

最重要的七个字：你干了一件好事；

最重要的六个字：你的看法如何；

最重要的五个字：咱们一起干；

最重要的四个字：不妨试试；

最重要的三个字：谢谢您；

最重要的两个字：咱们；

最重要的一个字：您。

民警将其作为班组文化打印出来，人手一张，张贴在自传本的扉页上，要求班组成员时刻学习，牢记在心，在实践中时刻进行自我检视，用班组文化来改造自己的思想和行为，规范自己的言行，化解与他人的矛盾，净化自己的心理，进而促进团结，和谐班组。

三、夯实基础做工作，找准问题谋对策

前期班组建设工作，一直在开展各种活动。尽管都在围绕问题开展活动，

但有时收效甚微。管班民警李恩慧发现问题出在工作的"舍本逐末"上，过于追求形式和花样的翻新，而忽视了这一切都必须建立在罪犯管理的最基础工作——个别谈话教育上。其实扎实做好个别谈话教育，就是最有力、最可靠、最有效的解决问题的方法。因此，管班民警李恩慧将深化班组罪犯的个别谈话教育工作作为班组建设的重点。

（一）熟练掌握班组罪犯的个性特征及现状

权变理论特别强调管理者要根据被管理者的成熟度、发展阶段及工作环境的不同而选择不同的管理行为，以激发被管理者的绩效。具体到班组管理来说，管班民警需要了解罪犯个体的不同需求、愿望及能力特长，针对不同的特点，明确他们能够接受的改造方式和教育方法，并提供必要的教育引导。在理论的启发下，民警对班组罪犯从个性特征、能力特长、存在的问题及困惑等多个角度进行了分析，熟悉掌握每名罪犯的个性特征和需求现状。

（二）做细做实教育谈话工作

一方面是克服"晕轮效应"对个别谈话工作的影响。"晕轮效应"会以偏概全，让人对外界事物的认知存在偏差。为了避免这一心理效应对自己的影响，民警要坚持认真对待个别谈话，对于罪犯反映的问题，不轻易下定论，不凭想象来臆测。如罪犯甲某，一直给人的印象是能吃、吃不饱、懒惰、不讲卫生、不善言语，可调入班组后，通过个别谈话，发现对该犯的完整陈述还应该包括干活时不惜力、爱看书、不惹事、安静、服从管理等正向积极的印象，同时还了解到他的家庭状况：父亲是残疾人，一家三口靠低保生活。通过细心用心的个别谈话教育，民警对罪犯的了解和掌握更加全面和真实，有助于班组开展各项工作。

另一方面是通过谈话教育发现问题，瞄准问题，找准对策。通过个别谈话教育，及时发现班组罪犯的异常情绪、困惑问题及需求等。如罪犯乙某调入班内后情绪低迷，经谈话了解，该犯因为在接见中得知其儿子不爱言语，可能有自闭症，就开始失眠担心。该犯的问题在于对儿子疑似自闭的担忧。民警就上网查资料，找儿科大夫进行咨询，借助医学科学给他一些解释，让他安心，同时也通过咨询、了解和沟通，使该犯做好了如果是自闭的一些应对方法与打算。

四、激发个体内在自我控制力，凝聚团结班组

（1）运用"皮格马利翁效应"来促进罪犯个体自控力的提升。"皮格马

利翁效应"是用赞美、信任和期待来改变个人和团队的成功法则。赞美、信任和期待具有一种能量，它能改变人的行为，当一个人获得另一个人的信任、赞美时，他便感觉到获得了社会支持，增强了自我价值，从而变得自信和自尊，获得了一种积极向上的动力，并尽力达到对方的期待，以免对方失望，以维护这种社会支持的连续性。日本社会学家横山宁夫的"横山法则"指出，最有效并持续不断的控制不是强制，而是触发个人内在的自发控制。有自觉性才有积极性，无自觉权便无主动权。民警充分运用这些法则，在谈话教育中对罪犯的表现和特长，以及为维护班组和谐与团结所做的努力及时予以肯定、赞美和支持，罪犯会因这种社会支持对自己的言行进行自我约束，从而逐渐提升个体自控力。如罪犯乙某在车间劳动生产中对他犯的表现存在不满，发牢骚说要散伙，各自重新找人，另组生产合作小组。民警找到该犯谈话，当谈及散伙的问题时，该犯自己表示自己只是发牢骚，并不想真的散伙，说自己一直很在乎班组的和谐团结，自己的努力也一直得到民警的肯定，自己会好好维护班组的团结，不想让民警失望，而且在期待通过班组建设的争优来获得鼓励。班组作为一个团队，多少会有负面的情绪和问题，但班组依旧稳定和谐，靠的就是班组中每名罪犯的自觉和自我约束。

（2）注重班组成员合作抗压机制的培养。团队运作过程中多少会有些负面情绪产生，为了解决这一难题，民警主要做好两方面工作。一是未雨绸缪，日常营造"和"文化教育。教育管理中，时时提及"和"，强调团队要学会协作团结，罪犯要为班组团结添砖加瓦，禁止拆梁断柱。经过两年的教育与引导，罪犯的表现对于维护班组和谐和团结已经成为处理、解决班组问题的一个根本原则和出发点。二是面对困难，集体采取开会协商的方式解决。如班组在改造各方面的表现都比较突出。劳动改造方面，罪犯从事的叠纸盒工作需要好几道工序，因此需要大家一块配合。这样一个看似简单的工作，在实际操作中包含许多学问。如果配合不好，很容易散摊形成各自为战的情形。班组开始也出现了类似问题，在管班民警的安排下，罪犯当天集体利用晚上学习时间召开讨论会，在分析形势、任务及诸多不利因素后，开动脑筋出主意、想办法，发挥每个人的特点，解决了一个又一个难题，全班没有一个人掉队，而且在这个过程中，还自主结成了几个帮扶对子，不仅确保了劳动生产定额的完成，还融洽了关系，维护了班组的团结与和谐。

五、总结班组建设经验，深化班组建设认识

通过持之以恒的努力，班组理念已经内化到罪犯的心里，成为班组全体罪犯的一种自觉。班组理念——"和"文化潜移默化地影响着班组成员的一言一行，班组的集体荣誉感有了明显的增强，最为可贵的是，班组正能量有了很大的提升。特别是在班组遇到困难时，自我修复机制发生作用，这绝不是一两个人能够做到的，只有全体罪犯对自身觉悟和自我控制力等方面有了一定层次的认识，才能够实现正能量的提升。"立人行事，宽人律己"已经真正成为班组全体罪犯的改造亮点，难能可贵。

通过总结近年来班组建设工作可知，民警的工作理念很重要。首先要明确没有一个群体的心性本质是低劣的，需要注意发现每个人善良的本质；其次是尽可能将班组成员的善良本质转化到改造生活的方方面面，发现并激发班组成员"真""善""美"的心性，凝聚班组，构建并形成和谐的班组氛围。

传播首都监狱文化　创建特色流动班组

——北京市天河监狱杨笑松班组建设经验

　　北京市天河监狱管班民警杨笑松将"传播首都监狱文化　创建特色流动班组"作为班组建设的目标，从"情"字出发，以"法"字落脚，找准根结，对症下药，化难点为特色，多措并举开展女犯特色班组建设，成效显著，对女性罪犯班组建设具有积极的借鉴意义。

一、找准根结，对症下药，化难点为特色

　　管班民警杨笑松所在的监区是北京市监狱唯一一个关押女性罪犯的监区，不仅担负着监狱女性罪犯的收押、管理和遣送等任务，而且监区人员流动性大，押犯结构纷繁复杂。以民警杨笑松所管理的班组为例，全年流动罪犯达到 60 余人，遍及全国 22 个省份，其中有患严重疾病的、有精神异常的，暴力、涉毒等高危罪犯更是不胜枚举。面对这样一个班组，管班民警首先明确了自己的岗位职责，那就是在流动的押犯常态下，建立稳固的班组秩序，创建天河监狱特色流动班组，并以此为基础开展班组建设工作。

　　为了实现"传播首都监狱文化　创建特色流动班组"的班组管理目标，管班民警从班组的结构特点入手，通过深入思考和分析，找到了班组两个最为显著的特征。一是班组整体的流动性大。与普通的罪犯班组不一样，民警杨笑松所管的班组多为外省籍罪犯，会被定期遣送回原籍服刑，班组人员流动性大，在班组管理过程中不断地有新犯加入，需要一次又一次帮助她们适应班组环境，维护班组整体秩序稳定。二是个体成员的差异性大。由于班组罪犯来自全国各地，彼此之间在语言文化和生活习惯等方面或多或少有所差异，要想做好班组建设，必须分析每名罪犯的特点，有针对性地开展班组建设。这两个特征，既是所管班组的实际情况，也是管理过程中的难点。

　　为此，管班民警积极寻求监区领导与其他同志的帮助指导，厘清工作思

路，面对前期排查出的班组特点和困难，因势利导，把它们转化成优势，变难点为特色。在这样的思路指导下，管班民警充分利用班组的这些特点开展管理。一方面，定期组织"家乡美"系列主题沙龙活动，让班内每名罪犯向大家介绍自己家乡的风俗习惯和美景特色。在增强每个人的自我认同感的同时，也开阔了大家的视野，缓解了每个人的紧张情绪。另一方面，对班组罪犯进行耐心的教育引导，让班内成员学会尊重他人习惯，相互之间做到融洽和谐相处。这些教育手段，不仅使班内整体氛围得到了明显改善，罪犯之间因地域、生活习惯等不同而产生的矛盾也得到了解决。

二、"情"字出发，"法"字落脚，夯实班组日常管理

要想真正管理好一个班组，只是解决突出问题还远远不够，更重要的在于落实好班组的日常管理。在这一点上，民警根据外省籍罪犯班组的特点，确定了从"情"字出发，在"法"字落脚的管理思路。

来到天河监狱的罪犯，入狱之前大多都是背井离乡，孤身来北京闯荡，平日里就缺少亲人朋友的关爱，加之现在触犯法律进了监狱，心理上往往承受着巨大的压力。在这种情况下，如果能从"情"字出发，民警一句温暖的话，一个用心的举动，都可能会引起罪犯心灵的震动，促使他们提高改造的积极性和主动性，许多时候还能轻而易举地化解班内的一些矛盾，起到事半功倍的效果。如班组的罪犯甲某，现年 23 岁，因犯运输毒品罪，被判处有期徒刑三年。该犯给民警的第一印象是较为自卑，沉默寡言，每次找该犯谈心，她都一直低着头，在班里也很少跟别人交流，更不愿意参加班组活动。但是在日常改造生活中，她经常为了一些小事与班组成员发生口角，为此民警多次找她谈话，但是收效甚微。有一天早晨，该犯仅仅因为觉得自己的咸菜少了，就与班长发生争执，嘴里不停地说："为什么她的菜多我的少？我要公平，少一点儿都不行！"在民警了解情况后，发现问题的根源不在事情本身，而在于该犯误以为班里其他人欺负自己，感觉受了委屈，才借着这个事情宣泄了出来。想到之前该犯弟弟的来信中曾经提到过她要过生日了，民警组织班内几名罪犯一起提前制作了一个祝福展板，生日当天晚上，当班组的罪犯把写满祝福的展板送给她时，甲某感动得泪流满面，她说："杨警官，我错了！这是我在监狱过的第一个生日，本来我很难受，但是没想到杨警官竟然记得我的生日，还提前给我制作了礼物，谢谢杨警官！我一定积极改造，不辜负杨警官对我的关心！"说完后，她还对管班民警深深鞠了一躬。自此之

后，甲某态度发生了很大的转变，积极参与劳动改造，踊跃参加班组的各项教育活动，还因为表现良好，被监区任命担任库房管理员。

在以"情"这个出发点开展工作的基础上，民警还以"法"为落脚点，在班组的日常管理中坚持宽严相济的原则，在班组建设中做到有规矩、有制度、有管理、有底线。由于班里押犯都是暂时关押，一段时间后都要被遣送回原籍服刑，许多人滋生了"到站下车"的临时思想，认为在天河监狱表现好坏都一样，进而对于监狱的管理阳奉阴违，有的甚至拒绝认罪悔罪，抗拒改造。针对这些情况，民警在班组管理中严格把握"监规纪律"这条不可逾越的"红线"不放松，在发现问题苗头时采取高压态势，同时结合法制教育，组织罪犯学习法律法规和各项监规纪律，向班内罪犯亮明执法态度，敦促她们尽快转变身份意识，消除临时思想，服从天河监狱民警的管理。

三、离班谨记教育，遣返不忘纪律，传首都监狱文化于四方

作为天河监狱的民警，不仅要完成罪犯在押期间的日常管理，还要承担将其遣送回原籍的重任，出差亦是家常便饭。管班民警在遣送罪犯时也不忘坚持班组建设，让罪犯在遣送过程中谨记教育、不忘纪律，取得了良好的效果。通过一系列的工作措施，很多之前对抗改造的罪犯都被改造成为积极分子。如前文提到的甲某，就是一个成功的案例。在管班民警杨笑松执行一遣送任务的途中，一名外省籍罪犯乙某上火车不久便不断提出要求，一会儿说饿了，在民警及时发放面包、火腿肠和水后，又说自己觉得冷，民警又与列车员联系调整车厢温度，但是该犯过一会儿又说脚有些麻，想站起来。当民警问其刚上火车脚怎么会麻时，该犯说，坐在道边上不舒服，想靠窗户坐，因为可以趴在小桌上，这样舒服。这时，管班民警听到旁边一个熟悉的声音对她说："你快别折腾了，咱们都坐好了，吃饱了，喝饱了，你看，杨警官自从上了火车后一口水都没有喝，忙前忙后的，她给咱们安排好了座位，自己却一直站着，你看不到吗？不是想坐在靠窗户的位置吗，杨警官要是允许，一会儿我和你换。"等民警走过去仔细一看，这个主动帮助维护遣送秩序的正是自己班里的罪犯甲某！当问她为什么这么做时，她说道："杨警官，我在天河监狱迈出了走向新生的第一步，无论到哪里，我都会记得您的教育！"

通过一年多的班组建设，管班民警真正意识到，要做一名合格的外省籍女性罪犯班组的管班民警，不仅要在罪犯在押期间帮助她们踏实服刑、安心改造，更重要的是要通过平时的管理教育，让外省籍罪犯感受到北京监狱的

公正执法、文明管理，让她们在返回原籍后，能够向当地传播首都监狱的优秀文化，这是作为北京窗口监狱的光荣使命，也是责无旁贷的工作重任。

在此基础上，管班民警还不断创新举措，深化班组建设工作，在总结上一年度班组建设工作开展经验的基础上，结合暂押罪犯的教育管理特点，在班组中推行"六个一"活动（亮一手过硬本领、提一条合理化建议、当一天班组长、开展一次特色活动、为班组做一次成长规划、积极改造每一天），继续推动班组建设各项工作的稳步提升，努力实现"创流动特色班组于狱内，传首都监狱文化于四方"的目标。

"局优三年"是怎样炼成的

——北京市未成年犯管教所桂剑波班组建设经验

　　自 2016 年以来，北京市各监所广泛地开展班组建设工作，掀起了一股"争创优秀班组"的热潮。北京市未成年犯管教所桂剑波同志提出"N1540"靶向管理理念，并利用班组建设平台积极开展不认罪罪犯转化工作，其管理的班组在 2016 年、2017 年、2018 年连续三年被评为"局级优秀班组"，先后转化 8 名不认罪罪犯，形成了一套属于自己的管理思路，促进了班组建设工作向高质量、更有效的方向发展。

　　北京市未成年犯管教所桂剑波同志提出"N1540"靶向管理理念，即"1"就是统一思想，以"总体国家安全观"为指引和"一四五四"北京行动纲领为中心，贯穿班组建设工作始终；"5"就是政治、监管、教育、文化、劳动五大改造齐头并进；"4"就是结合"先进必奖、积极必奖、骨干必奖、违纪必惩"的四项基本奖惩机制；"N"就是 N 种特色教育形式多元化配合，最终实现班组成员"0"违纪、"0"不认罪的靶向管理理念。

一、全面掌握班组内部情况

　　"上之为政，得下之情则治，不得下之情则乱。"密切掌握班组成员改造状况的一个重要方法，就是长期坚持调查问话。管班民警要学会通过有技巧的问话拉近警囚之间的距离，建信任、明虚实、辨真伪，全面掌握班组成员真实的心理情况，充分发挥"耳目"在班组建设过程中的作用，及时觉察班组内部矛盾、预警风险，找到解决各类问题的"金钥匙"，"精准施策、有的放矢"，进而取得更进一步的突破，促进班组建设工作稳步有序地顺利开展。

二、充分发挥班组长的积极带头作用

　　要想建设好班组这个小集体，就要让这个小组织的内部"气血通畅""澎湃有力"，要引导班长、组长积极行动起来，起到"排头兵"的作用。按照"增加先进成员、提升中间成员、鼓励后进成员"的思路，抓两头带中间，推动后进赶先进，中间争先进，先进更前进。把"排头兵"的积极带头作用发挥到极致，使整个班组充满阳光活力。

三、加强分类教育、因人施教

班组成员结构通常较为复杂，比如罪名不一、年龄分散、文化差距大、素质杂、性格类型多、社会地位各异等，因此要在充分掌握罪犯各项情况的基础上因人施教，加强分类教育，用最合理的教育引导方案实施个别教育，科学精准施教，做到"一把钥匙开一把锁"，不能搞"一刀切""一勺烩"，不能照搬照抄以往某个阶段的成果经验。同时制订分类的个别教育方案，提高教育改造的针对性、班组建设的有效性。

四、严肃纪律，重拳立威

监规纪律是罪犯在服刑改造期间一定要遵守执行的，必须使纪律成为真正的"高压线"。监所中的班组结构不同于学校、企业、部队中的班组，其成员或因不懂法律，犯法而不自知；或因存在侥幸心理，见到利益便鬼迷心窍、一时糊涂；又或者明知是违法犯罪行为，却铤而走险、明知故犯、肆意挑战法律底线。因此，绝不能让罪犯在监狱中再次"碰红线""越底线""闯雷区"，挑战监规纪律的威严。对于违规违纪、不服从管理、破坏监规秩序的行为，要坚决立即处理、严肃处理、严格处理；对于故意违反监规纪律、对抗改造的罪犯，更要"打得一拳开，免得百拳来"，绝不能手软。

五、通过演练帮助罪犯快速熟悉监规纪律、融入改造生活

为了尽快使新入班组罪犯适应新的环境、融入新的改造生活，民警采取了以下几项措施：一是组织同班组罪犯一起，共同创作朗朗上口的"新生入班三字经"张贴于班内；二是组织拍摄标准照片、设计制作《罪犯日常行为规范（图解）》，用图文并茂的方式解决罪犯对《罪犯日常行为规范》理解不清和文盲罪犯不易记忆的问题；三是编制、拍摄《罪犯应急处突预案》微电影，以案例教学的方式演示突发事件的应急处理，同时起到警示作用。

六、充分利用各种传统节假日，灵活结合时政形势开展主题鲜明的文化教育活动

将文化改造融入日常教育，创办各类兴趣小组，如表演、乐器、写作、演讲、书画、棋牌、文创报、微电影拍摄、手工小制作等，经常组织各式各样的文化活动，通过"日积月累"的方式培养罪犯学习思考的习惯。

此外，还积极组织有教育意义、主题鲜明的特色活动，并制定活动内容及标准，树立共同的任务目标。如利用中国传统节假日开展"日行一善""雷锋义站""每周一诗""二十四孝"等传统文化教育；结合当前"抗击疫情""扫黑除恶""五大改造""五个认同""百年五四""两个一百年""一带一路""北京冬奥会"等主题，开展爱党爱国等政治教育。

七、用好鼓励教育与批评教育

在组织各项文化活动时，管班民警尊重罪犯创作的个性作品和创造性劳动，进行鼓励和必要的支持，营造有利于班组建设的积极氛围，产生"熔炉效应"；对于活动中创作的作品，用照片、视频、图文、作品集等各种方式留存，例如"日行一善储善瓶"《领域文创报》《"诗与远方"建国70周年原创诗集》《文艺表演视频集》《"每周一诗"台历》《原创歌曲集》《原创散文集》等，记录罪犯每一次的努力、进步、感动和成长，方便随时回顾总结，起到正向激励的作用。

当然，对于班组成员创作完成的作品及任务，不能一味地赞许，而是要用好"批评教育"这面镜子。"金无足赤人无完人""良药苦口利于病，忠言逆耳利于行"，要让罪犯深深地理解这些道理，引导罪犯能够正视批评教育，正视自身的不足，以敬重之心待之，乐于接受批评，从而改进，越改越好、越做越好。

八、开展不认罪罪犯转化攻坚

"千里之堤，溃于蚁穴"，不认罪罪犯在罪犯集体生活的"涟漪效应"不可轻视，有的不认罪罪犯心理扭曲，仇恨社会，散布反改造言论，"当面一套，背后一套"，非常容易造成恶劣的影响，因此在班组建设过程中必须要攻坚解决不认罪罪犯的问题。

不认罪罪犯主要可分为以下四种类型。

第一，法律意识淡薄型。即法治意识不强，对法律、法规、司法解释存

在误区的罪犯。例如，交通肇事、重大责任事故等类型的罪犯，有些人犯罪前法律知识匮乏，对于公检法司等机关的职责分工没有系统性认知，被采取强制措施后临时研读法律书籍，对法律条款和相关司法解释理解不透彻，或者在看守所羁押期间以与自己罪行相似的人的判决为标准来衡量自己有可能被判处的刑罚，宣判前心理预期较好，一旦判决结果超过预期，往往不能接受现实，不服从法院判决结果，以致不能发自内心地认罪悔罪，甚至由此对政法系统产生误解和偏见。

例如，在2018年被成功转化的甲犯，该犯因交通肇事罪被判一年十个月，在他的不认罪理由中，有一条就是在看守所期间曾遇到过类似的交通肇事案例，被判刑期只有一年三个月，该犯认为只要情节类似，刑期就应该一样，这也是他对法律理解认知方面的一个误区，需要在转化过程中加强普法教育。

第二，思想偏执顽固型。即固执己见，过分地强调自我观点正确的罪犯。此类罪犯有很强的自我保护心理，自觉排斥一切自认为对己不利的论点，无视民警的教育感化，封闭自己甚至持对立态度，坚持站在自己的立场，认为公检机关证据不足，法院判决不公，既不承认自己所犯罪行，更不服从法院判决。

比如罪犯乙犯，有二十余年吸毒史，导致心理异于常人且因涉毒被多次打击处理，此次因贩卖毒品罪被判处有期徒刑二年三个月，具备一定的反改造经验，在证据链完整有效，公安机关侦查合法，检法机关量刑、审判无误的情形下仍然坚称自己是被冤枉的，其认为自己是公安机关为了完成任务指标钓鱼执法的"牺牲品"，是公检法司"歧视"自己有前科，跟自己过不去，扬言出狱后"直接带着被褥到信访部门上访"。该犯的言行在此类罪犯中有很强的代表性，同时也在班组建设过程中造成了严重的负面影响，必须及时进行干预处理。

第三，逃避服刑改造型。即为了逃避劳动和集体活动，认为不认罪即可以不参加劳动和学习等集体活动。

"我没有认罪，所以我不参加劳动，或者我的劳动定额应该与其他认罪罪犯的定额不同。"这是不认罪罪犯丙犯不参加劳动的理由，该犯曾先后因盗窃罪、脱逃罪、销赃罪服刑十一年，此次因盗窃罪被判处有期徒刑二年六个月。其声称自己身体不便，无法行窃，拒不认罪，且对公检机关提供的完整有效的证据予以否认，反改造经验丰富。以该犯为代表的不认罪罪犯，单纯地把劳动改造与认罪挂钩，认为只有认罪后才需要参加劳动和其他集体活动，只要自己一天不认罪，就可以不参加监狱组织的各项活动。对于此类罪犯，如果不及时打消其错误观念，会形成工作阻力，影响正常班组建设的开展。

第四，"死要面子"型。即因为身份、地位的落差，认为低头认罪有损"面子"。此类不认罪罪犯虽占比较小，但大多在入狱之前有较高的文化程度，或具有一定的社会地位和影响力，关系网复杂，在某些社交群体中起到的作用往往是战略性、决策性的，入狱后不能正确认识自己的身份，不承认自己是罪犯，不服从民警管理，一味坚持自己的立场，认为以前在社会上能够"呼风唤雨"，现在低头认罪有损颜面，故拒不认罪。此类罪犯易引发监管安全事故，造成恶劣影响。如果此类罪犯拒不认罪悔罪，"涟漪效应"一旦形成，会对班组建设带来长远的影响甚至会威胁监管改造秩序。但是如果能够将此类罪犯成功转化，把他们所谓的"江湖影响力"转化成教育改造工作的新动能，将会获得比转化普通不认罪罪犯更广泛的动力，产生意想不到的效果，助力班组建设工作持续向好发展。

九、班组建设三年以来的感悟

（1）"打铁还需自身硬"。丰富的管班经验和手段在操作实践中固然重要，然而要想打造成优秀班组，管班民警更应自身过硬，具备更强的领导能力。

（2）理论联系实际，将先进成果落实到实际工作中。作为一名基层管班民警，直接开展班组建设，监管改造罪犯，一言一行皆有可能对罪犯当前的改造状态和今后的人生产生影响，要学以致用、活学活用，"以改造人为宗旨"，以班组建设为着手点，理论结合实际，把先进的思想理念、教育方针、学习成果落实到实际工作当中，这样才能建设出一支合格的优秀班组。

（3）深入理解班组建设的重大意义。基层民警建设班组、改造罪犯，好比治理江河、净化水源，虽然只是一处微不足道的切入点、着力点，但是"铢积寸累，日就月将"，当千千万万个着力点共同接连成片时，终会"水到渠成"，重新归还社会一股"清流"。

付出真情　摆渡心灵
——北京市延庆监狱许清波班组建设经验

　　精神病罪犯认知和行为能力差，心理起伏大，大多罪重刑长，这些罪犯平时看似正常，但随时都有可能出现情绪爆发、辱骂殴打他犯，或作出自伤自残等行为。甚至还有些罪犯个性偏执，对民警存在偏见，这些都是监区和班组建设中存在的一些难点问题。管班民警许清波管教同发力，真情付出见成效，引导精神病罪犯成为协助民警发药的"监督员"、协助民警搜集病情的"情报员"、处理突发事件的"救火员"、帮助病犯调节自我的"减压员"、做好自身改造的"管理员"，班组建设工作成效显著。

一、走进精神病罪犯，掌握班组特点

　　民警许清波所在的监区集中关押精神病罪犯，此类罪犯病情复杂，服药种类多，服药量大，还不包括同时患有高血压、糖尿病、心血管疾病、脑梗、心梗等其他身体疾病的精神病类罪犯。针对押犯的整体特点，监区设立了包夹和护理的岗位，管班民警许清波管理的罪犯班组就是承担此类包夹和护理岗位主要任务的罪犯班组。

　　班组管理过程中面临的困难有以下几点。

　　（1）罪犯面临的减刑、假释问题。"三类罪犯"（减刑假释受限）、侵财类罪犯（受财产刑影响，减刑、假释困难）；本班组诈骗罪2人，非法收购、出售珍贵、濒危野生动物制品1人，运输毒品1人，非法吸存1人，开设赌场1人。"三类罪犯"（扰乱金融秩序）1人、涉及财产刑（未履行）5人。自《中华人民共和国刑法修正案（九）》对于"减、假、保"作出明确规定后，以上涉及的罪犯均受到影响，特别是对于"三类罪犯"提出了更高的要求。

　　（2）协作能力要求高，组内成员矛盾重重。组内成员各有各的想法，缺

乏集体意识和监区大局意识，对于相互协作和紧急情况的应对有着不同的态度，有的认为"当一天和尚撞一天钟"——混日子的想法，有的则认为"只要我不在岗位上，就两耳不闻窗外事"——绝不插手。所以在日常的包夹护理中需要更多的相互协作与信任。

（3）改造活动参与度低。在监区组织的各项改造活动中，包夹护理组应该说是首当其冲的，本应该是"比、学、赶、帮、超"，可是就以往的活动来看，因为受到诸多因素的影响，罪犯参与活动并不积极。只有包夹护理罪犯起到积极作用，做到自身身心健康才能影响到被护理的精神病罪犯。

（4）日常护理中的问题。精神疾病的护理是专业性很强的临床护理，护理工作的对象是患有各种精神疾病的病犯。其中病情严重者，表现为思维障碍，行为怪异，丧失生活自理能力。不少病犯不仅不承认自己有病，还可能造成自身的伤害或影响监管安全。病犯的病症因人而异，因而给护理工作提出了较高的要求。在监区对精神病罪犯的护理存在以下问题。

一是缺乏精神科护理常识。罪犯在承担精神疾病护理工作之前都没有经过正规、系统的护理知识培训，只进行了简单的培训。由于这些护理罪犯缺乏精神疾病护理常识，从而直接影响医疗质量。精神病罪犯的整个心理过程易发生紊乱，针对病犯的精神状态，应采取不同的护理措施。合格的护理人员除需要执行医嘱、配合医生进行工作外，还担负着病犯的组织管理工作，以建立良好的医疗秩序，保证治疗工作顺利进行。深入了解不同病犯的病情特点，不仅能保证医疗护理质量，还可有效地防止意外事件的发生。

二是缺乏责任意识。护理罪犯的道德素质偏低，责任意识不强。精神病患者的护理人员必须具备良好的医疗道德：要尊重病人人格，以高度的责任感和深切的同情心去关心病人；对病人要文明礼貌、言谈有度；对病人的异常行为不可嘲弄、讽刺。护理罪犯的道德层面普遍偏低，还存在道德水准参差不齐的个性特征，这一深层次原因导致辱骂病犯的现象时有发生。有些护理罪犯责任意识不强，基础护理工作（如对卧床及体弱病犯定时洗澡、更衣、修面、剪指甲）可能都做不到位。

三是存在安全隐患。精神病罪犯多数处于病情稳定期，但其稳定性是相对的，以病犯看护病犯的初衷是为了安全与医疗，而这本身就存在安全方面的隐患。如精神病甲犯在担任护理近两年来比较尽职尽责，却在突然出现明显症状后吞食了一支钢笔。而且这些护理罪犯很少有人能够准确说出所负责护理的精神病罪犯所患的确切病症。所以，利用这些护理罪犯来看护精神病罪犯、防止意外发生，其目的与效果之间存在很大的差距。

在日常管理过程中，由于监区的特殊性质，精神病罪犯病情的不同，发病周期与病状表现的不同，潜在的行为、情绪相对复杂，会出现各类无法提前预知的突发问题，针对这些突发问题，监狱、监区根据相关突发事件应急预案，会对其进行快速处置。

二、心理疏导尊重人格，积极引导重塑生命

（一）政策引导、学习制度、参加监狱组织的政策宣传

严格落实谈话制度，通过有针对性的谈话，掌握罪犯的成长史、犯罪史及每一名组员的个性缺陷，给予罪犯一个诉说的平台，使其内心想法有一个疏解的渠道。尽可能了解罪犯的合理诉求，帮助罪犯解决实际改造中的困难，创建沟通信任桥梁。

《中华人民共和国刑法修正案（九）》关于"减、假、保"出台相关司法解释后，很多人的减刑假释都受到了相应的影响。针对这个问题，监区积极组织相关民警对新的政策进行解读，并邀请刑罚执行科的主管干事来监区进行答疑解惑。在召开本组例会和个别谈话时，对相关的政策内容进行宣传和探讨，认真倾听罪犯的心声，并对相关偏激的想法进行纠正加以劝解和引导，帮助罪犯树立正确的价值观。

（二）加强本班组罪犯的团结工作，增强班组凝聚力

通过班组成员个人分析之后，在充分了解班组个人情况的基础上，对班组成员进行有针对性的教育、启发和引导，强化岗位意识和责任感。

健全班组日常管理的自我约束机制，强化个人定制管理。每周召开班组例会，建立监督检查机制。每周对上周工作进行梳理、总结和回顾。注重培养班组成员的团队合作意识和团体精神。将班组内部的定制管理、内务卫生、教育学习、遵规守纪等各个方面进行明确划分，责任到人，相互监督、相互配合，组成一个有机整体，保障整个班组团结一致、目标一致。

（三）组织引导班组罪犯积极参加教育改造活动

组织本班罪犯积极参与团体心理活动以及丰富多样的兴趣小组。比如广播体操比赛、走出监舍感受阳光、团体心理活动、监区合唱、爱心喂养、发泄减压、卡拉 OK 比赛等。

开展集体教育学习活动，提升班组成员的综合素质。在日常服刑生活中，经常组织组员认真学习习近平总书记系列讲话、扫黑除恶专项斗争相关知识、

法律法规常识，加强时事政治、爱国爱党和形势政策教育，加强思想品德教育，培养优良道德品质，提升成员思想认知水平、文化素质，重写认罪悔罪书，深挖犯罪根源，使其怀有对受害人的愧疚之心，对法律的敬畏之心，对国家政策的感恩之心。

（四）加强对包夹护理罪犯的岗位培训

大多数包夹护理罪犯对于相关知识是比较匮乏的，监区定期邀请精神科医生和相关精神科专家来监区为全体包夹护理罪犯进行精神病常识的讲解，组织关于护理知识的培训课程，从而加强包夹护理罪犯的专业水平，使其能够在监区的日常护理工作中及时发现精神病罪犯的异常举动，并及时向监区汇报，做到防患于未然，保障好监区的监管秩序稳定。

（五）加强自身责任感的树立

认真贯彻监狱对罪犯班组建设活动的开展，强化教育转化，定置管理，杜绝各类安全隐患，对所管班组开展细化深入的调研与梳理，对于班组罪犯的日常管理，采取精细化管理措施，分工明确，责任到人，考核奖罚分明等，给包夹罪犯班组树立更高的标准与要求。具体而言要做好以下几个方面的工作。

（1）做好心理护理。尊重病人人格，对病人要有礼貌，言谈有度。心理护理的重点是启发和帮助病犯以正确的态度对待疾病，从而认识到治疗的重要性和必要性，积极配合治疗。

（2）确保病犯安全。精神病人在疾病急性期，某些行为具有一定的危险性。因此，护理人员必须坚守岗位，精神集中，加强安全护理。必须严密观察，掌握病情特点及活动规律，经常进行深入细致的说服、劝解工作，并按时巡视护理。

（3）保证准确执行医嘱。治疗过程中要注意观察治疗反应，加强护理，保证病人按医嘱服药，严防病人积存药物一次吞服，避免意外事故发生。

（4）照料病犯饮食。对进食困难、不进食、拒绝进食的病人要按时按量、按病情需要给予适量饮食。对食欲亢进、不知饥饱或暴饮暴食的病人要限制饮食。

（六）加强安全风险意识，做好罪犯心理疏导与减压

定期进行罪犯团体心理咨询活动，活动类型包括摆沙盘、正念训练团体心理活动等。通过心理咨询活动，班组罪犯在病犯即将爆发冲突前能够自如

调节自己的情绪，瞬间化解不良情绪。

（七）其他相关问题处置

监区针对各类突发事件成立了以民警为主导、包夹护理罪犯为辅助的应急事件处理小组，并且每个月都会组织进行应急突发事件的演练，以此预防各种影响监区安全稳定的突发事件。

三、建立"五员"岗位，尊重人格尊严

通过班组建设工作的开展实现罪犯身份定位的效果，促进班组包夹护理罪犯树立良好的服刑改造意识，强化自身的责任意识，明确自身是协助民警维护好监区良好秩序必不可少的中坚力量，要努力成为协助民警发药的"监督员"；协助民警搜集病情的"情报员"；处理突发紧急情况的"救火员"；帮助病犯调节自我的"减压员"；做好自身改造的"管理员"。

（一）协助民警发药的"监督员"

在日常改造中，包夹护理人员起着极其重要的作用，尤其在每次发药的过程中，要对精神病罪犯起到监督服药的作用。现在监区存在的问题有吃药以后吐药的、藏匿药品的，病犯乙、丙就是这两个问题的典型。这就要求对精神病罪犯的服药情况做好监督，做到准确无误。在这一阶段的班组建设中，对本组包夹护理罪犯提出明确要求，做到"我的岗位无小事"。在日常的教育中，要求本组包夹护理罪犯在民警的发药过程中做到四点原则——送药到手、服药到口、咽后漱口、检查张口。因此，包夹护理罪犯要协助民警做好对日常发药过程中各种情况的监督，做好协助民警发药的"监督员"。

（二）协助民警搜集病情的"情报员"

要求保证准确地执行医嘱，在日常的改造生活中，包夹护理罪犯要密切做好对病犯的病情观察工作，特别是在季节交替、精神疾病高复发时期，要及时做好记录和交接工作，并且及时将情况向民警汇报，以便于民警及时与精神科医生沟通，便于精神科医生及时有效地调整药量，严防精神病罪犯造成的意外事故和由此引发的次生事件影响到监区的整体安全稳定。因此，包夹护理罪犯要做好协助民警搜集病情的"情报员"。

（三）处理突发事件的"救火员"

遇到监区突发状况，如突发疾病、突发暴力事件等，包夹护理罪犯要第一时间赶到现场加以制止并且及时拍响紧急呼叫警铃，为病人能第一时间得

到救治争取时间，保障监区的安全稳定以及第一时间保护他犯的安全。因此，包夹护理罪犯要做好突发事件的"救火员"。

（四）帮助病犯调节自我的"减压员"

在日常的改造生活中，明确要求包夹护理罪犯不能以任何理由对病犯进行嘲笑、言语挑衅、打压排挤，要做到言行有度，积极帮助病犯，要树立良好的形象，以此获得病犯的信任，以积极的面貌带动病犯积极地参加各类活动，有效疏解病犯的自身压力，做好帮助病犯调节自我的"减压员"。

（五）做好自身改造的"管理员"

无论是罪犯的护理与包夹，还是监区各项活动的参与，每一项都是这些罪犯在狱内反思自我、参与改造，为将来回归社会而做的重要任务。所以，无论做任何改造活动，都应从自身出发，做好自己改造之路上的一点一滴，为自己将来的生活重新迎来光明。

四、工作总结及心得体会

（1）经过一年的班组建设，班组成员情绪稳定，在值班过程中，罪犯间可以相互补位、相互配合、相互协调、相互理解，值班包夹看护的各项职责意识得以最大化。

（2）在日常护理中，罪犯可以控制好自己的情绪，有效地减少与病犯的矛盾和冲突，维护了监区内的稳定秩序，尽可能地降低了各类风险的发生，并在风险发生后进行了有效的应急处理。

（3）班组罪犯心理状况较为健康，通过开展心理咨询活动和兴趣小组，组员相对紧张、压抑、焦躁的不良情绪得到有效的缓解。在每一名组员脸上都能看到笑容，也能听到其对未来的憧憬。大家对于受财产刑无法减刑的事实逐渐理解并接受，表示要认真地、有价值地过好每一天。

（4）在班组建设的过程中，管班民警对工作也有了新的认识。目前监狱的各项工作对民警自身的要求越来越高，罪犯的合理想法需要倾听，正当诉求需要得到尊重，这样才能走进罪犯封闭的内心世界，打开其不愿解开的心锁。因此要根据每个人的实际情况，制订行之有效的教育方案。同时，民警要与时俱进，引进更加科学先进的教育手段和理念，并将其运用到班组建设等各项工作中去。

班组建设靠积累　文明改造见成效

——北京市潮白监狱夏志超班组建设经验

　　民警夏志超负责的班组由常规类型罪犯组成，他注重平时班组管理，坚持问题导向，把班组日常中的小事抓实抓细，培育罪犯养成遵规守纪的良好习惯，并通过在班组中推行传统"八德"文化，融入特色班组建设，在他的管理下，不认罪罪犯、顽危罪犯等难管罪犯都取得了改造的进步。

一、严管厚爱，坚定改造方向

　　坚持对罪犯的严管，规范罪犯行为，促进良好班风的形成，民警定期组织全班罪犯开展《监狱罪犯行为规范》《定置管理规定》《一日生活制度》《罪犯计分考核规定》等制度规定的学习，把制度、规范、纪律、要求贯彻于一日生活，要求班内罪犯以身作则，严守纪律，从改造生活的细节做起，自觉遵守监管制度规定。并利用每周学习讨论时间开展"规矩在心中"的讨论，时刻敲醒改造的警钟，在全班开展形势教育和大讨论，加强服刑改造思想教育，增强自觉遵规守纪意识，明确"改在自我，重塑自我"的改造方向，让制度成为全班的准则，让规矩成为全班的行动指南。组织全班罪犯召开"认罪悔罪我先行"的座谈会，深究犯罪根源，激励改造思想，实现人生的转折点，全班罪犯把"认罪悔罪，自觉改造"作为重点。

　　班内不认罪罪犯甲犯，32岁，因犯非法吸收公众存款罪被判刑10年，涉案金额数亿元，如今已经服刑超过6年。入狱前，他依靠非法所得，过着花天酒地、纸醉金迷的生活。20来岁时就被称为"甲董"。甲犯来到潮白监狱五监区后，便开始以各种方式对抗改造。

　　面对甲犯，班组在监区领导的带领下制订了详细的转化方案。转化小组对甲犯的心态进行了分析研判：甲犯坚持不认罪，其实是心存幻想，想钻法律的空子，以自己的频繁申诉和检举，同事实清楚、证据确凿的判决进行博弈。真实意图在于，甲犯自知减刑希望渺茫，试图通过不认罪的方式逃避正常改造，让民警对他妥协，让刑期过得更舒服一些。这也是许多不认罪者的普遍心态。可甲犯采取的方式更加偏激，加上他口才了得、阅历深厚、博闻强识、智商极高，对其改造的工作局面久久打不开。面对这种情况，班组不留情面，严格按照规章制度、行为规范对甲犯严格要求，并用亲情对其感化，使其明白对家人的愧疚感，要始终心存良知，要有悔过之意。在强大的政策压力和思想攻势之下，甲犯的思想发生了变化，终于认罪服法，在班组建设上迈出了坚实的一步。

二、以人为本，共创文明班组

中国儒家推崇"因材施教，因人而异"。监管改造工作，对各种类型的罪犯进行教育改造，也应本着"因材施教，因人而异"的方法来开展罪犯的日常改造工作，夏志超管组把儒家的教育思想融入日常生活，把教育改造工作融入点滴小事。

班内罪犯乙犯，63岁，患有心脏病、高血压，属于高危病犯，长年服药，且长期卧床不起，生活自理困难，乙犯因故意杀人罪被判处死刑，缓期两年执行，现改为无期徒刑，面临出监无望的结果，乙犯对生活消极懈怠，经常有轻生的念头。

主管干警针对这一特殊情况，努力做到不让一个人掉队，积极开导乙犯。在生活中，嘘寒问暖，关心其身体健康状态、病情变化，并在生活上对其大力帮扶。乙犯因个人活动不便，被褥经常不洗，出现异味，民警了解这一情况后向监区领导汇报，监区领导积极帮助协调，为其更换新的被褥。民警还组织带领班组人员对其开展帮扶，发挥关键作用，在力所能及的范围内伸出援助之手，解决其生活中的实际困难。班长主动帮助其整理个人卫生，清洗衣物。

在思想上对其展开"攻心"教育，沟通比较乙犯小时候与现在的生活环境，讲述现今生活的美好。通过深入沟通开导，乙犯曾敞开心扉说想去坐坐火车、看看天安门，借此契机，深入了解沟通，进行深度心理开导，打开乙犯心结，使其对今后的生活有了希望。

乙犯体会到了家庭般的温暖，深受感动。为感谢监区对其的帮助，乙犯积极主动联系家属为监区制作了一面锦旗，以示感谢。在监区领导和班组成员的共同努力下，共同创建班组文明和谐，努力为罪犯营造一个和谐、有序、团结的生活环境，帮助班里的罪犯放下思想包袱，端正改造态度。

三、"八德"育思想，诗词提素质

班组紧紧围绕在罪犯中开展的"学法促悔罪，修德正言行"年度主题教育活动开展工作，在班内积极开展"八德文化"和"每周一首诗"学习活动。除在干警大讲堂进行集中学习外，还利用课余时间进行讨论交流，坚持不断学习，配合监狱各项教育活动，充分发挥教育改造攻心治本的作用，提高了班内罪犯的身份意识、服刑意识、悔罪意识和守纪意识，监管改造秩序持续安全稳定。

四、常规教育，注重规范积累

（1）重视个别教育为了改善班内的不良风气和共性问题，培养班内罪犯自觉改造的观念，更好地传播正能量。管班干警通过个别教育班务会等方式与所有人员进行沟通，增加重点罪犯的个别谈话教育，及时了解重点罪犯的思想动态与心理波动，不定时进行形势教育，开展政治"攻心"，宣讲政策法规，让重点人员认清当前形势，积极配合改造。

（2）加强集体教育。为更好地掌握班内情况，深入班组，定期召开班务会，或不定期视情况开展班务会，把班组内关注的热点及问题摆在桌面上，让大家讨论解决方案，针对性地提出具体要求。如针对物品过多的问题，在班务会上讲明了可持有物品清单必须落实的态度，最终将学习用具、书籍等物品交由监区统一保管，在规定时间再下发，有效地提高了班内定置水平，解决了班组实际困难，教育班组罪犯要遵规守纪，踏实改造。

（3）开展团体咨询活动。为了疏导罪犯的心理压力，减少矛盾和摩擦，融洽氛围，全年坚持每月开展一次团体活动，对班内罪犯进行教育，引导他们正确处理问题和矛盾。开展心理沙盘游戏、团体行为训练、心理压力测试和疏导等团体活动，教育罪犯遇事多站在对方的角度考虑，给对方以宽容，班组罪犯均能够积极参加，并在活动后写出自己的感受与收获。

（4）开展兴趣小组。为了加强班组的凝聚力，丰富罪犯的改造生活，建设积极、向上、和谐的班组氛围，班组出资为班内购买益智拼图，组织班内人员在业余时间开展拼图活动，并把完成的作品装裱成框，在活动中展开讨论，交流各自的心得，不仅锻炼了他们的沟通交流，还培养了罪犯的集体荣誉感和团队意识，为构建和谐环境、营造良好的改造氛围打下了良好基础。

五、班组建设成效，总结有效经验

推行班组建设工作以来，罪犯改造成效明显，能够及时落实上级各项指示规定，不打折扣，不说不讲，学习氛围、思想认识等显著提高；偷奸耍滑，光说不干的现象明显消失，都能够积极地参与班内劳动，罪犯定制管理水平得到很大提升。在日常生活中也能积极帮助他人，对病犯乙犯的帮扶活动得到各方认可。对于不认罪罪犯甲某，制订详细转化方案，严格按照各项管理规定要求其日常工作和生活，打击其嚣张气焰，又动之以情、晓之以理地进行亲情感召，通过各种手段，使其认识到自己的行为带来的严重后果，最终写下认罪悔罪书。甲犯的成功转化，让我们在班组建设方面取得了重大成效。

总结近年来的工作，较以前有重大改善。班内在活动之初也存在过畏难情绪，活动过程中也存有一些质疑。但是班组并没有停下脚步，而是不断地答疑，解决问题，再动员。通过努力，班组的各项活动顺利完成。不过，工作中也出现了一些问题，一些工作没有做到位，还有一些可以改进的地方。

首先，积极性方面。正确面对大家的反应，对于畏难情绪和质疑，不断地答疑，再动员；对于存在的问题，需要及时总结和反映。

其次，部分罪犯改造主动性差，生活恶习较多，不能正确看待被监管身份，需加强管理；部分罪犯受政策影响，减刑假释问题解决不了，影响改造的，需加快解决。罪犯表现中的实际情况，或多或少影响了监区的班组建设工作，这些问题都是我们必须正面面对并解决的。

最后，及时总结经验。班组达标建设是一个循序渐进的过程，不会一蹴而就，要通过不断的实践与改进来推动。今后，会注意活动中的资料留存，注意每年活动前后的效果对比，及时总结实践中遇到的问题，研究解决办法。

用心管人　从严管班
——北京市垦华监狱张太颂班组建设经验

　　民警张太颂管理的罪犯，多数属于履行不了财产刑或者因为没收全部财产而无法提供无履行能力证明，从而影响减刑的呈报而减刑无望的情况。这些原因直接影响着罪犯在改造中的情绪，也是民警工作中的难点和关注点。如何搞好班组建设、提升对罪犯的管理能力、促进监区稳定，民警张太颂有他的"特效办法"。

一、全面分析，精准研判

　　2018年，监区根据工作实际及本着优化罪犯改造环境的目的，将罪犯班组进行了调整。调整的五名罪犯个性特点都比较突出，年龄结构呈两极分化，跨度较大，犯罪类型错综复杂。

　　罪犯甲，53岁，故意杀人罪，死缓。性格内向、孤僻，当年与邻居因胡同共用通道的使用问题发生争吵，用板砖将对方拍死，手段恶劣。罪犯甲平时寡言少语，轻易不暴露自己的想法，在班里很少与其他罪犯交流，更不发生往来，属"独行侠"式人物。

　　罪犯乙，52岁，介绍贿赂、抢劫、盗窃罪，判刑8年。该犯自1996年因犯抢劫、盗窃罪被判死缓在监狱服刑，已经有二十多年监狱服刑历史，罪犯乙于2012年假释期中介绍贿赂某民警为他犯办调动，致使民警被判刑、他自己被收监加刑。罪犯乙善于察言观色、投机钻营，并且能说会道，社会阅历深、煽动性较强，多年的服刑经历可以说积累了丰富的改造经验和反改造经验，是个不易被年轻干警管理的典型"监狱老炮"。

　　罪犯丙，48岁，交通肇事、故意伤害罪，判刑7年。该犯性格比较暴躁，易冲动，常与他犯发生口角，是个典型的"火药桶"。

　　罪犯丁，39岁，诈骗罪，刑期10年半。该犯年初因与他犯发生矛盾由其他班组调整到本班，平时在班里比较活跃，爱耍小聪明、玩小心眼，堪比"小算盘"。

罪犯戊，25 岁，合同诈骗罪，刑期 7 年。该犯入监时间短，性格内向，极少与人交流，平时喜欢看足球，很少说话，整个一个"闷葫芦"。

二、明确身份，强化法纪

面临新犯的不同情况、不同特点，首先需要明确罪犯身份——你是什么人？这是什么地方？你在这干什么？

紧紧围绕"认罪悔罪明身份，遵规守纪见行动"年度主题教育活动开展工作，坚持"法德并举，知行合一"的教育理念，促使罪犯真正地去尊重法律、崇尚法律，充分体现严格执法、文明执法的工作态度。通过多种形式、多种方法的教育活动，增强罪犯遵规守纪的意识和服刑改造意识，推进班组建设工作的全面开展。

在班组中开展荣誉感教育，创新班组建设新举措。提出"班荣我荣，我荣班荣"的改造口号，采取"家庭式"管理模式，民警甘为家长，深入班组罪犯改造生活的各个环节。服刑人员按年龄划分，按班长、组长、组员划定责任，划定区域，层层负责，层层落实，使他们在改造中能够做到互相提醒、自觉遵规守纪，激发了罪犯改造的自信心和集体荣誉感。根据班组实际制定"心存感恩，牢记责任"的班训，2020 年年初连续利用三个班组会时间，分别做了"守纪""感恩""爱心"三个主题教育，与班里罪犯共同探讨并达成共识，那就是在改造中，甚至以后走上社会、融入社会，都要把守纪当成一种习惯，把感恩当成一种责任，把爱心当成一种实力，永怀感恩之心。

三、围绕诉求，因人施策

重视罪犯的每一次诉求，认真落实个别谈话教育工作，保证每月与所管罪犯进行多次面对面的谈话教育，全面了解班组罪犯生活、学习、劳动等方面的思想动态，发现问题和苗头时及时疏导和化解，从源头上杜绝各种违纪现象。对于罪犯的诉求有过问、有处理、有结果，树立罪犯"有问题找警察"的自觉意识。并且根据年度主题和阶段性教育活动内容，对所管罪犯适时地进行身份意识教育、服刑意识教育、悔罪意识教育和守纪意识教育，使他们更加明确改造生活的方向和目标。

坚持因人施教的原则，熟悉和掌握所管罪犯的各种信息，使他们感觉到被关注、被重视，增强他们的改造依从性，并且掌握和利用好罪犯渴望被尊重的心理，尊重罪犯的人格，尊重他们的正常情感需求，包容他们的缺点，对他们进行多帮助、多鼓励，使他们感受到尊严，在希望中改造。

我们的目标不是培养一个合格的、优秀的服刑人员，而是要培养一个正常的、合格的社会人。因此，年初在罪犯中开展了"重温认罪悔罪书"活动，组织罪犯重新书写了认罪悔罪书、成长史、犯罪史和服刑史，并适时进行了批阅和点评。这项活动使服刑人员重温了自己走过的路，有辉煌、有曲折、有自豪、有悔恨。通过回顾，罪犯更有了深刻的反省，增强了赎罪之心，增强了安心改造、努力改造的信心和决心。

四、用心沟通，化解矛盾

加强集体教育，充分利用每周例会后的时间，深入班组开展集体教育，就上一周班组整体表现做点评，并有针对性地提出具体要求。利用班组会时间，以聊天、"拉家常"的方式跟罪犯互动，聊社会上的新变化、新鲜事，大到"一带一路"、北京新机场、东风导弹、北京胡同文化，小到家长里短、柴米油盐、QQ、微信，话题贴近现实、贴近生活，聊到了罪犯的心坎里，聊出了善恶美丑，聊出了人性的真情。这些聊天是民警与罪犯、罪犯与罪犯之间化解矛盾的润滑油和调节剂。

借助罪犯思想汇报本，注重与罪犯的书面交流，每月下旬组织罪犯书写"服刑人员思想汇报本"，做到定期督促、定期检查，并针对每名罪犯的具体情况认真对待，发现有异常、牢骚以及思想波动，及时找罪犯谈话化解。借助这个平台对所管罪犯每个月的整体表现、优点、不足及努力方向给予点评，使罪犯能够利用这个平台和干警进行互动，对照检查自己存在的问题，不断提高改造积极性。

五、持之以恒，收获成效

为丰富罪犯改造生活，加强班组凝聚力，创建积极向上、和谐的班组改造氛围，组织罪犯开展团体活动和兴趣小组活动。如团体活动"人椅""船东和青蛙""鸡蛋—小鸡—大鸡""无言的自我介绍""趣味运动会"和兴趣小组活动"象棋比赛""升级比赛""看电影""魔方的世界""乒乓球比赛"等。这些活动的开展增添了罪犯服刑生活的趣味性，活跃了罪犯的改造气氛，增强了罪犯互相理解、互相帮助的团队协作精神，促进了罪犯班组的整体和谐。

通过一年时间改造工作的有效组织、有效开展，班里的罪犯有了明显的变化——友情提示的多了，互相帮助的多了，主动负责的多了，遵守秩序的多了，班内面貌焕然一新，形成了人人争优胜的良好改造环境。这一年，罪犯投身改造的热情空前高涨，班内改造氛围积极、向上、和谐，全班形成了一个自我约束、共同进步的改造集体。

教育改造罪犯是一个系统工程，不可能一劳永逸，也没有灵丹妙药。只有不忘初心，对工作发自内心的热情，不断总结经验，有爱心，有包容心，因人施教，循序渐进，才能为监管改造工作谱写出平安的乐章。

播种育人种子　绽放德育之花

——北京市柳林监狱孙钰溪班组建设经验

　　本案例主要从班组文化建设和德育教育两方面探讨班组建设的途径和方法。在班组文化建设方面指出了班组罪犯在组织价值观灌输中的缺陷，探讨了班组目标管理的方法，并阐述了班组文化建设与德育教育之间的相互关系，以达到系统化进行班组建设的目的。

　　为更加有效地改善班组环境，根据班组罪犯实际情况，主要从基础建设、文化建设、个别教育等方面入手，开展班组建设工作。

一、以"德育教育"为主线，开创特色班组工作

　　监管改造的根本任务是把罪犯改造成新人，在对罪犯监管改造的过程中，帮助罪犯形成正确的价值观和积极的人生态度。立德树人是当今中国社会思想政治教育的基础，是时代赋予监狱工作者的使命。因此，本年度罪犯班组建设工作，将在"依法治监"的前提下实现"以德育人"。本年度将施行"播种育人种子，绽放德育之花"的教育理念，将以"德育教育"为主线的工作思路，开创特色工作。围绕着"以德育人"的初心，以"道德教育"矫正恶习，培养班组罪犯身心健康，使其成为重新适应社会的守法公民。

　　整体工作目标要达到"三个提升"，即全面提升班组整体素质，全面提升整体改造质量，全面提升罪犯整体思想、文化道德素养。

　　打造"四型"，即效益型：效益优先、提升改造质量；学习型：追求提升、加强罪犯文化知识水平；协作型：团结协作、内外和谐；安全型：遵规守纪、认罪悔罪，实现安全监管。

二、班级管理抓好"四头"，方能齐头并进

　　区别于男性罪犯，女性罪犯是一个偏感性化的群体，她们有着特殊的心理

特点，其某些畸形的需求欲望、性格上的脆弱性、心理承受能力差等特点，往往容易造成她们意志偏薄弱，极易情绪化，监狱环境以及周围罪犯的活动易作用于她们的感觉器官，并影响其心理特征。尤其是对艾滋班组女性罪犯的教育改造要做更多的理性思考，从根本上了解班组人员犯罪的原因和根源，进行针对性的教育改造。在班组建设中，针对女性罪犯，主要采取抓好"四头"的特色工作方法，即细观察、多劝慰、比家庭、重孩子。

通过观察发现，六班艾滋班组罪犯普遍存在以下特点：（1）思亲情感突出，情感依赖较强；（2）激素作用、情绪异常敏感，易于波动；（3）情感脆弱，思想偏激固执；（4）认知能力薄弱，行为易受环境与他人影响等。

由于女性罪犯对爱的需求是一种本能，她们在社会和家庭中多数处于被保护和依附地位。被判刑后，不能和家人团聚，无依无靠，无所寄托，从而产生一种强烈的爱的需要，比较突出的就是思亲恋家。因此，针对女犯情感上的依赖性，在班组建设过程中实行"攻心为上"，着重关注每名罪犯的心理特征、情绪状态、家庭情况等，以家庭和孩子为主线，充分发挥亲情帮教优势，进行劝慰和安抚，给予班组罪犯温暖。

三、班组建设坚持做到"六重"，方能无往而不胜

（一）"细"，即注重细节及时掌握案情

（1）组织罪犯认真填写成长史，通过填写成长史，引导其回顾自己不同的人生阶段，重温亲情，助力其情感回归。

（2）在建立健全罪犯入监档案的基础上，针对班组的外籍犯进行犯因性问题分析、心理测试与调查，建立心理档案，以便能从外籍犯的认识、情绪情感、意识活动、需要结构、兴趣、爱好、气质、性格、能力等方面入手，全面掌握罪犯的心理活动情况，为制订个别教育改造计划提供信息和目标。

（二）"固"，即定期开展固定班会和个别谈话

个别谈话不拘泥于形式和表面，要根据班组罪犯个人档案、家庭状况、性格特征、心理状况、近期表现状况等，多样式、全方位地进行个别谈话，与班组罪犯零距离沟通，让班组罪犯学会自己主动反映问题。首先，确保班组每名罪犯每月至少一到两次个别谈话、每月四次固定班会，只要值班必进班。其次，无论是在劳动现场、监舍还是其他场所，都要利用一切适合的时机与罪犯沟通，保证做到有问题"早发现、早治疗、早预防、早解决"。最后，定期和班长、互监组长沟通，从侧面了解班内每名罪犯的近期思想变化，随时掌握班内人员思想动态，做到有问题及时防控。只有防控到位，攻坚转化才有可能，监管安全才有保障。

（三）"质"，即提高改造成效，确保改造质量

由于艾滋班组在组成上较为复杂，日常班组建设存在多重矛盾，主要表现为多国籍、多性格、多背景、多需求等特点，因此，确保班组罪犯在共同生活中相互理解、相互包容，是确保改造质量的重中之重。

（1）管班初期开展"破冰"主题班会，班组成员在班会上自我剖析，并通过班会强化监规纪律，明身份守纪律。（2）"三八"国际妇女节，进行日记交流与分享，通过组织班内每名罪犯选一篇印象最深的日记进行分享交流，加深班组罪犯间的沟通与交流，及时了解班内罪犯的思想动态。（3）开展"自我认识与自我总结""致最爱的人"等相关心理调节活动。

（四）"严"，即培养班组罪犯遵规守纪意识

为进一步强化班组罪犯行为养成，结合班组特点，在日常管理工作中严格落实罪犯《监狱服刑人员行为规范》和针对外籍罪犯"外籍罪犯十不准"管理。由于班组罪犯普遍中文文化水平不高，且外籍居多，特别是南非籍罪犯甲某自入监以来，由于年龄大，背记较差，中文处于一窍不通状态。针对这一情况，不定期随机抽查班组罪犯《行为规范》《互监小组互监责任书》和外籍罪犯"外籍罪犯十不准"的背记情况，及时记录抽查结果。对于背记较差的罪犯由班长或互监组长于每天晚上就寝前重点督促背诵，对于如南非籍罪犯甲某这类中文"文盲"罪犯，选派积极改造的中国籍罪犯担任外籍罪犯的中文小教员，指定专人一对一辅导。

（五）"效"，即注重实效，着眼教育

提高班组整体文化素养重在教育。为提高班内外籍罪犯的中文书写水平和中文表达能力，高度重视并积极组织班组开展"扫盲"教育工作，在开展文化教育的过程中，根据每名罪犯的知识层次和薄弱点，以"雁文化"年度主题教育活动为主导，组织班组开展一系列主题教育活动，如激励罪犯积极参与"阅美柳林"阅读交流会和书写阅读心得。同时，针对外籍犯定期组织班组开展中华书法练习，组织学习汉字、成语大全、中国的传统启蒙教材《三字经》等相关"扫盲"教学活动。为进一步消除班内的沟通障碍，还有针对性地对中国籍罪犯实行励志英语诗歌学习。从而消除班内不同国籍罪犯间的沟通障碍，培养良好学习兴趣，提高整体素质，使罪犯积极主动要求上

教育改造工作经验及典型案例集

进，促进班内和谐。

（六）"实"，即将开展相关活动落到实处

鉴于班内中外籍罪犯在性格上偏差较大，中国籍罪犯性格较为沉闷、保守，属于好静型，而外籍罪犯则较为开朗、开放，喜欢唱歌和跳舞，属于好动型。针对这一现象，在班组建设活动中，制订了一系列相关主题团体活动。

（1）室内活动：团结协作制作班刊，调动罪犯积极性，培养兴趣。

（2）室外活动：①园地种植。②"快乐歌舞，健康生活"的舞蹈练习活动，组织罪犯在监区风场通过练习歌舞，调节心情，舒缓压力。③"平安度夏"主题班会。

（3）监狱集体活动：鼓励班内罪犯积极参与队列训练、"三八"国际妇女节主题教育活动、趣味活动比赛等相关主题活动。

整体谋篇布局 聚焦专项矫治

——北京市沐林教育矫治所钟俊班组建设经验

管班民警钟俊所在大队的主要任务是罪犯收押遣送，同时教育矫治剩余刑期三个月以下的罪犯。如何让罪犯在短期内有所转变、有所成长？建立信任、找准问题、调整认知、靶向矫治是关键。

一、合理布局全员参与，开展丰富的教育活动

（一）开展形式多样的教育活动

以端午节、中秋节等传统节日为契机，讲述相关传统节日知识，开展诗词朗诵比赛；"五一"国际劳动节、"十一"国庆节开展丰富的教育活动；结合"一带一路"国际高峰论坛、G20峰会、阅兵等活动，开展爱国教育；组织罪犯开展集体性的户外拓展活动。

（二）依托"希望讲堂"，积极开展授课

依托全所"希望讲堂"平台，大队民警结合自身的兴趣及专业优势，精心备课、授课。如有的民警讲授金钱观、孝道、职业规划等；大队心理咨询员讲授人际关系、正念减压等；军转干部结合自己的军旅生涯讲授军事知识；女内勤也利用自己的值班时间讲授心理健康课程；管理组积极开展罪犯入所教育，帮助新收人员适应所内环境。

（三）开展班组评比，罪犯才艺展示

大队每两周开展班组评比；组织榜样评比，评选出优秀值班员、班长、看护值班员；在大厅公示栏开辟一块空间，将罪犯的书画、散文、诗歌等作品进行集中展示，丰富罪犯文化生活；罪犯结合自身特长，为大队创作了一首名为《心声》的歌曲，已在大队传唱。

大队整体工作目标为营造"和谐、互助、关爱、进步"的氛围，降低罪

犯所内风险和再犯风险。大队在开展日常管理教育的基础上，重点开展财产型罪犯和暴力型罪犯矫治项目。

二、建立尊重信任关系，营造良好班组氛围

建立信任关系包括两个方面。一是罪犯对民警的信任。多接触（早晚进班询问情况）、多谈话（个别性谈话教育）、多陪伴（讲课、团体活动）；多关心、多帮助（实实在在地从生活上、细节上对班员关心和帮助）；多公平、多公正（在管理和处理问题上做到公平公正、一碗水端平）。这些在无形中与罪犯建立起的更为良好的关系，都会让罪犯对民警更加尊重和认可。这是开展矫治工作的基础和前提。二是罪犯之间的信任。罪犯之间的相互信任也很重要。因为暴力型班组罪犯的性格特点是冲动、暴躁，容易发生打架等破坏所管秩序的行为。所以，需要通过建立信任关系，来消除罪犯之间的矛盾。主要的方法有：（1）设定目标。（2）开展特色班会，通过体验式的互动与交流增强彼此之间的了解以及信任和包容。特色班会是在班会中加入一些拓展活动中的小项目，如"齐眉棍""不倒森林"，班组开过几次类似的班会，效果不错。（3）依托大队开展的各项评比活动来增强集体荣誉感以及团结互助的精神。

三、找准问题抓住关键，科学精准靶向矫治

（一）提出问题及矫治靶点

反应性暴力是个体在受到挑衅或者被激怒时，愤怒的情绪会使个体处于一种高度的唤醒状态，反应性暴力罪犯情绪控制能力较差，容易被激惹，甚至出现动手打架等情况，可能影响所管的安全稳定，因此，需要对这一群体加强关注。

已有研究表明，愤怒情绪可以作为攻击行为的重要预测指标，有效地控制愤怒情绪有可能会减少暴力、攻击行为的发生。结合诺瓦库愤怒情绪的认知行为模式：厌恶事件——认知过程——愤怒情绪——行为反应，可以提出如下矫治靶点：通过提高反应性暴力罪犯的愤怒控制水平，从而有效降低该群体的暴力行为的发生概率。接下来分析三个批次的专题暴力型罪犯矫治小组主要针对愤怒情绪，以及随之而产生的暴力行为开展专项矫治活动。

（二）筛选入组依据

三个批次的人员筛选的主要入组依据。

（1）罪错类型：暴力型犯罪。

（2）性质：反应性暴力，排除工具性暴力。

（3）意愿：通过前期访谈，有参加团体意愿的个人。

（4）内隐测试：在第三批次的人员筛选时，参考了局教育处组织的内隐测试的结果，选取了两个高攻击性的罪犯入组。

（三）评估工具

1. 个人成长经历

由罪犯书写成长经历。入所初期，撰写个人成长经历，需要把经历中的重要事件包括进去。当涉及罪犯一些重要的经历写得不清楚或者民警需要详细了解时，再根据需要由罪犯写出第二稿、第三稿，就一些具体事件引导其详细描述。

简化版的成长经历。以时间为轴，从童年经历、求学经历、工作经历、婚恋经历几个方面来收集信息，同时又加入重大影响事件以及暴力行为事件两个维度。通过查阅简化版的成长经历，可以一目了然地对罪犯本人有一个大致的了解和定性。

2. CCQA（教育矫治质量评估量表）

对于暴力型罪犯，主要关注总分、偏差行为、人身危险性这几个维度。

3. AQ（攻击问卷）

评估攻击水平，共五个维度：身体攻击、言语攻击、愤怒、敌意、指向自我的攻击。

（四）专项矫治过程

以团体的形式，对反应性暴力型罪犯在认知、情绪、行为等方面进行矫治。共开展三期活动，一期周期为一个半月至两个月，每一批次做完后，都会进行反思、调整。

1. 主要矫治内容

（1）内容一：反应性暴力型罪犯愤怒控制的团体活动。频率：一周一次。

（2）内容二：正念练习。讲授正念相关知识；进行正念观呼吸、躯体扫描等正式练习以及正念进食等非正式练习。

（3）内容三：学习阅读材料。学习材料由民警编制，内容覆盖宽容（五个关于宽容的小故事及名人名言）及人际关系（黄金法则、人际距离、领域感、人际交往的原则等）两个主题。

2. 团体活动主要过程

（1）形成团体部分。花了一个单元去组织，很有必要，为之后的团体活动打下良好的基础。

（2）评估犯罪成本、剖析犯罪原因。通过带领团体成员进行对比分析，评估犯罪成本，使其认识到自己失去的远远大于得到的。同时引导成员剖析犯罪原因，分析自己为什么犯罪是避免再犯的第一步也是特别重要的一步。在日常的个别谈话中发现，罪犯大多采用外归因，将自己的犯罪归结于自己运气不好等。很少有人主动去从内部、自身找原因。通过思维导图的形式，层层剖析，让他们尝试从内部、外部两个方面对自己的犯罪进行归因。

（3）认识愤怒以及愤怒与暴力之间的关系。通过引导分享，让罪犯认识到愤怒的生理反应、产生的原因、危害等。通过讨论、分享，使其明白暴力行为产生的过程，使其认识到，能够及时觉察到愤怒是控制自己动手的第一步。

（4）情绪 ABC。引导他们认识事件、认知、行为反应之间的关系。其实明白这个很容易，但真正去找不合理信念、三个特征（糟糕至极、过分概括化、绝对化）却很难。必须通过反复的、大量的练习。一开始是举了些常见的例子，让他们尝试去分析，"公交车上有人踩到我的新皮鞋""朋友借钱不还，但过了两个月了还没还"等。明白之后再去尝试找生活中的一些负性事件，尝试去找不合理信念，与之进行辩论。

（5）学习愤怒控制的方法。通过讲解、练习，让成员学会倒着数数、深呼吸、愉快想象、提醒话等方法。要形成自动化的反应才算是好方法。

（6）高危情景。小组成员对此很感兴趣，也都有自己的一些看法，总结了一些容易产生暴力行为的场所，如大排档、KTV、迪厅等。好多成员反思道：知道自己脾气不好，尽量远离这些场所，远离身上"描龙画凤"的人。

表1　团体活动方案

单元	单元目标	活动流程及内容
一、破冰融合形成团体	增进相互了解，形成团体	1. 热身活动； 2. 个性手印； 3. 成功树； 4. 形成团体

续表

单元	单元目标	活动流程及内容
二、评估犯罪成本、剖析犯罪原因	帮助罪犯重新认识暴力，通过分析暴力的得与失，认识到暴力行为的危害；深入剖析自己的犯罪原因	1. 热身活动； 2. 评估犯罪成本； 3. 思维导图，剖析犯罪原因
三、认识愤怒情绪	通过探索，让成员认识愤怒情绪，了解愤怒与暴力攻击行为的关系	1. 情绪展演； 2. 讲解愤怒及其危害； 3. 愤怒与暴力的关系
四、情绪 ABC	1. 了解情绪 ABC 理论； 2. 通过理性情绪行为疗法自助表，学会找到不合理信念，与之辩论	1. 故事分享； 2. ABC 理论介绍； 3. ABC 理论的应用及理性情绪行为疗法自助表的练习
五、行为训练之减弱因素	学会一些减弱愤怒情绪的方法	1. 热身活动； 2. 身体线索； 3. 减弱因素； 4. 角色扮演
六、行为训练之提醒话	学会用提醒话来控制愤怒	1. 60 秒 PR 法； 2. A 提醒话； 3. 自我评价； 4. 角色扮演
七、高危情境讨论，结束团体	1. 帮助成员探索易产生暴力行为的高危情境； 2. 总结和分享团体收获，结束团体	1. 热身活动； 2. 高危情境讨论； 3. 分享结束团体

3. 矫治效果

开展专项矫治项目半年来，班组未发生罪犯打架等违纪问题。同时通过实验组对照组前后对比测试，小组成员在攻击水平的五个维度（总分、身体攻击、言语攻击、愤怒、敌意、指向自我的攻击）都有了统计学意义上的显著变化。罪犯在总结中也提及自己对愤怒、攻击等有了更深刻、更全面的认识，学会了一些愤怒控制的方法。

通过对暴力型班组的矫治工作，调整他们的认知、情绪和行为，关键是调动罪犯的积极性，只有罪犯感兴趣，感觉有用，认可民警的教育内容，他们才愿意参加，才可能取得较好的效果。新的矫治方法的运用，要想取得较好的效果，就得坚持训练，一次活动、一个作业往往很难起作用。只有多训练，罪犯才能明白，才能形成自动化反应，在关键时刻发生作用。

班组建设正当时　拓展思维永争先

——北京市女子监狱申艳秋班组建设经验

民警申艳秋在班组建设和管班工作上严格落实责任意识，明确了"思维导图强意识、和谐氛围奏和声、社会视点拓视野、创先争优保安全"的管班工作思路，引导班组罪犯以"班组建设我参与、班组建设我争先、班组达标我尽责、班组和谐我维护"为共同目标，以"思维导图"为中心拓展班组特色活动，努力做好"提高罪犯改造质量"这项工作。

一、夯实班组建设基础，准确把握罪犯特征

民警申艳秋管理的班组普犯刑期较长，心理压力较大，管理难度大。通过分析，班组中的罪犯普遍存在的问题如下。

（1）文化程度低，接受能力差。

（2）性格固执，自以为是，听不进他人劝告；自私，不考虑对外界环境的影响，包括对家人的态度。

（3）思维狭窄，考虑事情不全面，爱钻牛角尖；缺乏理性思维，处理问题没有逻辑和方法。

（4）对社会发展、外界变化反应慢，无动于衷，表现为看新闻时走神。

（5）对爱国、守法没有明确的概念和意识，很少与自己生活联系。

总体来说，所管班组呈现押犯结构复杂、老龄化突出、文化水平差异大、思想和行为意识差别大、教育改造难度大的特点。

二、精准绘制思维导图，创建人人受教"校园"

思想决定行为，为了切实提升班组成员的综合素养，帮助班组罪犯从思想深处深挖犯罪根源，重塑自我，她认真研读了每名罪犯的判决书，了解她们的案情。与每名罪犯深入谈话并帮助她们数次修改成长史，掌握她们的成长经历、心路历程、价值取向及人格形成的关键点、转折点，并对班内七名罪犯进行了 SCL-90 心理测试，初步了解她们的心理状态和思维模式。

在此基础上，民警申艳秋设定了努力方向，即三个层次的目标。

（1）提高罪犯爱国、守法意识（国家公民的基本素养）。

（2）提高罪犯与人交往能力（提高社会生活能力）。

（3）降低和削弱隔阂感和对立情绪（更好地适应服刑生活）。

之后，针对三个层次的目标，提出班组口号"三个一"，即

提高一种意识：班组发展需要每一个人的维护和努力。

遵循一个标准：言行遵循的标准只有一个，那就是监规纪律。

为了一个目标：回归家庭做一个好妈妈、好女儿、好妻子。

与此同时，她参考大脑和学习方面的世界超级作家、世界脑力奥林匹克运动创始人东尼·博赞的《思维导图》一书，引入被人们称为"大脑瑞士军刀"的思维导图作为训练罪犯的思维工具，在班组建设中尝试两种方法：一是拓展思维，形成逻辑思维习惯和行为模式（思维导图和数学小题）；二是加强时事教育，增强社会生活的归属感（社会新视点和班组议题）。从而创建人人受教的思维训练"校园"，开设"思维导图"系列小课堂，制作"思维导图"训练手册，开展系列"思维导图+"特色班组建设活动，帮助罪犯改变思维习惯，更科学地锻造创造性思维，更有效地规划人生，更快捷地掌控生活，使罪犯在逆境中重获新生力量，积极改造，蜕变为合格守法的公民。

三、和谐氛围奏响和声，打造人人喜爱"如家"

班组建设的施教对象是罪犯，罪犯的主动参与是活动取得效果的关键。为加强罪犯对班组建设工作的正确认识，她组织班组成员以集体宣讲、座谈讨论、个别指导等多种形式，学习班组建设的工作目标意义，掌握班组建设达标标准和评优标准，引导大家树立"班组建设我有责"的主体意识。

班组就是罪犯服刑改造期间的"家"，因此，以"家"字为切入点，以"思维导图"为拓展思维的方式，引导班组罪犯以"家"为中心画出思维导图，心怀祖国"国家"，心系监狱"大家"，心爱班组"小家"，并设计班名、班训，突出班组文化的特色与内涵，以凝聚人心、鼓舞士气。

她组织罪犯共同为班组取名为"如家"，寓意如家一般温暖、和美、温馨。班训是"快乐思维，快乐生活，找到更好的自己"，强调的是多角度、多

方位的思维，打破思维中的墙，重新认识自己、认识生活的意义，找到真正的快乐。在此基础上，她组织罪犯自行设计床头文化，以"和谐、规范、育人、美观"为原则，突出个性化和参与感，逐步形成班组建设人人讲、人人学、人人参与的积极氛围。

图文声乐并茂的特色班组文化记号，让罪犯在"如家"找到了"家"的感觉，体验到了"家"的温暖，也愿意承担起管好"家"的责任。

四、社会视点拓展视野，培育人人参与"乐园"

（一）思维导图+精准个别教育

××类班组的特点之一是普犯与××类罪犯混押，普犯中存在言行散漫现象、守纪意识有待提高，××类罪犯需要进一步提高对××歪理邪说的免疫力，同时存在自私、固执、人际交往能力较差、执行监规纪律不到位等问题。两类罪犯之间存在相互抵触情绪，教育改造难度较大。

为此，民警申艳秋遵循心理疏导与思想教育同时发力、相互配合的原则，每周批阅罪犯日记，搭建了解罪犯改造思想和与罪犯相互交流的平台，结合个别谈话教育、检查罪犯书信往来、会见及亲情电话监听，做到对每名罪犯全方位了解，全方位关注，找准症结，召开主题班会，开展心理咨询和体验式矫正活动，将心理矫治工作与班组建设活动无缝衔接，盯紧重点对象、聚焦薄弱环节，以运用"思维导图"进行思考训练为途径，加强心理的"导"和思想的"教"之间的有机结合，宽严相济、以德育人、一人一策、精准施教。

（二）思维导图+年度教育活动

班组罪犯普遍文化程度低，接受能力差；性格固执，自以为是，听不进他人劝告；自私，不考虑对外界环境的影响，包括对家人的态度；思维狭窄，考虑事情不全面，爱钻牛角尖；缺乏理性思维，处理问题没有逻辑和方法。

针对这种情况，她围绕"认罪悔罪明身份，遵规守纪见行动"开展教育活动，经常深入班组进行检查，引导班组思考、讨论"违纪"，结合"认罪悔罪明身份，遵规守纪见行动"和"无违纪计时活动"，画出"违纪风险点"的思维导图和行为坐标图，提高罪犯的自律意识与服从意识，帮助罪犯熟练掌握行为规范并落实到位，真诚认罪悔罪。

（三）思维导图+班组特色活动

班组中文化程度低的罪犯均容易受到歪理邪说的洗脑，辨识能力不强；对社会发展、外界变化反应慢，无动于衷，表现为看新闻时走神；对爱国、守法没有明确的概念和意识，很少与自己生活联系。

针对以上情况，她引导罪犯运用"思维导图"的思考方法，拓展思维方向，培养全面、科学的思维方式，培养与人的交往能力，并结合社会新视点，发散思维，增强罪犯的社会生活归属感。

1. 关注社会新视点，每月围绕一个主题绘制思维导图

她安排罪犯观察和关注社会发展新事物，每月围绕一个主题绘制思维导图。

在"共享单车"专题中，引导罪犯以"共享单车"为中心画思维导图，回顾对自行车的使用和观察、对公共自行车的印象、对共享单车的认识，追踪动感单车所引发的社会问题进展，选取一两个正在解决的问题，如"乱停乱放"，引发罪犯头脑风暴式的思考，并讨论解决办法所涉及的社会资源的支持力度，得出方法的优劣，最后说出目前采取的方法，进行比较。

通过讲解共享单车出现后发生的各种问题以及人们的评价、政府的研究和解决措施，引导罪犯思考在社会发展过程中必然会出现各种问题，不能因为出现问题就听之任之或限制其使用，应当思考如何解决和维护，促进其发挥更好的作用。

通过绘制"共享单车"思维导图，罪犯认识到：科学技术的发展会产生新事物，新事物会对社会生活产生或好或坏的影响，还有的事情没有办法预计，不能因为某些负面作用就弃之不用，而是要积极地想办法使其消极影响降到最低，发挥其积极作用，促进人们的生活更加便捷化。

2. 仿照"两会"议题，设定班级建设议题

她紧抓"两会"教育契机，组织罪犯仿照"两会"议题，设定班组建设议题，每季度一次，不定期讨论，关注实施情况，所有班组成员担任"审议代表"，进一步淡化××罪犯群体的身份色彩（俗称的贴标签），鼓励大家参与班内活动，注意班内言行方式方法，相互理解；加强管理，减少违纪，营造良好氛围。

在班组建设议题审议中，罪犯锻炼思维，拓展思维的广度，全面认识、把握自己和环境的关系；明确爱国和守法是生活的基础原则；关注社会新事物，由大到小关心班组的健康发展，明白事物的发展总有好坏两方面，如何抑制不良方面，规范和发展有利于生产生活的作用才是积极应对问题的态度。罪犯在改造生活中总会遇到各种问题，做事之前要考虑全面，在面对别人的批评时，要客观地看待，实事求是地分析，不要一概否定。

五、创先争优确保安全，收获人人进步"花园"

社会老龄化对监狱押犯结构产生影响，班组中七名罪犯平均年龄为53.6岁，智力和思维能力不平衡，存在较大监管安全隐患。

为此，民警申艳秋引导罪犯以"老龄化"为中心绘制思维导图，启发班内老年罪犯学习如何处理年老引发的问题，学会正确与人交流和处理矛盾。同时，引导身体健康的罪犯理解行动、思维迟缓的罪犯的苦恼和无奈，促进班组和谐，维护监管安全。

"老龄化"班组还存在劳动产量低的问题，为此民警申艳秋引导罪犯以"怎样提高产量"为中心绘制思维导图，相互学习劳动技巧，营造比、学、赶、帮、超的氛围，带领班组成员共同进步，凸显了"劳动育人"的新功效。

罪犯甲某入监时正赶上班组建设工作刚刚开展。起初该犯对班组建设很不认可，经过几个月的参与，其积极参加心理健康课、红歌会等活动，思想在潜移默化中发生了根本性转变，于2020年9月12日顺利通过北京市监狱管理局验收，成为班组建设积极力量。现在甲某常说，"我要为班组争光"。甲某的改变是班组建设成果的缩影。"同促进、同提升、同完善、齐进步"的班风正气已然形成。

导之有方、教之有效、行之有果的特色导教，将罪犯的自觉参与意识转变成了行动上的自律，在和谐共建中提升了罪犯的责任意识和集体观念。

他们的灵魂因音乐而改变

——北京市前进监狱翁黎明班组建设经验

　　民警翁黎明是一名转业军人，到了前进监狱后，他一直默默坚守在反邪教监区的一线阵地，尽职尽责，无私奉献。他研究出"音乐疗法"管理班组，获得了较好的效果，激发了罪犯学习音乐的积极性，罪犯的心境平复了、违纪率下降了，他通过独特的"音乐疗法"引导、鼓励罪犯重拾信心，走出低谷。

一、牛刀小试，"音乐疗法"初显成效

　　2010 年，翁黎明 43 岁。他偶然听到笛箫名家张维良用洞箫演奏的名曲《望春风》，圆润轻柔、幽静典雅的箫声瞬间直击他的心灵，让他疲劳顿无。此前毫无音乐基础的翁黎明决定从洞箫入门，开始学习乐器。

　　值得一提的是，翁黎明学习乐器没有上过任何辅导班，完全靠自学。一窍不通的他半年后就会吹歌，一年后演奏时就已有模有样，相当专业。

　　2011 年，一次翁黎明利用休息时间在监区楼下吹奏，悠扬的箫声飘进了监区。第二天，就有罪犯找到他说，这乐器的声音太美了，听了让人心安，能不能在周末教教他们学乐器。

　　为了能让罪犯学会更多的民族乐器，翁黎明将这几年自学的竹笛、尺八、埙、葫芦丝、巴乌、二胡、古琴等总计八种乐器在组建的兴趣小组中试验推广。以前，罪犯五点收工到吃饭前的这段时间，由于比较闲，很容易发生口角。通过学习乐器，他们的心沉静下来，无事生非的人也少了。更让翁黎明感到开心的是，经过一段时间的学习，一些血压不太稳定的罪犯，血压趋于稳定，心态开始得到平复。

　　这一变化让翁黎明对学习乐器有了重新的认识，他认为不能仅仅把这当作自己的业余爱好，此后他开始琢磨并尝试用"音乐疗法"教育改造罪犯。

针对罪犯的年龄、性格、爱好、接受能力、音乐素养的不同，翁黎明推荐他们学习不同的乐器。年龄大、刑期长的罪犯，他推荐他们从简单易学的葫芦丝入手；年轻、刑期长的罪犯，他推荐他们学习入手难的洞箫、埙，借此磨炼罪犯的意志。

现在，翁黎明可以用各种乐器演奏50余首曲子。9年时间里，他带过的乐器兴趣小组的罪犯已超过200人。

35岁的罪犯甲某因抢劫罪被判无期徒刑，目前余刑还有五年。他高兴地告诉记者，他在监区学习了葫芦丝、埙、古琴、二胡、笛子等乐器，单独演奏不成问题。甲某说，五年前翁黎明不厌其烦地教他学习乐器。"加入乐器小组，可以把人带入安静的世界，让改造生活变得丰富起来。"甲某从之前的想法简单、容易冲动到现在无论遇到什么都先想到后果，他的变化有目共睹。

26岁的罪犯乙某患有重度焦虑症，总爱多想事。在翁黎明的帮助下，他学习吹埙，现在他原本浮躁的心平静了许多，多年的失眠也有所缓解。

二、坚定信心，深入探索"音乐疗法"

翁黎明认为，学习演奏不能只停留在会演奏的表层，还要了解其背后的传统文化知识。

鉴于此，翁黎明以班组为单位在监区定期开展"音乐疗法"公开课，并逐渐向整个监狱延伸。在班组小课堂上讲乐理、监区微课堂上讲旋律、监狱大课堂上谈改变。《中国传统乐器》公开课受到罪犯的热烈欢迎，成了监狱的"网红"公开课。

为了讲好课，翁黎明把他的休息时间都用在了备课、上网查资料、翻阅古书籍、制作PPT上。教学中他用所学的八种古典乐器做道具，边讲解、边示范、边演奏，有时还会将那些古曲、爱国歌曲的曲单发下去，让罪犯点播曲目。

"音乐疗法"成了一张口碑相传的亮丽名片。2018年20名罪犯开始走上了学音乐、爱音乐、音乐润心的心灵重塑之路。这些罪犯的违纪率明显下降，也都在各自的班组发挥了积极作用。

39岁的罪犯丙某患有高血压、心脏病、肾病等疾病，高压最高一次达到200。2015年，他从五班调到翁黎明所在的四班。刚开始，丙某是大毛病不犯、小毛病不断，他不出屋、不干活，有畏难情绪，还特别爱发脾气。见此情况，翁黎明以"音乐疗法"为突破口，并建议丙某可以尝试一下洞箫演奏。

"翁队特别有耐心，他一步一步手把手地教我吹好每一个音符"，丙某说。经过不到一年的学习，丙某就可以登台表演了。音乐改变了他的人格，也让他的心灵得到重塑。现在的丙某像换了一个人，进步特别大。他不经常发脾气了，也不和警官对抗了，警官说什么他也能听进去了。

这些罪犯在学会乐器之后，从最初在监区表演，继而走上监狱的国庆和春晚舞台，最后又登上了分局大舞台。2018 年 11 月，在北京市监狱管理局清河分局第一届"服刑人员励志新生文化艺术节"上，翁黎明带领乐器小组演出的节目《望春风》受到普遍好评。2019 年 10 月 30 日，北京市监狱管理局清河分局第二届"服刑人员励志新生文化艺术节"上，他带领乐器小组演出了《奋进中国》，向伟大祖国 70 周年华诞献礼，精彩的演出再次受到热烈好评。

"我特别高兴，因为多年的辛苦和努力终于在这个艺术的舞台上展现出来"，翁黎明告诉记者，"罪犯通过登台表演，收获了从未有的体验和得到尊重的感觉，让他们实现一种心态的蜕变，体现自身价值的同时，培养了集体荣誉感与改造自信心"。

三、战疫情、促"四共"，"音乐疗法"功效显著

2020 年新冠肺炎疫情来袭，监狱自 2020 年 1 月实行封监管理至今，罪犯群体中经常会出现情绪波动、心理压力、恐慌和焦虑等不良心理状态，为此，翁黎明紧紧围绕罪犯的情绪问题，通过"音乐疗法"引导罪犯学会自我管理、自我减压，学会调整心态、改善情绪。

"远古声音千年回响，封闭管理共抗疫情""琴箫合鸣净心灵，教育引领战疫情""传统音乐送清凉，平安度夏战疫情"，疫情期间，翁黎明累计开展抗疫主题公开课 16 节，传统古典音乐、民族器乐舒缓悠扬的旋律，仿佛一股滋润心田的清泉，帮助罪犯疏导不良心理、化解负面情绪，教育他们要以平和心态去遵规守纪、踏实改造，坚定了罪犯爱国爱党、战疫必胜的信心与决心。

2020 年 5 月 30 日，前进监狱全面推进"四共"建设，翁黎明锐意进取，大胆创新，把"音乐疗法"当作"四共"建设的助推器，引导罪犯正确认识"查找解决犯因性问题"才是唯一正确的改造路径。他组织开展了"聆听赞党歌，悔罪找犯因""党旗下的忏悔""明确改造目标，新生回报祖国"等"音乐疗法"主题活动，通过赏析红色歌曲，介绍红歌的背景与意义，强化罪犯

爱党、爱国的红色信念，把政治改造、"四共"建设结合在一起，逐步引导罪犯反思犯罪根源，剖析犯罪原因，忏悔自己的行为，进一步增强罪犯的认罪悔罪意识，从而端正改造态度，明确改造目标。

四、坚持不懈，久久为功，将"音乐疗法"发扬光大

随着时间的推移，越来越多的人知晓翁黎明。不少人希望能拜他为师，他所在的前进监狱也总有罪犯表示要是能调到翁黎明所在的班组学习乐器就好了。

在前进监狱大课堂，他的艺术矫治"音乐疗法"课堂化教学模式已经推广四年，完美地将政治改造与文化改造结合在一起，既能陶冶情操，也更易被大家接受。

现在除了要做好日常的班组建设工作以及承担繁重的值班任务外，作为有特长的民警教师，翁黎明还被选出来参加北京市监狱管理局清河分局监区民警"三年轮训"培训班，主讲"罪犯班组建设"方面的工作。不仅如此，翁黎明还将继续在清河分局所属监狱交流授课，为罪犯主讲"中国传统文化之传统音乐篇"。

九年来，翁黎明已经在监区、监狱累计开展传统文化课堂及乐器兴趣小组活动 800 余次，培训罪犯乐器学习 200 余人。此外，他还撰写了《音乐疗法在罪犯心里矫治中的运用初探》《音乐疗法在罪犯改造中的作用》《前进监狱音乐疗法方案》等学术文章。

事实上，经过班组建设的有益实践，由翁黎明创新的艺术矫治"音乐疗法"教育理论，不仅提高了罪犯的教育转化率，更是在预防重新犯罪中取得了可喜的成就。

依据多年的实践经验，翁黎明把"音乐疗法"对罪犯的教化功能总结为以下三个方面。

一是以乐净心，有助于建立正确的"三观"。一方面，选择优秀的音乐作品能够潜移默化地净化人们的心灵，提高人们的审美能力与情趣，丰富人的情感、美化人的心灵。另一方面，音乐艺术有着强大的感染力，选择具有教育意义的音乐作品来激发罪犯的情感，引发联想、产生共鸣，会达到洗除内心污垢，唤醒良知的效果。

二是以乐辅德，有助于建立良好的伦理道德规范。因为音乐蕴含着深厚的伦理道德精神，多种多样的音乐活动是培养良好道德规范的最佳方式，培

养罪犯的民族主义自豪感和爱国主义精神，提升思想道德水平，建立正确的行为规范。

三是以乐调心，有益于罪犯的身心健康。通过音乐的节奏与韵律，能够改善心脏、血压以及内分泌、神经系统的失调，有助于增强免疫力，促进人的身、心达到充分的健康和谐，进而能够使罪犯以积极奋进与充满活力的状态面对改造生活。

翁黎明同志坚信，加强学习"音乐疗法"这一新兴学科，研究国内外"音乐疗法"实践经验和先进的治疗理念，学习社会上应用"音乐疗法"治愈生理和心理疾病的临床经验，结合监狱罪犯群体现状和改造目标，不断总结提高，积累经验，强化巩固"音乐疗法"教育矫治成果，探索教育改造新手段，为提高罪犯改造质量作出新的更大贡献。

行效清葵心向阳　治本修德谱新章

——北京市清园监狱李荣仁班组建设经验

　　班组建设工作，需要把心用在细节处，罪犯日常作息千篇一律、单调重复，内心容易滋生"皮""烦""厌"等负面情绪。民警李荣仁通过自创的"中/西医疗法"引导罪犯迸发"苟日新，日日新，又日新"的改造积极性，他拿出"深""全""细"的功夫管理罪犯，创新亮点重"巧思"，用心锻造出罪犯优秀班组。

一、以"政治改造"为统领，创设罪犯"阅读·悦读·微论坛"

　　班组罪犯微论坛以"文化书香·志趣共植"为理念，涵盖"政治改造篇""法律法规篇""遵规守纪篇""文化学习篇"和"劳动改造篇"五大主题，以《北京新生报》和《光明行系列丛书》为主要学习内容，民警、罪犯齐参与，搜集资料、采撷内容、准备教案，然后"小课堂、大家讲"，带动罪犯通过学习、思考和领悟，重塑正确的世界观、人生观和价值观。民警李荣仁安排每月至少例行学习四课时，汇集罪犯书写的70余篇优秀稿件材料。微论坛的创新之处在于引入"MONTHLY FOCUS"（月度聚焦），即"月月推进改造主题，时刻明晰提升方向"。各月度主题教育，丰富了罪犯的服刑改造生活，引导罪犯走好改造之路、塑造美丽新生。

二、创办"李警官健康寮"，让罪犯以健康身心投入改造

　　民警李荣仁在工作中发现，很多罪犯入监后会对自身身心健康特别关注，甚至对很多身体的正常反应都表现得"疑神疑鬼"。为正确引导罪犯，力求通过施之以教、导之以行，对罪犯进行身、心两方面的健康辅导。经反复思考，他创办了"李警官健康寮"，让罪犯以健康身心投入改造。

　　"寮"，古语为小室。取名"李警官健康寮"，意即监室虽小，却是罪犯

最佳矫治身心的场所，因为这里可以使人心无旁骛、身无外处。"李警官健康寮"的教育模式是内参《光明行系列丛书·健康与养成》，外引《黄帝内经》等中国传统医著。他亲自查阅资料、编写教案，对罪犯进行"健康身心·科学改造"主题授课，传授"健康养生的关键在于养心，心正则身正，身正则行为正"这一真理，让罪犯认识到人只有心理平衡才能生理平衡；引导罪犯从思想深处深挖犯罪根源，认清和消除罪犯的罪恶思想，弃恶扬善、改过自新；让罪犯认识并做到"三个正确——正确认识自己，正确对待他人，正确回报社会，将罪犯改造为新时代中国特色社会主义合格公民。

"李警官健康寮"的重要意义体现在实际工作中。以"健康与做人"为主线，在引导罪犯自我调节、主动改变的基础上，达到感化罪犯、影响罪犯、重塑罪犯的目的，让中国传统文化和美德在争创优秀班组过程中发挥重要作用。

三、创新推动亲情修复，坚定罪犯改造信心

和谐稳定的亲情关系，是罪犯自觉改造的内驱动力来源之一。在报告监区领导批准和报备后，民警李荣仁积极联系罪犯家属，通报罪犯在狱中服刑改造表现和实际情况，挽回家属与罪犯之间日渐淡漠的亲情关系，同时鼓励罪犯家属将家中和周边发生的积极变化、老人嘱托、小孩成长等影像刻录成光盘，在会见时带至监狱，经审查后播放给罪犯观看。他借力监狱"亲情寄语平台"，鼓励罪犯及家属利用亲情电话、接见、信件和微视频等形式，增强联系、感受亲情、分享温暖。他组织罪犯互动分享，在每月亲情会见后召开"班组分享会"，由罪犯畅谈当月亲情见面的谈话内容和内心实感，分享与家人聚会后的喜悦和收获，帮助罪犯树立踏实服刑、积极改造的决心和信心。

四、组织实施"内视观想"，班组共生谦让和谐

"内视观想"是司法部"中国罪犯矫治关键性技术'十三五'重点课题"之一，也是监狱引入的创新性教育改造项目。他组织班组罪犯专门开办了"清园监狱第8期内视观想体验"活动，独一无二的形式为监狱组织罪犯班组整体参加内视观想矫治活动提供了借鉴先例。通过一周的内视观想活动体验，班组罪犯最明显的转变就是都能以谦恭和感恩之心对待周围的人和事，班组内谦让的氛围让大家心中暖流洋溢，和谐共生的规则和秩序在班组内明显树立。

五、综合运用"中/西医疗法"，标本兼治"疗效"凸显

在创建罪犯优秀班组的过程中，他非常重视个别罪犯的心理矫治帮辅，

并秉持"三大原则"做好相关工作：一是不断提高政治站位，充分认识到个别罪犯的心理疏通矫治工作的重要性；二是聚焦工作重点，坚持"将罪犯改造成知敬畏、守法纪、懂规矩的守法公民"作为核心工作；三是持续强化自身责任担当。通过日常学习并结合实际观察，他发现"中西医"对待病人病情通常会有不同的治疗理念和手段，遂将之引申、"活用"到班组罪犯的个体矫治中，取得了良好收效。

"西医疗法见效快"。罪犯甲某，因犯故意伤害罪被判处无期徒刑，剥夺政治权利终身。该犯在狱内服刑 18 年，临近出监。该犯性格偏内向，之前基本可以做到自我约束，遵守监规纪律。但在得知即将转出监队后，该犯行为突变，言语随便，个人卫生定置方面也随之变差。对此情况，李荣仁认为"乱世须用重典，急症应下猛药"，决定对该犯采取"西医疗法"，以"守法守纪意识要常驻内心不可松懈"为题，对该犯进行了有针对性的谈话教育，并对该犯的卫生定置情况进行每日强制性检查和督促。几次及时有效的谈话，提升了该犯遵规守纪的思想和"善始慎终"的意识，也让该犯记住了警官对他的叮嘱，"不论何时何地及何种身份，都要永远记得人终要受其自身社会属性的要求和约束，时刻自觉遵规守纪，不要妄图践踏规则，更不能再次触犯法律"。该犯在转监前对管班民警表示衷心的感谢。

"中医去根功夫深"。罪犯乙某，因犯故意伤害罪被判处无期徒刑，剥夺政治权利终身。该犯妻子自 2020 年年初以来与其联系突然减少，每月会见基本不来，该犯打给妻子的亲情电话也未被接听，因担心妻子提出离婚，该犯思想出现波动。如何疏导该犯的不良心理情绪，有效解决该犯遇到的实际问题？他针对该犯的特点，以"真情关护、精准帮辅、有效疏导"为工作原则，采取"中医疗法"，以求达到"温补缓治，标本兼治"的效果。增加谈话教育，引导该犯换位思考，正确认识和看待妻子的现状和目前的问题。开展情感教育，发挥民警作用，主动联系该犯家人及其妻子，探寻原因，帮助罪犯挽回破裂的亲情。发动希望教育，首先，根据该犯刑期情况和现行制度为该犯计算回归日期，帮助该犯树立信心。其次，利用创建罪犯优秀班组的时机，任命该犯为罪犯班长，让他"挑担子"、做榜样，引领其走出知见怪圈。通过"中医疗法"，乙某服刑状态趋于良好，改造热情不断提高，原判的无期徒刑改为有期徒刑。

通过验证，"西医疗法"讲求以强力手法突击扭转个别罪犯的散漫思想，对杜绝和消除违规违纪隐患有实用效果，适用于短期内行为转变幅度较大的罪犯；"中医疗法"博大精深，重点通过"望闻问切"等手段，强调对罪犯"固本培元"，达到"缓治去根"的功效，适用于刑期相对较长的罪犯，可以帮助罪犯建立正确的服刑意识和积极的改造思想。

六、基础工作常抓不懈，深入细致全面有效

中国兵法也讲求"以正合，以奇胜"，无论打仗还是工作，不单需要"勤动脑筋，巧出实招"，更需要对常规工作持之以恒、常抓不懈，否则一定会造成"一次事故，前功尽弃"。因此，民警李荣仁务求将常规工作做"深"、做"全"、做"细"。他认为，对罪犯进行经常性谈话教育是十分有效和实用的工作方法。他在管班过程中，不但做到有事必谈，没事也经常与罪犯聊天，通过这种方式，及时发现罪犯在服刑改造中遇到的问题，力求及时消除问题隐患、防范矛盾风险，防止出现违规违纪事件，确保班组安全稳定。

他曾经和许多同事、罪犯分享过一个案例：虽然在"君子国"里做一个"君子"并不是什么难事，但在监狱这个特殊的环境中，民警需要面对和转化曾经对国家、社会和人民造成损失、伤害的罪犯，责任显得尤为重大！他坚信，每个人心中都有一颗善良的种子，它也在努力地生根和成长，也许个人的力量微弱，但这颗善良的种子终究会影响到周围更多的人，进而改变世界……相信这就是监狱人民警察的职责和使命！

"1+2+×" 模式科学矫治罪犯

——北京市团河教育矫治所周天雕班组建设经验

周天雕同志充分利用大队资源，积极搭建矫治平台，主抓暴力型罪犯，积极探索尝试用"1+2+×"模式开展班组工作，"1"是暴力犯认知行为 CBT 团体，"2"是正念减压课程和愤怒控制相关活动，"×因素"是指周二、周四、周日的授课，针对大队罪犯的构成和实际情况、罪犯普遍关心的社会上的一些热点事件，适时讨论，用身边事教育身边人，在结构化的团体之外发挥了无结构化团体灵活、变化的作用，积极打造优秀班组。

一、重视分类工作，合理分析评估

在这半年来的工作当中，管班民警尝试用"1+2+×"模式开展班组工作，"1"是暴力犯认知行为 CBT 团体，"2"是正念减压课程和愤怒控制相关活动，"×因素"是指周二、周四、周日的授课，针对大队罪犯的构成和实际情况、罪犯普遍关心的社会上的一些热点事件，适时讨论，在平时授课中予以分享和交流，例如，接纳不完美的自己、情绪管理、挫折教育、幸福课、如何改善人际关系课程、适应环境、积极心态的培养等，用身边事教育身边人，有时效性，在结构化的团体之外发挥了无结构化团体灵活、变化的作用，帮助罪犯培养与提升自信心，三个方面结合起来，能发挥很大的合力和张力。

（一）筛选矫治对象，掌握本班罪犯基本情况

自 2017 年下半年以来，大队接收暴力型罪犯的数量明显上升，一直占大队全体罪犯比例的 35% 以上。管班民警将无精神疾病、余刑在 3 个月以上、未参加过正念减压训练的罪犯作为项目研究对象，再针对心理测试中冲动性、攻击性、敢为性以及教育矫治质量评估量表（CCQA）中，在人身危险性、偏差行为、负性思维上较差和极差等次的人员，进行筛选，集中了 11 人为矫治项

目成员。

（二）量表评估

管班民警在查阅全队的心理测试结果之后，再进行个别谈话，并在此基础上选定暴力型罪犯并加测冲动性量表（BIS-11）和攻击性问卷，力求更加全面地了解罪犯的心理状况，准确地找到罪犯的犯因性问题。

1. 教育矫治质量评估量表（CCQA）体现

CCQA 测量结果显示，班组成员的犯因性问题主要集中于负性思维、心理健康水平偏差行为、人身危险性、生活态度和人生规划等方面等次较差。

2. 16PF 人格测试高攻击相关因素、环境适应不良因素分析

班组成员中有多人在忧虑性、敢为性、兴奋性、紧张性方面偏离常规模式，结合现实表现，心理测试结果明显有效，符合他们的心理健康状况。

3. SCL-90

所管罪犯 6 人得分高于 160 分，心理健康状况较差。

4. 攻击量表测试

参考团河教育矫治所近两年全体罪犯的测试值，班内罪犯数值均在平均分以上。

（三）书写成长经历

第一稿主要是了解情况、搭建沟通平台，第二稿和第三稿主要针对成长经历中的重大事件和犯罪经历予以澄清。

（四）访谈与日常观察

经过上述循证过程，总结班内罪犯共性犯因性问题。

（1）情绪管理能力差，班组成员中的绝大多数在本次违法犯罪行为开始之时，都受到了相应事件的刺激，导致情绪失控，引发暴力行为。

（2）认知偏差。

（3）觉察力差，更不会停止犯罪行为。遇到刺激事件，很容易陷入自己的负性自动化思维，挥拳相向而觉察不到自己的身体、情绪给出的讯息，更不会停止犯罪行为。

二、找准罪犯犯因，科学教育矫治

针对班里成员情况，矫治项目有两条主线，即认知行为团体 CBT 和正念静观减压矫治项目。针对班组成员在情绪方面问题比较突出和明显，民警也适时加入了愤怒控制项目里的一些轻松小游戏、小测验，如九点连线、我的

五样、齐眉棍等，以缓解不良情绪。

（一）正念减压训练

方案以正念减压八周训练课程为基础，参考方玮联博士的正念减压训练课程，结合功能区矫治对象特点，侧重于情绪、身心、生活等内容。

表 1　正念减压八周训练课程表

课程	主题	主要内容	目的
第一周	正念是什么；认识自动导航	正念介绍； 工具：呼吸、身体、思维、情感； 两个练习：呼吸练习、葡萄干练习； 两种心态：好奇心、初心	初步了解什么是正念，激发学习探索的兴趣；让大家认识到自动导航无处不在，提出"初心"的概念
第二周	关注你的身体	20 分钟呼吸练习； 思维中断练习； 意图冥想（湖水冥想练习、觉察体验分享）； 初识两种模式：Doing 模式和 Being 模式	带领成员尝试正念练习，感受身体状态，并就一些容易出现疑问的内容进行解惑，促进成员对正念练习明了。从繁杂中解脱出来，回归简单的快乐，尝试一心一意只做一件事的快乐
第三周	快乐与力量	山式冥想练习：山禅静心，培养稳定的心态； 身体扫描冥想； 应对疼痛的方法； 引入第二支箭（两支箭）	培养稳定心态，释放 Doing 模式，真正与自己相处，投入 Deing 模式；中性感受，引入不评判。 犯罪是第一支箭的话，对这件事的看法、抗拒，是第二支箭，增或减，决定权在你自己手上
第四周	动静相宜舒缓安然	5 分钟呼吸练习（沉淀身心）； 探讨身体扫描的感悟； 行走冥想（移动中的觉察）； 正念瑜伽/伸展练习（聆听身体的声音，感受极限）	通过练习使成员对自己的想法、身体及周围事物都有一个全新的体察，对初心有所了解，促进成员能够以初心态度来看待自己和周围的一切，更好地投入正念练习之中
第五周	困境探索	开场呼吸冥想； 内管冥想； 正念瑜伽和 Stop 练习； 现场练习——愉悦事件分享	聆听身体的声音，感受极限，引导成员认知正念困境探索练习，可以帮助我们以接纳和放下的态度来面对生活中的困境。增强心理承受力，从而缓解不良情绪

续表

课程	主题	主要内容	目的
第六周	深陷过去还是活在当下	站式瑜伽； 不愉悦事件练习； 了解愤怒圈、对自己的情绪负责； 3分钟呼吸空间练习	通过身体的拉伸动作发现自身存在的一些固定的习惯，以及应对压力时习惯性的模式；体验将不愉悦事件或压力源倾诉出来的疗愈作用；如何用正念处理负面情绪，并厘清事件—思维—情绪—身体感受的内在关系；3分钟呼吸空间练习对情绪管理的作用
第七周	重获活力	开场呼吸冥想； 静观呼吸练习； 换座位练习； 九点练习； 书写练习； 人生五章	发现自己的框架（当事者迷，当跳出问题本身的时候，问题却可以解决了，多给问题留出一些空间，更利于问题的解决）；遇到压力或挑战时，先有反应，再进入正念觉察，就会有多种回应方法，打开新的通道，不走老路有许多不同的可能；在事件和神经元之间存在着一个空间
第八周	喧嚣世界安宁心态	呼吸冥想； 身体扫描练习； 沟通练习； 慈爱冥想练习； 对正念八周课程作一简短的总结	应对冥想中出现的各种想法和走神，缓解焦虑；想法只是想法，它不是事实；良性沟通的规则：表述、复述、澄清；培养善意，培育爱心，觉察不评判态度；引导成员认识正念对生活的影响及面对危机时的作用，让成员学习对人生的思考及如何保持良好的心态，从而让自己更加有力量来面对纷繁的世界和生活

（二）认知行为团体班组建设的目标及实施过程

认知疗法中所认为的认知模型见图1。

情景或事件 ——→ 自动化思维 ——→ 情绪、行为、生理反应

中间信念

核心信念

民警的主要矫治方案

知（知道）—行（践行）—意（内化、意义）

图1 认知疗法中的认知模型

从觉察表面行为到提升认知再到尝试改变，最后面向未来，整个团体从激发动机形成团体——→认识、识别自动化思维——→学习认知技术（合理情绪、正念接纳、放松、音乐等）——→处理人际关系，尤其是有矛盾的人际关系（情境、我的心理剧等）——→对未来的展望，一步步，罪犯从不懂、不感兴趣到知道、了解、践行再到内化，收到了很好的效果。

团体主要流程是：见面会——→激发动机，形成团体——→自动化思维和我身上的负性自动化思维——→认知技术——→合理情绪疗法——→音乐与认知——→认知与人际关系——→心理情景剧——→正念 vs 认知行为疗法——→对未来的管理。

（三）愤怒控制团体，做到 1+1>2

愤怒控制项目是团河教育矫治所力推的一个矫治项目，管班民警很好地利用了这一个平台。愤怒控制项目是在行为训练上给予正念静观减压团体的一个补充，它们之间有些方法是相似的。控制训练目的主要有两点，一是减少愤怒唤醒的频率；二是给予成员控制愤怒的方法。而很多罪犯也谈到，认知行为团体涉及的知识点和技术以前没有接触过且内容比较多，觉得有压力，而疏解愤怒的一些小的放松活动能让自己做活动和分享，感到很放松，管班民警的参与也让活动效果做到 1+1>2。

（四）×因素——心理大讲堂

团河教育矫治所在周二、周四、周日的晚上是正念练习和学习的时间，民警结合班组成员的情况和大队日常工作的进行情况，在这个时间段适时安排了心理大讲堂，在值班的时候，管班民警会把一些课程放在这三天的授课中予以分享和交流，用身边事教育身边人，有时效性，在认知和正念这种结构化的团体之外很好地发挥了无结构化团体灵活、变化的作用。

三、教育矫治成效，总结工作经验

教育矫治工作的效果较为显著，主要体现在以下几个方面。

（1）安全问题。本班罪犯所管秩序安全稳定，没有一人因为违纪受到扣分处理，班级氛围融洽，从同道里的"雷区"变成了"安全区"。

（2）罪犯自评。建班之初，有部分罪犯不愿意在这个班组中执行刑期，觉得班里很"冷"，没有安全感，后期均觉得自己进步很大，为人处事有很大进步，对未来重拾信心。

（3）民警和其他罪犯的评价。民警能明显感觉到班组的进步，班组从"刺儿头"班变成了"杂务"班；他犯表示这个班组的成员开始变得热情、好相处，班组有正气，成员很积极。

（4）量表对比。在攻击性问卷前后测对比中，班组罪犯的攻击性出现了明显的下降。说明以正念结合认知行为团体解决情绪类暴力犯矫治确实有效地降低了罪犯的攻击行为发生率。

科学定位 系统矫治
不断完善暴力犯矫治功能区建设

——北京市新安教育矫治所吴乃超班组建设经验

自2014年以来，通过实践和实证研究，北京市新安教育矫治所在反应性暴力犯再分类进行矫治方面取得了一些成绩。主要体现在暴力型罪犯中有一部分人存在明显的焦虑、抑郁情绪问题，而其暴力行为不仅是由错误的认知模式导致，还与这种负性情绪有关。

一、功能区建立，科学判犯因

（一）明确功能定位

大队组建的暴力型罪犯矫治功能区是在评估分类的基础上，由矫治小组针对暴力犯特定的监管风险和犯因性问题，单独编班，开展以项目化为主要内容的系统矫治。

在分类上，首先将暴力犯分为反应性暴力犯和工具性暴力犯，再将反应性暴力犯具体分为以情绪问题为主要犯因的反应性暴力犯和以认知偏差为主要犯因的反应性暴力犯。其次再以这两类群体的犯因性问题为靶点，分别编班，开展针对性的项目化矫治。

（二）筛选矫治对象

1. 筛选反应性暴力犯

反应性暴力犯的筛选标准：（1）年龄为18~60岁，小学文化程度以上；（2）剩余刑期3个月以上；（3）无严重躯体疾病和精神疾病；（4）人身危险性评估为现实风险，或潜在风险；（5）本次违法犯罪是由暴力（冲动）行为导致，且暴力（攻击）行为符合冲动性暴力犯的暴力（攻击）行为特点；（6）表示有改变目前状况的意愿，无宗教背景；（7）所管人员教育矫治质量评估量表（CCQA）测试结果中负性思维、罪错归因、偏差行为、人身危险性因子有一项以上为较差或者极差。

按照上述标准在全队未参与过暴力犯项目矫治人群范围中筛选出 19 名符合条件的罪犯，拟进入矫治功能区。

2. 筛选负性情绪反应性暴力犯

负性情绪反应性暴力犯筛选标准：贝克抑郁量表测量原始分大于 13 分，或状态—特质焦虑量表测量状态焦虑分数大于 30.81 分。

（三）矫治对象分析

1. 量表评估

（1）教育矫治质量评估量表（CCQA）。

CCQA 测量结果显示，班组成员犯因性问题主要表现在心理健康、负性思维、人身危险性、人生规划方面。例如人生规划因子项较差 5 人、极差 1 人，心理健康因子项较差 2 人、极差 2 人，人身危险性因子项较差 3 人、极差 1 人。

（2）90 项症状清单（SCL-90）。

SCL-90 测量结果显示，10 名班组成员中有 7 名成员得分高于 160 分，其中 200 分以上 3 人，300 分以上 2 人，这些成员的心理健康状况需要引起注意。

（3）贝克抑郁量表（BDI）。

BDI 测量结果显示，10 名成员中有 8 人存在抑郁情绪，其中 2 人抑郁情绪为轻度，4 人抑郁情绪为中度，2 人抑郁情绪为重度。

（4）状态—特质焦虑量表（STAI）。

STAI 测量结果显示，10 名成员中 STAI 状态焦虑分数 8 人大于 30.81 分，其中 50 分以上 5 人，为重度焦虑。

（5）应对方式问卷量表（TCSQ）。

TCSQ 测量结果显示，10 名成员中 9 人 NC（消极应对方式）大于 PC（积极应对方式）。

量表评估总结：CCQA、SCL-90、BDI、STAI、TCSQ 五个量表测量结果表现出班组成员不但在负性思维、人身危险性、人身规划、应对方式等方面较差，而且心理健康状况也需要引起注意，其中焦虑、抑郁情绪尤为突出。

2. 访谈与日常观察及成长史分析

虽然五个量表测量结果能够达到相互印证，但毕竟有其局限性，民警又通过访谈及日常观察等手段予以补充，明确班组成员存在的犯因性问题为：

（1）冲动性强，易激惹，情绪稳定性差。

（2）负性思维、消极应对方式突出。

（3）生活压力大，发展不顺，处理不了所面对的问题，心理健康状况差。

（4）长期负性情绪得不到舒缓，导致人格方面有所改变，例如忧虑型人格方面多表现为忧虑抑郁、烦恼多端。

（5）焦虑、抑郁情绪突出。

二、功能区辅助，强管控工作

首先，在前期，民警与班组成员逐个进行谈话沟通，了解他们对过去生活的态度，对本次违法行为的认识，以及他们的情绪、心态等内容，不但加深了对班组成员的了解，同时也拉近了彼此之间的距离，建立了信任关系。

其次，采取边防控边矫治的策略，利用认知行为治疗的理念，促进成员反思自己过去的言行，提高对人对事的分析、判断等认知能力，同时通过正念练习，舒缓情绪，调整心态，促进班组和谐氛围营建。

三、功能区矫治，重效果评估

（一）正念减压训练

1. 目标

帮助班组服刑人员降低冲动性、易激惹性，提高班组服刑人员的情绪稳定性及抗压能力，增强积极生活态度。

2. 方案

以正念减压八周训练课程为基础，参考方玮联博士的正念减压训练课程，结合功能区矫治对象特点，侧重于情绪、身心、生活等内容。集中训练分八周进行，每周1次，每次2小时，每周辅助正念练习手册，进行自主性与辅导性相结合的课后练习。

3. 实施

在训练过程中，最重要的就是如何让大家接受正念。为此，在正念训练中，应特别注意以下三个方面。

（1）引导成员认识到正念练习的好处：在八周正式课程开始之前，民警增加了介绍部分，旨在介绍正念训练的历史、发展、原理和作用等，激发成员正念练习的好奇心，以更好地接受正念练习。

（2）促进成员对正念练习态度的接受：在练习的过程中，对于有些成员出现的不能集中注意力，或者是躺在瑜伽垫上睡着了等情况，民警要保持良好的心态和正确客观的态度，在他们出现这些情况时，注意关注自己的情绪和态度，避免出现不够理解的状态，影响成员参与正念练习的积极性。同时引导成员加强对正念七个态度的理解，促进接受。

（3）注重成员对体验到的感受进行交流：比如乙犯理解力非常强，在刺激与反应/回应这一部分的分享中，他对于其他罪犯的理解在不批判的前提下，用生动的例子表达了自己对此的理解。他讲这就好比过去我们经常做的判断题，非对即错，或者说单选题。那么，我们通过正念练习，增强了觉察能力，面对刺激的时候，不再是自动导航、自动反应模式，而是回应，就像在做多选题一样。

此外，民警还因势利导，借助春季所内优美的环境，采取室外正念练习活动，或者觉察院内的桃花、玉兰甚至野花，以此来丰富正念觉察的内容，增强成员觉察的兴趣和能力。

4. 效果评估

通过八次的正念课程以及课后的不断练习，服刑人员在对待自我、生活、情绪、身心等方面的认知都有了进一步的提高，为客观检验训练效果，以 90 项症状清单（SCL-90）分值变化作为正念减压训练效果的评估依据。

测量结果显示，总分超过 160 分的由前测 7 人变成 2 人，总分超过 200 分的由前测 3 人变成 1 人，其中 1 名罪犯的抑郁状态有所改善。

（二）认知行为治疗团体活动

1. 目标

帮助服刑人员降低焦虑、抑郁等不良情绪，提高认知能力，促进负性思维、偏差行为改变。

2. 方案和实施过程

民警参考《抑郁的团体认知行为治疗》和《思维改变生活》这两本书，完善了此前的抑郁认知行为治疗方案，着重解决焦虑、抑郁情绪，同时也对自卑、压力、愤怒以及如何生活等方面有意地进行干预和引导，形成一套认知基础知识和情绪管控相结合的治疗方案，每课一个主题。此活动符合内在递进逻辑关系。

本次制订的共计 11 课时的"认知改变生活"认知行为治疗方案，每周开展 1—2 次活动，每次活动 2 小时。同时制订了罪犯使用的练习手册。

3. 效果评估

（1）量表评估。

①贝克抑郁量表（BDI）。

通过前后测量结果可以看出，班组成员后测 BDI 分值较前测分值均有不同程度的下降。不同程度抑郁状态变化为：无抑郁状态者由前测 2 人变成后测 8 人，轻度程度人数由前测 2 人变成后测 1 人，中度人数由前测 4 人变成后测 1 人，重度人数由前测 2 人变成后测 0 人。

②状态—特质焦虑量表（STAI）。

STAI 测量结果显示，多数成员 STAI 后测分值比前测分值有较为明显的下降，其中某成员的后测分值较前测分值高，主要受家庭变故影响。

（三）功能区矫治评估

1. 量表评估

教育矫治质量评估量表（CCQA）。

前后测量结果显示，班组成员在心理健康、偏差行为、人生规划和人身危险性方面发生明显变化。

CCQA 前后测量结果显示，班组成员重点问题因子项变化如下。

心理健康因子项前测较差等级 2 人，后测 2 人等级变化为好/较好；前测极差等级 2 人，后测等级变化为一般/较好。

人身危险性因子项前测较差等级 3 人，后测变化为较好；前测极差等级 1 人，后测等级变化为较好。

人生规划因子项前测较差等级 5 人，后测 4 人变化为较好/好，1 人变化为一般；前测极差等级 1 人，后测等级变化为较好。

此外，负性思维、罪错归因、偏差行为因子项方面后测较前测也均有不同程度的改善向好。

2. 主观评价

（1）自我评价。

丁犯自卑敏感，曾经对于小组成员的鼓励支持，理解为站着说话不腰疼，是嘲讽，因而易与他人发生争执，甚至还要退出学习小组。后来在民警的帮助下，在不断的学习和讨论中，他的思想发生了转变，觉得自己好多过去的认识都不正确，自己主动去改变，发现真的不一样，现在和大家相处得非常愉快。

（2）他人评价。

其他罪犯对他们的认识普遍良好，尤其是同道负责值班的服刑人员，刚开始的时候，觉得这些人不好相处，甚至有些畏难情绪，然而现在他们转变了看法，例如，值班员戊犯在谈话中反映，他觉得学习小组中的成员变化最大的要数戊犯，听别人说他在看守所的时候被叫作"刁民"，现在我觉得他挺随和的。

（3）民警评价。

此班组普遍存在情绪问题，其中三名为"重点人"，一直以来能够保持稳定，成员之间相处和谐，没有发生影响所管安全稳定的情况，实属难能可贵。而且经大队民警一致推荐，班组获得了"两会安保优秀班组"的称号。

（4）我的评价。

每一个人都有不同程度的进步。他们在学习的过程中，个别也曾经出现没有进入状态、对于所讲授的内容兴趣不高的情况，但是，绝大多数人还是愿意多听一听、坚持参加活动的，通过彼此的互动、彼此的影响，不但融洽了关系，而且提高了认知程度。

四、工作体会感悟，总结成效经验

一是每个罪犯都有改变的渴望和内源动力。罪犯不是不想改变，而是不知道改变的意义在哪，以及该怎样去改变。民警经常对他们说："其实每个人都有一颗上进心，也都有愿意改变的力量，只不过一路走来，太多的影响，有时就像淤泥一样，把自己当初的那刻初心给掩埋了，自己甚至都忘记了还有追求进步的那颗心。而我要做的就是将那些淤泥清除掉，然后给你的初心浇点水，播撒点阳光，让初心生根发芽，甚至将来开花结果。"

二是真诚相助是促进改变的无穷力量。当罪犯有改变的动机时，正是渴望寻求帮助的时候，这时民警要是能够及时给予真诚的帮助，不但能够建立起良好的矫治关系，还会让他们感受到一种力量在推动他们向前行进，而且他们也会愧疚于自己的行为，甚至可以达到知耻而后勇的效果，从而激发出他们上进的信念。

三是要不断充电学习。对于过去的成绩要学会淡忘，但对于过去好的做法要加以总结，在不断思考、不断完善的过程中，民警自己在提高，矫治对象在进步，民警和矫治对象都应该在不断学习中获得快乐并一直追求美好生活。

创新，让班组建设焕发生机与活力

——北京市监狱金兆祥班组建设经验

北京市监狱管班民警金兆祥在罪犯构成发生变化出现许多新问题新情况，教育改造工作的针对性、实效性、专业性亟需加强的形势下，积极正视这一变化，坚持问题导向，从利于管理、维护安全、促进教育改造为出发点，结合本班罪犯实际情况，以犯因性问题和改造需求出发，建立实施有特色、有标准、有效果、有创新、可论证、可持续、可推广、可量化的"四有四可"改造项目，为班组建设取得良好效果起到了决定性作用，促进了班组罪犯整体改造质量的全面提升，带领所管班组获得了"局级优秀班组"称号。

一、准备工作争先创新

从 2020 年年初班组建设的准备阶段，管班民警就改变以往"等、停、看"的工作作风，以"学先进争先进"的积极姿态，率先提出争创局级优秀班组的目标。

管班民警金兆祥认为，开展好班组建设最重要的是要有正确的思想和态度，在此基础上还必须要用好的方式、方法来完善班组建设各个方面的工作。为了给所在班组成为优秀班组创造有利条件，他精心制作了《班组建设小指南》，旨在通过梳理出前几年局级优秀班组好的活动方式、方法，以榜样为力量、为激励，为民警的教育方式和罪犯的改造行为提供参考和借鉴。《班组建设小指南》总结了身边先进人物、先进集体的方法和经验，分别归纳出管班民警、班组罪犯在班组建设中应该注意的几大要素，并做到人手一册。

此外他还充分发挥管班民警的示范带头作用，多次召开班组会，带领罪犯学习研究和讨论班组建设，真正落实"管班有责，管班有为"。在组织罪犯学习讨论的班组会中，他告诫和鼓励班组全体罪犯，班组荣誉就是每名班组成员的荣誉，大家必须都要有优异表现才能获得更多更大的荣誉。通过这一系列的准备工作，提升了班组活力和凝聚力，提高了罪犯积极参与的主动性、自觉性。

二、引导工作务实创新

班组建设全面开展后，"创新"的脚步仍在继续。管班民警金兆祥把"组织好、配合好"作为开展班组建设工作的关键，把引导和调动班组罪犯的思想、态度作为达到此效果的唯一根本。他根据罪犯本身存在的特性，用创新方法把教条式引导、被动式引导变为灵活式引导、推动式引导，激发了班组罪犯更强的动力。

例如，民警制作了个人目标定制表，充分利用班组罪犯普遍存在"好面子""争强好胜"的特性，把以往的要求罪犯写目标变为了民警组织罪犯对改造目标进行自我设定、自我比较、自我督促，强化了罪犯的责任心。个人目标定制表分为季度目标和终极目标。季度目标，就是设立一个季度内可以完成的目标，规定完成一个季度目标后再写下个季度目标；终极目标，则是设立一个整年内可以完成的目标。由管班民警圈定出一个目标范围，组织班组每名罪犯分别在定制表中写上自己的季度目标和终极目标。定制的季度目标，民警会在每个季度结束后组织罪犯对这个季度所定目标的完成率自行打分，终极目标则是在全年结束后对所定目标的完成率自行打分。定目标、打分的过程都会以特色班组会的形式来进行，并安排公开展示和谈感受。这种以自己跟自己"较劲"、自己跟别人"较劲"的方式，更能调动班组罪犯完成目标任务的积极性，帮助罪犯个体在不断改善中促成集体的提升。

三、教育工作形式创新

教育改造的主要目标就是提高罪犯改造质量，向社会回送守法公民，班组建设也是服务于这个目标的。管班民警必须进一步解放思想、更新观念，发挥优势、补齐短板，这样才能更好地完成班组建设这项工作任务。

例如，管班民警发现班组罪犯文化程度普遍不高，多数人写作、表达能力偏差，让他们用几千字的文字材料来书写自己的个人成长经历很困难，而且还不能做到完全真实、客观，这就让以往开展的书写活动越来越形式化，与让罪犯书写材料的初衷相悖，无法真实地反映出班组每名罪犯的个性缺陷、问题和不足，不能为有效开展个别教育、心理辅导、攻坚转化、特色活动等方面的工作提供帮助。

帮助班组罪犯详细回顾自己的成长经历，能使他们从中真切认识到犯因性问题和感受到亲情的可贵，在对自己罪行的悔悟和对亲人的忏悔中提升认知事物的能力，激发更强的改造决心，以此来弥补班组罪犯改造动力缺失、心理承受能力偏差等不足。在开展罪犯书写成长史活动中，管班民警大胆引用问卷调查的形式，制作《个人成长问卷》，将"写、写、写"变为了"选、选、选"。问卷分成幼年篇、学生篇、社会篇，各篇问题都是民警通过分析罪犯"五知道"资料卡、与他们长期进行面对面交流的综合情况以及从心理矫治室获得的 COPA-PI 个性分测验、卡特尔 16 种人格因素量表（16PF）测评结果等内容总结出来的。每个阶段由罪犯根据设定的题目从对应的答案中进行选择，再由民警梳理并进行点评归纳，整理出他们在这几个人生阶段所处的家庭环境、家庭关系、社会关系以及因此而形成的人格特点，这更有利于全面了解班组罪犯的成长经历、犯罪道路形成的原因以及存在的性格缺陷。

　　四、个别教育方法创新

　　《罪犯教育工作纲要》明确指出，个别教育就是监狱民警针对罪犯个体的具体情况所实施的教育活动，它体现了"因人施教，因材施教"的教育方针、政策，具有较强的针对性及实效性。作为管班民警，又身兼监区专职心理咨询员，金兆祥深知个别教育不能发挥实效，势必会影响到班组建设工作的整体质量。所以，他始终坚持"入情""入理""入脑""入心"的工作方法，对每一位主动寻求帮助的问题罪犯，保持耐心细致的工作态度，在全面掌控班组情况的基础上，第一时间发现心理、行为异常的罪犯，主动进行心理危机干预、思想教育转化、行为规范矫治，防患于未然。

　　在进行教育转化、心理矫治等过程中，他立足于罪犯个体，进行合理的分类，制订符合个人特点的教育、矫治方案，通过多方面多层次的观察与分析，根据掌握到的罪犯心理特征、思想动态等情况，科学运用正确的矫治手段，从强化合理思维方式、纠正错误行为模式两方面入手，对罪犯进行有针对性的帮助、教育。他改变零敲碎打的做法，把工作做到实处，由日常慰问型向问题解决型转变、由被动接待型向需求对接型转变。针对罪犯的心理问题，积极联系心理矫治室专业人员，借助外部力量共同开展心理帮教，切实提高教育转化、心理矫治的实效性。管班民警不懈的努力，不仅为开展班组建设工作打造了一个坚实的平台，而且还在 2017 年全局心理咨询案例评比活动中，获得了个体咨询案例局级优秀。

例如，在教育转化班组重点罪犯甲某的过程中，根据掌握的该犯余刑长、因严重违纪行为曾受过处分，又因财产刑执行问题无法减刑等现实情况，先通过情感关怀来缩短距离感，从有理有据、达到认同感入手，夯实个教基础，进而矫治不良行为，并主动尝试借鉴贝克认知疗法和艾利斯理性情绪疗法纠正错误认知，重组认知结构。

经过有针对性的教育和引导，管班民警帮助罪犯主动找到自己过往在认识上的误区，强化了合理思维方式，纠正了错误行为模式，在思想上有了对自己犯罪根源的正确认识和对改造的真实感悟，在行动上有了勇于承担责任，以身作则，起模范带头作用的表现，为班组建设取得优异成绩作出了应有贡献。通过班组建设各项创新的个别教育方式，罪犯切实发生了改变，班组罪犯乙某说道："我之所以走上犯罪道路就是因为我错误的认知，认为对方会伤害到我从而将对方杀死，自己一直以为当时只是大脑一时短路而作出的激情犯罪，而没有认识到这种错误的认知已经根深蒂固，并且被我带进了监狱，正一步步地影响着我的改造生活。"

"路遥知马力，日久见人心"，作为坚守在监管教育一线的管班民警，必须要有在本职工作岗位上的不断探索、不断创新、不断实践、不断追求教育质量最大化的毅力和恒心。特别是在进行班组建设这一项长期的工作中，更是要将以"创一流、创特色、创品牌"作为终极目标，深化班组建设方法创新，实现罪犯认知转变、行为养成和心态平衡的良性循环，这样才会达到班组内"时时有教育，处处见教育"的境界和效果，才能让班组建设成绩一年一个台阶，逐步形成特有的"班魂"，最终使班组成为一个互帮互助、互相促进、互相进步的先进集体。

让新生在班组建设中绽放光彩

——北京市第二监狱高东伟班组建设经验

在开展班组建设的过程中，管班民警高东伟坚持因人施教、循序渐进、宽严相济、注重实效的原则，围绕"学制度、立规矩、正言行、打基础"，通过在日常工作中抓学习、抓训练、抓纪律、抓定置，严格从生活中的一点一滴做起，不断提高罪犯行为规范养成，达到"明身份、懂规矩、学养成、吐余罪"的教育目的。

一、知己知彼，找准入监罪犯特点和突出问题

管班民警高东伟所在的监区主要负责新入监罪犯的日常管理教育工作。入监教育是罪犯服刑改造的第一站，是罪犯迈向新生的第一步，也是罪犯了解监狱监规、适应服刑生活、树立改造目标的关键时期，入监教育质量的好坏，直接影响着罪犯今后的改造质量，关系着监管秩序的安全与稳定。

经过统计，高东伟所管班组罪犯因成长经历、家庭环境、社会背景不同，情况复杂，都具有鲜明的个性特点、行为特点和心理特点。通过深入细致的调查和对重点罪犯的犯因性分析，管班民警发现新入监罪犯的特点和主要问题如下。

（一）入监班组罪犯特点

（1）普遍存在恐惧、自卑心理。新入监罪犯因对监狱环境、政策法规不了解，担心入监后受到打骂体罚，存有恐惧心理。另外部分罪犯因身份、地位、环境的改变，以及自身缺陷和犯罪判刑的打击，遇到的各种挫折等，导致他们易产生自卑心理。

（2）文化程度较低的罪犯法制观念淡薄，法律知识少，不知法、不懂法、不守法，还有部分罪犯对法院的判决不理解，拒绝认罪悔罪。

（3）有些罪犯年龄较大，患有多种疾病，自卑、焦虑，担心自己的疾病，

对漫长的服刑生活缺乏信心。

（4）"多进宫"罪犯恶习较深，有丰富的抗改造经验，不良习惯较多，自我控制力较差。

（5）单亲家庭关系的罪犯具有孤僻、情感淡漠、固执的特点，不愿与人交流。

（6）年轻暴力型罪犯易冲动，脾气急躁，控制能力较差。

（二）班组罪犯之间存在的问题

（1）新入监罪犯调入时间短，罪犯之间因生活习惯、个人素质、年龄差异等原因，经常因生活琐事发生口角，缺少谦让、互助意识。

（2）班组罪犯之间缺少融合，缺少凝聚力，个人利己思想比较严重，缺少集体观念。

（三）根据押犯心理测量结果，对班内重点罪犯进行犯因性分析

根据民警谈话了解以及心理评测结果，管班民警对班内罪犯心理评测结果异常、性格孤僻、年老多病、恶习较深的罪犯进行了综合犯因性分析，下面以班组心理指数偏高的四名罪犯为例进行详细分析。

（1）冲动指数较高的罪犯甲某：该犯 24 岁，未婚，捕前无业，交通肇事罪，刑期 1 年 4 个月，家中独子，通过民警谈话及观察发现，该犯做事鲁莽，遇事容易冲动，不考虑后果。如在车间生产劳动收工回来的路上，因别人踩了他一下脚没有道歉，就和别人发生口角。通过具体分析该犯的成长史，该犯自幼在父母的溺爱中长大，养成在家说一不二、我行我素的性格，脾气急躁。

（2）自卑心理严重、犯罪思维指数较高的罪犯乙某：该犯 34 岁，捕前无业，信用卡诈骗罪，刑期 2 年 4 个月，父亲去世，母亲一人生活，与妻子离婚，有一个儿子与前妻生活，自身患有高血压、心脏病，该犯在与同班罪犯聊天中，认为自己处处不如别人，无法赶上别人，自卑心理严重，这与该犯的家庭环境、遇到的挫折有很大关系。

（3）焦虑心理指数较高的罪犯丙某：该犯 61 岁，大学文化，捕前是领导干部，受贿罪，刑期 12 年，父母 80 多岁，自身患有糖尿病、胃病、心脏病，该犯入监后，因身份、地位、环境的改变，有心理落差，情绪低落，对将来漫长的刑期生活产生焦虑心理。

（4）暴力倾向指数较高的罪犯丁某：该犯 23 岁，初中文化，故意伤害

罪，刑期6年，通过查阅副档及谈话了解，该犯因与女朋友发生几句口角，将汽油泼在女友身上，致其烧伤。具体分析，该犯年轻冲动，脾气暴躁，自控能力较差。

二、因材施教，根据在押班组罪犯特点，文明管理，科学改造

（一）在日常管理方面，树班组风气，营造构建团结、互助、和谐的班组氛围

（1）树规矩、促养成，通过严格管理，培养罪犯的集体意识，营造良好的改造环境。没有规矩，不成方圆。刚入监罪犯由于调入时间短，每个人的脾气、秉性不同，生活习惯不同，在生活中因小事摩擦口角较多，以自我为中心的利己思想较为严重。管班民警从营造积极向上、和谐互助的班组氛围，树立良好班组风气，培养罪犯的集体意识入手开展班组建设。先从抓班组内卫生做起，树立罪犯的规则意识、互助意识。首先，规范班内每人物品摆放，做到统一摆放，早中晚巡视检查，发现不合格的及时给予纠正，遇到不会整理内务、打背包的，民警现场手把手教。其次，在学习上安排文化程度高的罪犯与文化程度低的罪犯结对子，相互帮助，共同提高，在日常生活中发现问题及时处理，逐步提高罪犯的遵规守纪意识。

（2）积极解决罪犯改造中遇到的问题。面对罪犯提出的合理诉求、遇到的问题，管班民警不推、不绕、不躲，积极帮助罪犯解决遇到的问题，将各种矛盾消除在萌芽状态，比如罪犯在采买、理发、收发信件、生活学习训练等方面遇到的问题，管班民警主动作为，依法依规帮助他们克服遇到的困难，解决困扰他们的问题，使他们相信民警，服从民警的管理。

（3）深入开展谈话教育，及时了解罪犯的思想动态，认真排查罪犯中的各种矛盾，对班内重点罪犯做好谈话记录。每周找罪犯谈话，管班民警都随身携带一个笔记本，将谈话中班组罪犯的情绪，以及罪犯反映的问题，自己发现的、了解到的重要问题都记在笔记本上且用"五角星"做好标注，谈话后将罪犯反映的问题及时处理解决。对情绪低落、心情不好的罪犯及时关注疏导，对有危险倾向、情绪异常的罪犯，布置班内人员做好包夹控制。

在监区狱情会上，管班民警对谈话中发现的重要问题及时向全体民警通报，引起其他民警关注，做好防范，避免发生意外。比如班内罪犯丁某，在会见后情绪低落，沉默寡言，干活无精打采。通过谈话了解到，该犯因自己入狱服刑，致使妻子廉租房手续没有办下来而心情烦躁。针对该犯的思想状

况，民警对其进行了思想教育疏导，让其给家里写信沟通。连续几天的谈话使其走出了心理阴影，精神面貌明显好转，心理压力得以减轻。

（二）开展实施班组针对性特色教育

（1）针对班组罪犯调入时间短、对所犯罪行认识不深刻、法制观念淡薄的特点，进行认罪悔罪教育，组织班内罪犯认真学习国家法律法规、监狱的各项规章制度，增强罪犯的法制观念。在日常学习上，组织他们深刻剖析犯罪根源，认识犯罪的危害性，积极引导班内罪犯端正改造态度，认真书写认罪悔罪书，查算三笔账，书写三史等，对认识深刻的罪犯在班组会上进行表扬，对书写不认真、态度不端的罪犯给予批评教育，让其重新书写。

（2）针对班组中"多进宫"恶习较深的罪犯，加强行为规范养成教育。在日常生活中，抓班组罪犯学习态度，抓罪犯的队列训练，抓罪犯定置卫生，从背规范、唱改造歌曲、搞卫生基础抓起，发现不符合要求的，及时给予纠正指导，通过一系列班组活动，严格从一点一滴做起，促使恶习较深的罪犯养成文明、整洁、规范、有序的行为习惯，提高班组罪犯个人行为规范养成。

（3）针对入监罪犯普遍存在的心理障碍，如恐惧、自卑、焦虑等，开展心理矫治，积极与心理矫治室联系，开展心理讲座、心理健康教育，采取多种活动缓解罪犯入监心理压力，运用心理治疗手段缓解他们的紧张、焦虑等情绪，收到很好的效果。

（4）针对班组罪犯自私自利、集体意识差的特点，组织罪犯参加监狱的文化大课堂、精品课讲座，在教育学习中潜移默化地提高思想认识。另外还组织罪犯参加各种团体活动，如集体垫球、三人踏板竞走、背筐接球等，以2—3人为一组进行团体竞赛活动，在活动中使罪犯进行沟通，学会谅解，学会互相帮助，拉近相互之间的距离，增强集体荣誉感，减少生活中的摩擦口角。

（5）针对班组罪犯日常出现的问题，及时把握班内罪犯思想动向，及时召开各种形式的班组会，将小的违规违纪问题消除在萌芽状态。例如针对罪犯出现纪律松弛、小的违规问题，及时召开班组会，讨论对违反监规纪律造成危害的认识。又如针对夏季炎热，罪犯情绪烦躁的情况，及时召开调整心态的班组会等。在班组会上，通过民警的引导，每名罪犯学习、发言、讨论对问题的认识，引起了每个人的重视，提高了自身的思想认识。另外，在班会上，对近期表现好的罪犯给予表扬鼓励，激发罪犯改造内驱力。

三、入监班组建设成绩斐然，总结经验再出发

开展班组建设以来，所管的班组罪犯能和睦相处，在生活中互相帮助，

没有违规违纪情况，在卫生、学习、队列训练等各个方面受到监区领导的表扬，罪犯在学习、队列训练、内务卫生等方面达到考核标准，成绩优良，班组罪犯优秀率达90%以上，罪犯心理测量危险指数在原有基础上降低5%至10%，罪犯心理健康指数提高，入监教育收到了很好的效果。

管好、改造好入监新犯是件很不容易的事情，任何工作的疏忽大意都会导致严重的后果。新入监罪犯情况复杂，有的是同案犯，存在很深的矛盾共同入监，有的是患有多种疾病如心脏病、血压高、糖尿病等，也有的是家庭伤害（杀死亲人），心里负担很重，还有的是精神方面有异常等。管理教育新入监罪犯，不仅要帮助他们调整好心态，迈向新生的第一步，而且要帮助他们树立正确的人生观，懂规矩，端正改造态度。同时也要帮助他们学好各项规章制度、参加队列训练、学唱改造歌曲等。通过对管理教育新入监罪犯工作的探索，针对入监罪犯的特点及向周围老同志的请教学习，管班民警高东伟对日常工作进行了总结，概括起来有以下几点。

　　　　狱情排查要细致，个人情况要熟悉。
　　　　勤于思考多谈话，发现问题即处理。
　　　　学习训练多帮助，身教言行心要诚。
　　　　教育疏导不急躁，宽容理解多包涵。
　　　　文明执法不冲动，以理服人重在情。
　　　　宽严结合不放松，张弛有度要适中。
　　　　正面引导，侧面启发，勤沟通交流。

教育新入监罪犯要有一颗责任心，尤其是心中要有"干一行，爱一行，干好一行"的信念，只有俯下身子去做事，踏实用心去钻研，认真研究新入监罪犯改造规律，抱有持之以恒的态度，对罪犯进行精细化管理，耐心疏导，才能将入监罪犯教育好。

从小处着手　从难处突破
为班组营造规范和谐改造环境
——北京市良乡监狱庄沛广班组建设经验

日常改造罪犯实践中，管理教育那些无视监规，行为散漫，大错不犯、小错不断的罪犯，是推进班组建设的着力点。对基层民警而言，监管矫治这些罪犯的难度很大。这些罪犯的问题表面看似不大，实则破坏监区风气，损害监规权威，滋生顽危罪犯，动摇安全根基，更多时候、更深层次地考验着基层民警单兵作战的能力和管教"真功夫"。不断健全完善对这类罪犯管教的原则、策略、方法和技巧，将进一步夯实班组建设工作基础。

一、原则和理念

以北京市监狱管理局和监狱班组建设工作思路为统领，结合班组实际，管班民警庄沛广确定了以下原则，并将其作为班组建设的基本遵循。

在理念上坚持共建共享、共同成长，在班内罪犯之间、罪犯与民警之间，努力营造相互尊重、共同进步的氛围，充分发挥环境的规范约束和熏陶教育功能。

在内容上坚持立足实际，充分利用罪犯在各方面发生变化的节点，结合出现的具体问题和苗头倾向，说罪犯愿意听、易认同的话，做罪犯不反感、"真服气"的事儿，始终围绕班组建设的原则和目标，努力做到润物无声，一切看似无心，其实处处有意。

在时间上坚持化整为零，坚持既要充分利用好集体教育和班会等相对集中的时段，更要坚持把班组建设的理念、要求渗透到与罪犯接触的每一个环节中，不断增强班组建设无处不在的意识。

在方法上坚持寓教于乐，使罪犯在亲身参与班组建设的过程中感受到乐趣，认知到价值，体悟到效果。

二、思路和步骤

为让罪犯认识到班组建设与己息息相关，还在平时服刑改造的一点一滴中。结合班组实际，管班民警把班组建设的理念目标等细化、具体化，做到月月有主题、周周有活动、人人皆主体、事事有小结，努力使班组建设工作既随北京市监狱管理局和监狱的脉搏而律动，又弹奏出自己的节奏，使二者同频共振，相得益彰。

（1）月月有主题：针对服刑人员关注的焦点和存在的突出问题，从认罪与悔罪、规范与改造、秩序与自由、集体与个体等常讲常新的主题中，每月择定，以变化的求丰富，以不变的求深入，坚持不懈，务求实效。

（2）周周有活动：通过班会、座谈、团体训练、个体矫治等形式，多角度、多层次地把每月的主题对于服刑改造的重要性呈现出来，让罪犯能够随时随地，具体形象地感知到，以期养成习惯。

（3）人人皆主体：在班组建设中，罪犯既要面对自己，又要面对他犯、管班和班组，真正发挥"主人翁"作用。

（4）事事有小结：把问题与变化作为管教的最佳切入点，进步的及时鼓励，有问题的当面指出，同时结合教育主题和班组建设进行评析，并举一反三和持续跟进，力促班组建设大目标的分项达成和逐步实现。

三、措施和效果

（1）精益求精、持之以恒地强化管理，牢固树立和不断增强服刑人员的规范意识和行为养成，夯实班组安全稳定的基础。

较高的规范意识和良好的行为养成，是监管安全稳定最根本的源泉和最可靠的保障，也是其他工作的基础和前提，对于罪犯班组这个监狱最小的基层单元，同样尤为重要，具体措施如下。

一是统一标准，明确要求。依据相关规定，制定《班组内务定置和行为规范标准》，将日常改造重点环节的关键要求加以简单明确的强调，班内人手一份，利于准确把握，方便遵照执行。

二是逐项考核，逐人过关。标准明确后，民警对照标杆，逐项讲解。考核时，对不达标的，当众点评，让罪犯自找差距，自定整改期限，直至达标。此举不仅大幅提升了班组各方面水平，更重要的是树立了民警言必信、行必果的形象。

　　三是随时检查，及时处理。达标不难，难在长期保持。为防止反复，民警采取随时检查，对检查出的问题立即整改，对整改情况及时复查，对复查仍不达标的，依法依规严肃处理，并都摆在当面。

　　以上措施，使班组在内务定置、规范水平、精神风貌、班内秩序等各方面长期稳定地成为监区的标杆。

　　（2）依法严格、科学公正地强化班组氛围建设，充分发挥环境改造人的作用。

　　"蓬生麻中，不扶则直；白沙在涅，与之俱黑"，道出了环境对人成长变化的巨大影响。人在外界环境的压力下，大多会出现明显的从众心理，罪犯在这方面更加明显，做什么都要和别人比。因而，营造一个风清气正的氛围，发挥环境改造人的作用，是矫治罪犯和班组建设的一个重要力量，具体方法如下。

　　一是融会贯通，使月度主题时刻浸染熏陶罪犯。认罪与悔罪、规范与改造、他律与自律等主题，对于罪犯个体改造本身就是一个很好的导引，是罪犯人格中需不断完善的永恒话题。班组建设中，民警尤其注重引导罪犯以月度主题为方向和目标，养成不断自我提升与完善的习惯；特别注重利用班内一个事件节点或罪犯的某个问题，把多个主题综合予以阐释与讲评，使罪犯时刻思考这些主题的内涵，时刻面临着这些主题的拷问，时刻置身于这些主题的熏染中。

　　二是温故知新，处理好老犯与新犯的关系。班组人员变动必不可少，如何使新犯尽快地适应和融入，使老犯从中受到再教育，在现有基础上加把劲儿，是班组氛围持续向上向好的重要契机。为此，民警采取温故知新法。如罪犯甲某调入班后，针对其岁数大、入狱前级别高、心理落差大等实际，民警由浅入深地对该犯进行了一次入监再教育。接着引导老犯换位思考，体谅包容新犯，同时强调新犯固然要好好想想自己是怎么进来的，更要好好想想怎样才能走出去。老犯也得想想自己现在又做得怎么样，哪里哪些越来越好了，哪里哪些不如以前了，老犯的阶段性总结做成新犯的入门指南。通过这些措施，该犯在最短的时间内打开了心扉，顺利地融入了班组，该犯对监狱的管理赞不绝口，促进班内改造氛围的和谐友善。

　　三是以小促大，处理好监区大环境与班组小氛围的关系。监区大环境风清气正，班组小环境自然差不到哪儿去；监区大环境乌烟瘴气，班组小环境同样也好不到哪儿去。作为一名基层民警，不论值班还是带工，更多时候面对的是全部罪犯，所以在把本班抓实管好的基础上，还应投入相当大的精力用到监区大环境的建设上。为此，对监区罪犯的每一起问题，民警均应及时进行处理，通过以小见大，达到以小促大。如针对浪费水的问题，民警绝不忽视，开会强调浪费资源可耻。监狱从行为规范要求到计分考核规定都有明确的处罚措施，不要认为是小事就不管不问。古语有言，"勿以恶小而为之"，大部分罪犯就是从一点点的小恶一步步滑向违法犯罪的。最后民警点到具体人，强调机会是给全体的，以后再犯同样的问题，两次以内是扣分，第三次就按照故意挑衅民警执法进行处理。正是通过对这种司空见惯的小事的管理，赢得了罪犯的信服，对本班氛围也是一个推动，也推动了监区大环境的不断向好。

四是借势造势，把上级对管班民警的关切与压力及时传导给罪犯。如突发罪犯伤害事件后，民警立即对班内进行了深入清查，对清出持有违禁物品的丙犯给予扣 25 分、大会检查、停工一个月的处理。不久，监狱要求对清查出持有违禁物品的罪犯一律严肃处理，对应管班民警一律下岗学习。民警第一时间召开班会进行传达，同时结合丙犯的事例，让大家谈一谈，如果顺序颠倒一下，东西是在监狱下达相关要求后清出的，对丙犯应该怎么处理；再设想一下，假如是监狱查出来的，作为管班民警又该如何交代。如此，既把上级的要求变成压力及时传导给罪犯，又为民警的话语增加了分量和力度。

（3）分析共性心理行为特征，开展针对性的团体心理活动。

针对罪犯中存在的缺乏自信、不相信他人、集体观念淡薄、人际关系紧张、习惯用负面的眼光去看人看事等一些较为普遍和共性的心理问题，民警设计开展了一系列有针对性的团体训练活动，包括"齐心协力"背靠背支撑站团队训练，让罪犯体会到相信他人和团队配合的力量；"学会赞美"心理训练，让罪犯认识到自己原来也有那么多的优点和长处，感受到自己的进步与提升；"人际沟通"心理训练，帮助罪犯了解自己的沟通模式以及做到有效表达和合理拒绝等。这一系列活动有效缓解了班组罪犯的不良情绪，进一步活跃了班组氛围。

（4）深入开展个别化教育，推动班组建设向纵深发展。

罪犯的问题既有共性的，也有个性的。民警坚持区别对待，因人而异，对症施教，积极开展个别教育工作，使得服刑十五年之久的老犯丁某，由就不怕说到最怕说；干什么都慢慢腾腾、极端内向的罪犯甲某，自己说出"过去改造挂的是一档，现在是四档"；习惯低标准和老好人的班长乙某，从开始民警接班组时的"好日子到头了"，到现在把"这才是真正的好日子"挂在嘴边；入监时小毛病不断、常习性表现差的罪犯丙某，通过个别教育和班组活动开展，无论内务整理还是劳动改造都如同换了一人。

四、体会与感受

（1）理念很重要。班组建设所倡导的"公平公正、尊重信任、共同进步、因人施教"理念对于实际工作具有很强的指导意义。作为一线民警，有自己的理念和思路，尤具价值。只有形成并不断调适自己的理念和思路，方向才不跑偏，目标才会越来越明确，工作才会越来越深入。

（2）环境很重要。环境氛围好，罪犯意识强，民警威信高，管理的积极性和主动性就高，问题和隐患自然就会很少。因为一个监区的环境究竟如何，罪犯最清楚，罪犯能对抗个人，但对抗不了环境；能钻制度空子，但钻不了环境的空子。可以说，那些不可思议的问题、莫名其妙的事故，根本原因大多出在环境上。

（3）教育很重要。教育是提高改造质量的治本之策，但要结合具体的问题，并将其融入平时的管理，这样才能发挥事半功倍的效果。每次成功有效的管理无不始于教育、终于教育，须臾离不开教育，特别是集体教育应该得到更加充分的重视和加强，一个监区环境氛围的好坏，很大程度上取决于集体教育的分量和水平。

（4）管理很重要。"管"，就是细心地发现问题。"理"，就是用心地梳理问题，查找规律，从根本上解决问题。罪犯的规范养成和监管安全是依法严格管出来的，不是哄出来的。而管理越严格，越需要用心把握好四点。一是公道，"一碗水端平"，罪犯才不会因心理失衡而走极端。二是公开，什么事都说在当面，因有大的氛围牵制，罪犯才不会出大的问题。三是文明，语气可以严厉，但绝不能说脏话和有损人格尊严的话，否则容易埋下隐患。四是尺度，严格管理，根本上是心理战，严得不到位，罪犯不会真上心；严得过了头，罪犯破罐子破摔更难管，需要把握好尺度，做到宽有严意、严有宽致。

以文化德润新生　智慧班组保安全

——北京市天河监狱张惠丽班组建设经验

　　管班民警张惠丽结合天河监狱女犯流动的特点，对班组罪犯的人员构成进行数据分析，研读"五大改造"科学体系深刻内涵，将"智慧班组""内循环"和"深度学习"理念融入班组建设，设置班组活动结构框架，如期开展各项活动，以政治改造为核心，以文化改造为载体，化整为零地溶解"五大改造"科学体系的深刻内涵，调动罪犯的改造主观能动性，使罪犯真正成为教育改造的主体，培养罪犯爱党爱国、修身齐家，以及主动学习、持续学习、深度学习的行为习惯。

一、固保安全底线，植根政治统领

　　将政治改造贯穿到罪犯的各项改造活动中，紧密围绕"五个认同"和"五个树立"，坚持以理治班、依法治班，矫正罪犯的不良行为、不规范的生活方式、不健康的心理精神状态、不正确的思想认知。旨在矫正罪犯不良行为、提高罪犯认罪伏法的思想认识、增强罪犯的政治改造动力，坚守监管安全底线，将"向外省监狱输送合格罪犯"作为本层理念的核心目标。

　　（1）遵循一条沿线思路——认罪、知罪、悔罪。以回眸自省——践行改造——奋斗新生的工作思路帮助罪犯践行"知行合一"的内涵。组织罪犯学习法律内容、强化法治教育。书写"一封节日家书"，统一安排班组罪犯在清明节、端午节等重大节日当天书写家信，利用亲情力量为改造赋能，全年共寄出150余封节日家书，其中95%的罪犯抒发了积极改造的良好意志。开展不认罪罪犯教育转化工作，如对长刑期罪犯丙某开展为期八个月的攻坚转化。

　　（2）发展"五个一"周期——一人、一家、一团体、一地方、一国家。从个人到集体、从家庭到国家，以小见大，深入浅出，加强民族团结，循序渐进地唤醒罪犯对祖国的热爱，内化"五大认同"。亮点工作：紧扣纪念五四运动 100 周年、新中国成立 70 周年等时间节点，通过增设"政治学习板块"、书写红色主题感悟、红色主题硬笔及毛笔书法、爱国主题朗诵、自编自导自演《五月的风》《李大钊》等红色话剧、毛泽东诗词+微课堂等活动让红色精神鲜活起来，使罪犯沉浸式地参与、感受、激发爱国情怀，罪犯以周为单位记录所学所思，以月为单位内化政治改造党史教育。特别设置民族团结教育，充分发挥少数民族罪犯在班组的作用。"五个一"系列班组活动的开展提升了罪犯政治学习的自觉性。

二、打造智慧班组"内循环"系统

此层面是治班工作的中间环节，避免了教育中"我说你听"的填鸭式教育，实现强制教育与自觉改造相统一，实现班组内各个模块间自觉地进行良性循环。"智慧班组"以调动罪犯改造的主观能动性为目的，引导罪犯真正成为教育改造的主体。但为了避免罪犯活动无序，避免产生没有章法的弊病，必须建立一种体系来维持班组的稳定与平衡，故提出班组的"内循环"概念。根据罪犯的改造实际需求分模块设置"内循环"机制的框架，使罪犯自觉有序地进行改造活动，实现班组内良性循环运转，解放管班民警的双手，实现智慧化管班。

（1）实施"单元模块"内循环方式——进班级、识班级、爱班级、出班级四个单元。每名罪犯从进班开始都可以做到"有事做，有事可以做，有事愿意做，有事能做好"。设置班组活动支撑内循环机制，以意见征集的方式开展有针对性的班组建设，在监管制度允许范围内指导罪犯自拟活动主题、活动规则、活动方案等。创办"十大栏目"活动，其中涵盖了罪犯情绪发现、思想动态掌握、班组罪犯沟通及知识学习内容等各个方面。以实现"进班快速融合，出班迅速愈合"的班级稳定状态，通过班组活动为内循环稳定注入源动力。

通过"十大栏目"保持班组稳定和平衡状态，并利用各个栏目的详细进度，监管、发现班组罪犯的思想动态，挖掘、预防罪犯的消极情绪，进而可以全方位地、均衡地监控班组"内循环系统"的稳定状态，在必要时进行引导助力。亮点工作举例：诗词分享、罪犯班长分享会——心路历程、劳动改造总结记录（选取罪犯成立技术攻坚组和品检组，记录每日劳动产量，对劳动产量和方法技术及时总结反思改进，开展互监组产能竞赛车轮战，从而持续获得监区人均产能第一的班组荣誉）、论语专题栏目、知识分享乐园栏目、班组预案演练、制订班组成员"责任补位"规则等，均旨在丰富班组改造生活，极大地激发了罪犯的主观能动性。内循环模式图解如图1所示。

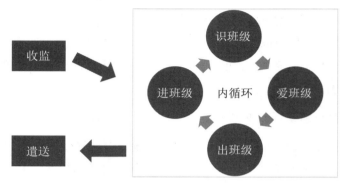

图1　内循环模式图解

例如"罪犯必选兴趣小组"制度：罪犯进班第一次谈话时，询问罪犯的兴趣爱好，向其讲明班内自制兴趣小组清单，强制性地要求罪犯必须选择一个或多个小组，由班长负责做好登记。由罪犯推选兴趣小组组长，罪犯间商讨制定兴趣小组作品，每一名罪犯都是班组活动的主体，每一次开展活动组员需签到记录，对未按时打卡参与兴趣小组活动的罪犯进行班内公示，请该名罪犯说明原因或决定调入其他兴趣小组。从而以"强制参与和带动兴趣相结合"的方式激发罪犯的参与积极性，实现强制教育与自觉改造相统一。

（2）科学心理矫治准则——"情绪—认知—行为"矫治主线。查阅罪犯教育矫治心理学的相关知识，自学心理异常诊断及矫治疗法，科学适度地借鉴专业方法进行罪犯教育，起到事半功倍的作用。将"情绪—认知—行为"矫治主线贯穿于整个班组建设的各个环节，强调认知在解决问题过程中的重要性，使每名罪犯都能找到在班内的自身价值，找到在班组中的定位，科学结合多种心理矫治疗法，通过改变罪犯思维、信念、行为的方法来改善罪犯的不良认知。例如，用人本主义疗法转化不认罪罪犯，用自信训练方法训练"六进宫"罪犯等。

三、建设"深度学习型"班组

本层理念是治班理念的最高层面，旨在由学习改善罪犯认知，延续改造效果，是文化改造和教育改造的内涵体现。"深度学习"在班组建设中的含义是指使罪犯跳出"少知而迷、不知而盲、无知而乱"的三种状态，进而培养罪犯的主动学习思想、持久学习习惯、终生学习观念和深度学习行为。本层面将"扣好罪犯服刑改造的第一粒扣子"作为核心追求，强调改造效果的延续性，实现罪犯由有监督的学习逐渐转变为无监督的学习的效果。

（1）采用"四易"标准选择班组活动——易懂、易记、易传播、易接受。寓教于乐、因人施教、循循善诱。亮点工作举例："我是小教员"扫盲活动（罪犯竞争上岗教员）；"班组舞会""班组联欢""班组话剧"等艺术活动，结合丰富的团体活动，在欢声笑语中解读传统文化的历史意义、红色革命的厚重力量，图文并茂地理解古诗词的意境（了解体会中华民族历代仁人志士为国家富强、民族团结作出的牺牲和贡献）；建立"读书角"（特别增设《马克思主义基本原理概论》《毛泽东思想和中国特色社会主义理论体系概论》《思想道德修养与法律基础》《中国近代史纲要》四本教材），固定学习论语劝学专题等。引导罪犯深度思考，培养罪犯深度学习习惯，记录学习笔记，组织优秀学习笔记展览，不定期批阅罪犯的学习笔记，通过文字和罪犯进行交流，并将优秀学习笔记供班组罪犯传阅分享，建立学习的长效机制，为罪犯持续输入精神文化力量。

如58岁的罪犯甲某，小学二年级文化，语言沟通存在较大障碍，民警安排她参加班组扫盲小组学习语言和文字，三个月后该犯进步非常大，独立书写创作了两首云南山村的诗歌。罪犯乙某语言和汉字均不通，经常因语言问题和班内人员发生口角，民警安排其学习，短短两个月，已达到汉语小学二年级水平，可以独立书写完成500字的小作文，服刑态度变得端正。该犯还在祖国70周年华诞前夕创作绘画作品向祖国献礼。

（2）充分利用碎片化时间学习。碎片化时间指的是一小块相对较短的时间。监狱服刑改造性质决定罪犯每天要按照罪犯改造一日规范进行时间安排，导致罪犯的可支配时间处于碎片状态，而利用好这些时间进行碎片化阅读，就相对比别人多了很多时间，从而在日积月累中养成自主学习习惯，让学习本身从一种被动要求变成一种生活方式、一种进步的比较。通过对罪犯一日生活的观察，除去监区统一安排学习内容的大块时间外，提倡罪犯在排队等候放茅期间、等候洗漱期间、晚饭后至收看北京新闻前的时间、主题班会后至晚点名前的时间，充分利用好班内的"班组读书角"板块，进行碎片化的自由阅读，根据自身需求自选内容（政治、党史、法律、文化、科普、心理健康等）。其中书目范围由民警提前设定好，既可以建立碎片化阅读的良好氛围，又很好地避免了"碎片化学习"概念本身带来的信息过载的弊端，实现一举两得的效果。

根据班组罪犯实际情况制定碎片化学习的三大原则：一是确立学习目标，切忌漫无目的地抓取学习碎片。二是快速阅读，了解整体和大纲，对重点部分做好标记。三是做好规划，记录灵感，坚持日积月累。按照"初期由管班民警带头学—中期班长互监组长带头学——最后罪犯自主沉浸式学习"路线来培养罪犯学习习惯的养成。

四、总结与感悟

通过全年的班组建设实践证明，打造一种"主动学习型"的"智慧班组文化"对改善罪犯综合文化素质、政治觉悟，提高罪犯改造主动性，培养罪犯主动学习习惯，稳固保证班组的安全具有一定的实效性。在日常班组建设中，必须始终将"流动强""隐患多""保安全""科学改造"铭记于心，将"智慧班组"观念贯穿于全年工作之中。时刻关注特殊罪犯改造，细致摸排查找班内重点犯及潜在危险罪犯，及时根据罪犯特点制订具有针对性的个性化改造方案。

正如"地瓜理论"现象一样，管班民警充实治班手段都是为了苗壮根部，透过外在的班组活动，深入解读活动所蕴含的深厚意义，强化罪犯的内在思想。而管班民警工作的根部便是监管安全，是政治统领，是降低罪犯的再犯罪率。

总之，通过扎实有序持续开展丰富饱满、类别全面的班组活动，结合三大理念六大方法，培养罪犯养成了良好的学习习惯，降低了班组罪犯的违纪率，实现了"扣好罪犯服刑改造的第一粒扣子"和"向外省输送合格罪犯"的双重目标，做到了班组监管安全零事故，将班组建设成了一个有温度、有深度、有价值的班组。

乘势扬帆　行稳致远

——北京市未成年犯管教所薛帅班组建设经验

> "九层之台，起于累土。" 罪犯班组是监狱改造工作的最基本单元。北京市未成年犯管教所薛帅在班组建设实践中创新推广"五个一"工程、"五+四+三"工程和"START"工程，所管理的班组在 2016 年、2017 年、2018 年连续三年被评为"局级优秀班组"。

一、脚踏实地，在实践中创新"五个一"工程

2016 年，北京市监狱管理局推出"优秀班组"建设评比活动。在北京市未成年犯管教所的组织筹划下，教育改造科与监区共同开始了以"法治教育矫正、文化教育崇德、心理疏导减压、技能教育塑人"的教育改造新尝试。管班民警薛帅负责的新生班成为本次教育改造尝试的实验基地。

没想到，在班组建设之初，管班民警就遇到了一块难啃的硬骨头。不认罪罪犯甲某，31 岁，"三进宫"。入监之初拒不认罪，以不吃东西抵抗管理，以扬言写信投诉相威胁，以身体有病企图逃避改造活动等，抵触情绪强，反转化经验丰富，改造言论消极。由于新犯对改造环境不了解，在甲犯负面情绪的影响下，个别罪犯也开始效仿，班组一度出现一团乱的现象。三个问题凸显：一是新犯思想波动较大；二是班组罪犯融合较难；三是班组内务卫生较差。

结合班组特点和重点犯的实际情况，管班民警运用"以点打面，以面打点"的管班思路，直面问题与挑战，进行有针对性的工作部署，创新了"五个一"工程，强化"五个意识"，以强管理促稳定。

（1）"认罪悔罪、态度专一"，强化"身份意识"。

让新犯明确身份意识是入监教育的基础工作，管班民警通过主题班会、认罪悔罪现身说法等形式，强化新生的认罪悔罪意识，让甲犯不敢妄加言论。

针对甲犯不是回民却想吃回民餐的无理要求，由于管班民警本人是回民，于是问甲犯伊斯兰教的教义是什么？该犯哑口无言，当民警流利地说出时，该犯惊呆了，谎言被拆穿后的尴尬让其感到无地自容。此后再也没有提过吃回民餐的事情，在言谈上也有所收敛，可以说这次谈话是转化甲犯的一个突破口。

（2）"定置管理、整齐划一"，强化"自律意识"。

管班民警组织罪犯学习《惩处》《计分》《行为规范》等各项制度，在铁的纪律面前，甲犯的不正当言论不攻自破，让新生对监规纪律产生敬畏之心，不敢效仿甲犯。甲犯在班组中被孤立起来，其嚣张气焰得到打击。

（3）"兴趣小组、始终如一"，强化"融合意识"。

管班民警组织罪犯参加监区兴趣小组活动，增进班组罪犯间的交流，使班组融合性逐渐增强。看到班组氛围好转，甲犯也在日记和个别谈话中表达了想融入班组活动的愿望。

（4）"生产劳动、效率第一"，强化"诚信意识"。

在劳动中，管班民警秉承"创造精品，塑造人品"的理念，让班组罪犯签订《劳动承诺书》，要求罪犯言必行、行必果，罪犯散漫意识得到矫治，甲犯在劳动中也不敢偷奸耍滑。

（5）"心理辅导、知行合一"，强化"归属意识"。

随着各项措施的推进，班组的融合性得到提升，而班组罪犯对甲犯的孤立，让甲犯在犹豫和彷徨中不知所措，在这个时候，管班民警及时开展心理疏导工作，让甲犯在生活习惯中与他犯找差距，列举甲犯改造生活中的陋习，帮其查找其他罪犯"孤立"他的原因。随着甲犯在改造生活中一点一滴的变化，其对民警的信任度也慢慢提升，最后甲犯承认自己的犯罪事实，表示认罪悔罪，并积极参加各项改造活动。

通过"五个一"工程的落实，管班民警在班组建设中取得了班组融合性提升、不认罪罪犯转化、新犯顺利融入服刑生活"一箭三雕"的效果，成为教育改造实验基地的"开门红"，这是班组建设工作开展后带来的第一个收获。

二、攻坚克难，精心打造"五+四+三"工程

2017 年，党的十九大的号角嘹亮吹响，新时代、新起点、新征程，赋予监管人新任务、新使命、新挑战。管班民警薛帅在原有"五个一"工程的基

础上，精心打造"五+四+三"工程。即"五一""四化""三态"。"四化"是开心农场特色化、竞争评比带动化、日行一善习惯化、丰富生活暖人化。"三态"是从严管理是常态、转变思想正心态、稳定秩序控势态。在强管理的基础上，将"五+四+三"工程作为班组建设的预期目标，通过三种途径，采取刚柔并济的方法来实现这个目标。

如不认罪罪犯乙某，小学肄业，无业人员，"二进宫"。本次因销赃罪被判处有期徒刑 2 年 6 个月。该犯不服从法院判决、不承认犯罪事实。第一次判刑因逃脱未遂加刑 3 年。该犯认知能力差，思想顽固，暴力倾向严重，几次在班组中要动手，都被班组罪犯及时制止，加之该犯为"二进宫"，给教育转化带来较大难度，该犯就像一个随时要爆炸的"火药桶"，给民警带来很大的工作压力。针对该犯不认罪的情况，管班民警就通过下述的三种途径实现了成功转化。

第一种途径：提出八个要求强管理。即"矛盾不升级、问题不过夜、行为不极端、言辞不激烈、误会不藏心、诉求不过火、心态不失衡、思想不偏激"。让乙犯心存对监规纪律的畏惧感，让其不敢用暴力解决问题，让班组其他罪犯用正确的方式对待该犯的暴力倾向，避免班组矛盾升级。

第二种途径：开出三个"药方"解心结。"药方一"是王阳明"知行合一"心理学；"药方二"是观看榜样人物事迹；"药方三"是日行一善。将攻下"罪犯心结"作为消除隐患的突破口，调动罪犯的"自身免疫效应"，让罪犯发自内心地去主动改变自己。在班组大环境的影响下，乙犯的抵触情绪逐渐减弱。管班民警趁热打铁，与该犯分析犯罪危害，乙犯虽承认自己的错误，但以各种原因来搪塞。

第三种途径：尝试三个改变唤良知。即学会尊重民警、学会关心他人、学会善待自己。让班组有温度，让管理有感情，为罪犯注入积极的情感和理念，塑造正能量。随着班组氛围的改变，乙犯的情绪渐渐稳定，在个别谈话中也开始向民警吐露心声。民警再次与乙犯分析其犯罪事实，在几次交锋后，该犯承认了犯罪事实，表示愿意认罪悔罪。

"五+四+三"工程的启动，使教育改造工作上了一个新的台阶。这是班组建设工作开展后带来的第二个收获。

三、锐意进取，推出"START"工程

2018 年，"总体国家安全观"思想明确了监管工作的方向，"6·28"全国监狱工作会议提出了以政治改造为统领的五大改造新格局的要求，"一四五四"北京行动纲领、扫黑除恶专项斗争的开展为监管一线压实了责任。北京市未成年犯管教所党委要求加大政治改造力度，深入开展扫黑除恶专项斗争活动，肃清狱内流毒，净化改造环境，将社会的清风正气吹入监狱大墙。

2018年，面对在管理班组时遇到的新难题，管班民警薛帅推出"START"工程的工作措施，成功转化了不认罪罪犯丙某。

罪犯丙某，不承认犯罪事实，家庭生活非常困难，扬言要报复。该犯刑期只有1年10个月，调入后，刑期只有1年多时间。管班民警薛帅将如何在最短的时间内让该犯认罪悔罪、消除仇恨心理作为工作的重点。

结合班组特点，管班民警薛帅推出了"START"工程：S是study（学习），T是traning（训练），A是active（主动），R是rethink（反思），T是technology（技能），合在一起组成"START"。有三个寓意：一是开始全新的政治改造工作；二是希望新生开始重塑自我的新人生；三是班组建设开始新的尝试。

"S"，学习方面。开设班组讲堂，学习党史、传统文化、法律知识。由于罪犯丙某曾经是党员，遂通过党史学习引起该犯共鸣，该犯说出了入监两个月来第一次正能量的话，"我愧对党的培养，愧对这么多年的党龄"。从此，该犯的仇恨心理逐渐减弱。

"T"，训练。每天两次检查定制管理，强化罪犯行为养成。在高压态势下，丙犯的内务卫生逐渐好转。

"A"，主动。开展"心灵契约会"，组织罪犯谈心，调动罪犯改造积极性，营造积极主动的改造氛围。丙犯逐渐向民警和班内其他罪犯吐露心声。

"R"，反思。召开"说说我的错误"主题班会，组织罪犯反思错误，给罪犯反思、悔过的机会。在班会中，丙犯也说出了自己的犯罪经过，民警和班内其他罪犯共同帮助其剖析犯罪原因。最后，该犯表示，"我交通肇事后逃逸，给别人的生命财产带来危害，真的不应该"。该犯承认了犯罪事实，实现了认罪悔罪，但是，报复心并没有完全消除。

"T"，技能。鼓励罪犯学习一技之长，为以后的服刑路和回归路做好准备。由于丙犯刑期较短，民警让该犯参加劳动改造，参加生态园管理，同时又向该犯宣讲"两会"中"加大生态文明建设"的决议。通过一次又一次的宣讲，该犯最后表示："回家后多为社会做点贡献吧，没心思再报复别人了。"

通过推进"START"工程，民警获得了罪犯认罪悔罪、消除仇恨心理的双重收获，用3个月的时间成功将丙犯转化，实现了短、平、快、稳、准、狠的效果。方法的创新，是班组建设工作开展后民警得到的第三个收获。

四、总结回顾，在推广运用中延伸

回顾三年班组建设和转化不认罪罪犯的历程，管班民警薛帅以党建为引领，以时代为号角，以监管事业为己任，总结出如下几点经验。

第一，对接社会时势是核心。三年来，民警依据"两学一做""四个意识""十九大报告""扫黑除恶专项斗争"、学习《中华人民共和国宪法》等为契机，推出班组建设的管理举措，让管理举措对接社会形势，取得了事半功倍的效果。

第二，各级领导信任是关键。北京市未成年犯管教所领导、教育改造科、监区领导将管理的班组作为实验基地。领导的信任，给了管班民警开拓创新的勇气和动力，成为其开展三年班组建设的源动力。

第三，"提高政治素养"是方向。对于罪犯群体来说，只有在"五大改造"新格局的统领下，罪犯的政治意识才能得到提升。在习近平新时代中国特色社会主义思想的引领下，只有大幅提升民警的政治站位和政治修养，才能适应新形势、新要求。

第四，提升综合能力是常态。随着社会法治建设的进行，监管一线还将面临更大的困难和挑战。曾经那种"坐吃老本"的心理已经不能适应现代化司法管理的需要，民警必须加紧学习，提升自身综合素质和能力，与时俱进。

传统文化助力病犯康体改造

——北京市延庆监狱胡爱国班组建设经验

病犯班组内罪犯平均年龄大，身体疾病较多，部分自理能力差的罪犯余刑较长，班组内罪犯整体改造压力较大，管班民警胡爱国根据此情况制定针对性改造措施，引入中医文化，促进病犯病体康复，稳定改造秩序；加强日常管理，确保班组罪犯人身安全和秩序稳定；积极开展心理咨询与矫治工作，让罪犯拥有健康的心理、良好的状态；开展传统文化教育，转变罪犯思想认识，培养良好习惯，罪犯的生活环境、改造秩序、精神面貌都有了很大的改善。

一、引入中医文化，促进病犯病体康复，稳定改造秩序

在病房监区管理病犯的工作中民警发现，病犯因受到病痛的困扰，长期吃药、打针、输液，病情反反复复，不能像正常人一样生活，这让他们心烦意乱，情绪不稳，特别是病重刑长的罪犯，更是悲观失望，影响了监管安全秩序的稳定。在经过深入调查走访，充分了解罪犯所思所想之后，民警决定从康体疗心的方向入手，以中医文化教育作为罪犯改造的突破口和主要抓手，通过组织病犯学习中医知识和调理方法，帮助他们正确认识自己的病情，减轻病痛折磨，促进病体康复，树立生活的信心，重点开展了以下四项工作。

（1）开办"中医文化学习大讲堂"。为了让罪犯积极参与到学习中来，让罪犯学习中医思想，学会中医调理及养生方法，正确对待自己的病情，监区建立了"中医文化学习室"，成立了"中医文化学习大讲堂"，定期组织罪犯学习。"中医文化学习大讲堂"每周开展一次中医文化知识讲座、两周开展一次中医文化学习交流会，一月开展一次中医知识竞赛，每年开展一次考核评比。这种"学习—交流—巩固—检验"递进式的学习方式，提高了罪犯参与的积极性和学习效果，大讲堂重点开展了"四季养生""十二时辰疾病预防

与调理""二十四节气养生及疾病预防调理"等学习。

（2）引入外援，提高中医教育质量。为了丰富学习资源，提高罪犯教育质量，管班民警把电视台里的养生堂节目、各大医院教授的讲座下载制作成教育片组织罪犯观看；邀请医院大夫亲临现场为罪犯授课；争取监狱的大力支持，购买了百余册医学书籍供罪犯学习。这些举措，丰富了罪犯的教育形式和内容，提高了罪犯的学习兴趣和质量。全年先后组织罪犯收看学习了北京协和医院教授关于糖尿病的治疗和日常护理课、北京大学医学部教授关于心脑血管疾病的治疗与日常养护等多场讲座。

（3）针对病犯重点推出了穴位按摩和精神治疗养生法。病房班组罪犯大多或年龄大，或患有多种疾病，多卧病在床，行动不便。针对这些特点，民警重点推行了穴位按摩、经络推拿、静养身心法。特别是穴位按摩简单易学，便于操作，不同疾病按摩不同穴位，不受时间和地点的限制，在床上休息、治疗、闲聊中即可完成，深受病犯喜欢，也成为监区中医文化的亮点举措。

（4）针对轻病犯重点推出了"八段锦""易筋经"等养生操。"八段锦""易筋经"是中华医学的瑰宝，动作轻柔，活动有度，对预防和治疗疾病、强身健体、调治心情很有好处。对于那些患病较轻，能够活动的罪犯则定期组织他们练习"八段锦""易筋经"等，许多罪犯从中受益，反应良好，参与人数由原来的五六人发展到了三十余人，受到了大家的热烈欢迎。

班组建设工作开展一年多来，管班民警共组织中医文化授课 40 次；听康复讲座 36 次；组织经络推拿、穴位按摩等 30 次；组织罪犯练习"八段锦""易筋经"等养生操 58 次。经过将近一年的努力，中医文化教育取得了丰硕的成果：病犯通过学习中医知识、养生方法、康复手段，减轻了疾病痛苦，促进了病体康复，增添了改造信心和生活希望；病犯通过学习中医文化，对自己的病情有了客观、科学的认知，要求输液、指名要药的现象明显减少；中医文化教育培养了病犯健康的生活方式，拿病说事懒床的少了，正常吃饭、合理饮食的多了；中医文化教育还丰富了罪犯的改造生活，听讲座的、练习按摩的、做健身操的，等等。例如，戊犯变化很大。其因孩子教育、父母的关系问题和妻子产生分歧，每次会见都争吵不休。会见后，戊犯又陷入深深的自责与懊悔当中，各种担心让他忧心忡忡、烦躁不安、夜不能寐，最后不得不靠镇定安眠类药物才能睡上片刻。随着药量的增加，身体状况越来越差，给他造成了极大的心理负担。中医文化引入后，民警找来相关疾病书籍，带着罪犯一起学习中医养生知识和调理方法，如穴位按摩、经络推拿、心理矫治、练习养生操，坚持一个月后，初见成效，该犯开始逐渐减少服药量，两个月后，药物几乎停用，睡眠改善，精神状态明显好转。戊犯作为受益者信心大增，开始自学中医知识，在病犯中现身说法，主动担当了监区中医文化小教员。

二、加强日常管理，确保班组罪犯人身安全和秩序稳定

民警所管班组中，只有一名罪犯是相对健康的，其余三名罪犯都患有较重的疾病，其中丁犯患有多种疾病，长期卧床，生活不能自理，吃喝拉撒都需要护理协助。在这种情况下，最常出现的问题就是病犯摔倒、磕碰、褥疮、疾病突发等问题。为了防范出现安全问题，民警把日常管理工作归纳为"四勤""五必须"。

"四勤"即护理罪犯为病犯勤翻身、勤按摩，防止出现褥疮；护理罪犯对病犯勤观察、勤询问，掌握病情变化；护理罪犯对病犯的食品勤检查、勤清理，防止误食过期食品；护理罪犯对病犯的个人卫生勤督促、勤打扫，保证环境干净整洁。

"五必须"即护理罪犯必须及时报告病犯异常情况；病犯上厕所、喝水等必须有护理罪犯跟随搀扶；生活不能自理罪犯的粪便、尿液必须及时清理；病犯的换洗衣物必须及时清除；护理罪犯必须遵从医嘱为病犯规范喂药。

"四勤""五必须"管理形成了一套行之有效的管理模式，维护了班组罪犯安全稳定；班内环境有了明显的改善，在多次卫生评比中获得优秀；首次实现了一年来未出现病犯摔倒、磕碰、褥疮等问题。

三、积极开展心理咨询与矫治工作，让罪犯拥有健康的心理、良好的状态

通过测试和调查发现，病犯心理健康指数要比正常人低得多，病犯更容易产生情绪波动、思维变化、性格缺陷、自卑心理等问题，为了让病犯学会自我调节，拥有健康的心理状态，民警把重病犯、轻病犯、健康犯做了归类，把重点放在了"二个解决"上，即解决疑难问题、解决共性问题。

解决疑难问题就是通过个体咨询和矫治，有针对性地解决罪犯心理突出问题。如病犯因病情变化出现的压力过大、悲观失望，罪犯因家庭变故出现的心理异常，因受到政策影响未能如愿得到减刑假释导致心理压力过大等问题。针对这种情况，民警重点发展了三个项目：沙盘、DIY 油画、正念瑜伽。即通过带领罪犯做沙盘，由专业老师指导分析，找准症结；通过 DIY 油画稳定情绪，转变认识；通过正念瑜伽放松心情，缓解压力。三个项目相互配合，

效果很好。

解决共性问题就是通过团体咨询、团体活动等解决罪犯中的倾向性问题。民警在实际工作中发现，病犯对传统节日、特殊时期更敏感，反应更突出，如罪犯在清明节、母亲节、中秋节、春节等传统节日前后以及酷夏、严冬时节，更容易表现出烦躁、不安、压抑、悲观等情绪。针对这一情况，民警主动出击，防患于未然，先到罪犯中摸排，找到倾向性问题，有针对性地开展矫治工作，通过正念减压、音乐欣赏、行为训练、游艺活动等，让罪犯情绪转移、心情放松、排忧解郁，从而促进罪犯改造秩序的稳定。

一年来，管班民警共解决个别疑难问题 15 件，共性问题 23 件，有效地缓解了罪犯的不良情绪，促进了罪犯改造秩序的稳定。如乙犯，参加过"自卫反击战"，因故意杀人入狱后，总是认为自己为国家作了贡献，经历多，见识广，对很多事情总是看不惯，特别是对卧床需要照顾的病犯，认为他们当初危害社会，现在有了病国家免费治疗，还要护理照顾，心理很不平衡，经常与他人发生矛盾。在多次说服教育效果不明显的情况下，民警采取了心理干预和矫治，通过带他做沙盘，邀请专业老师指导，以及通过 DIY 油画、正念瑜伽等，解除了他的困扰，让他认识到了自身的问题，半年来未和他人发生矛盾。还有盛夏时天气闷热，因病犯抵抗力较差，很多人出现了烦躁易怒、焦躁不安的情况。针对这种情况，民警组织罪犯开展了"专注当下，察觉自我"团体活动，通过正念冥想、正念瑜伽的练习，让罪犯放松心情，缓解压力，感知自我，调整心态。罪犯积极参与，收到良好的效果。

四、开展传统文化教育，转变思想认识，培养良好习惯

近年来，监狱在罪犯中大力开展传统文化教育，对转变罪犯思想、提高罪犯认识、规范罪犯行为发挥了重要作用。在病房监区中，民警也努力通过传统文化的教育作用转变护理和病犯的错误思想和认识误区。管班民警一改"我说你听"的灌输式教育，把课上听讲、课间讨论、课后复习形成链条，还把于丹、翟鸿燊等老师的经典讲座融入其中，提高教育水平。为了学以致用，还从日常生活中的点滴细节入手，组织罪犯开展"日行一善""我参与我快乐""献出一份爱心，收获一份尊重""伸出一只手，回报一声谢""指尖上的文明"等辅助教育活动。

五、班组建设成效

功到自然成，传统文化教育取得了良好的效果。以前病犯和护理经常闹

矛盾，矛盾不可调和时，要么病犯调走，要么更换护理，班组罪犯很不稳定。随着传统文化教育活动的深入开展，病犯和护理之间的矛盾大大减少，来回调班换组的现象得到了改善，对比上一年，从一月到十月，病犯和护理的矛盾减少了40%，调班换组现象减少了20%，罪犯也通过学习传统文化知识提高了思想认识，规范了行为养成，对稳定罪犯改造秩序起到了积极作用。罪犯的生活环境、改造秩序、精神面貌都有了很大的改善。

围绕特色班组抓建设　抓好基础建设保安全

——北京市柳林监狱叶正武班组建设经验

病犯监狱的护理班组面对"病重刑长、情感缺失、久卧病床、随时病亡"的病犯，既要当"保姆"又要当"奶妈"，有时还得当"儿子"，平时还要充当"哨兵"和"勤务兵"，角色很多，工作辛苦，不是普通罪犯愿意干的活儿。民警叶正武深度挖掘班组的改造潜力和特色护理文化，形成了特色班组文化氛围。

一、提升班组罪犯"思想素质"，提高"政治改造"质量

从犯罪根源的角度出发，一个人走什么路，做什么人，言谈举止，工作生活态度目标都受其认知体系即思想支配，反映着人的三观，思想是根本，思想决定行动。周恩来曾指出，把罪犯改为新人，政治教育必须放在第一位。

唱响红歌潜移默化促改造。在每年的班组建设过程中，班组严格按照北京市监狱管理局和监狱的要求，组织班组罪犯学唱爱国歌曲，从而唱响了"歌颂党、歌颂祖国、歌颂习近平新时代中国特色社会主义、歌颂改革开放"的主旋律。为了保证系列活动质量，丰富歌唱内容，创新歌唱形式，严格按照监狱要求，于每日收听收看新闻联播前，罪犯就餐前，队列训练、行进途中，以及监狱集体活动前，班组都要组织罪犯集体唱爱国歌曲。同时，对每一首歌曲的含义都进行了讲解，并要求罪犯写出"爱国感悟"，抒发爱国情怀，潜移默化地实现政治改造目标。

组建宣讲小组促进自我改造。在班组建设过程中，民警发现《柳林监狱罪犯政治改造教育学习手册》、改造漫画、新颖的教育图片等内容非常好，于是就将其当成政治改造学习的教材，定期组织班组罪犯"政治改造小教员"进行学习，同时还走进各个住院病犯班组进行学习讲解，促进学习的效果。通过宣讲小组系列学习活动，特别是对党史知识重点、习近平新时代中国特

色社会主义思想核心内容、社会主义核心价值观的重要内容、宪法主要内容的学习，引导罪犯提高思想认识，确保政治改造内容入心入脑。

家属亲属助力罪犯改造。接见日与罪犯家属进行沟通也是一种很好的教育改造形式，监区每年都开展几期"家属访谈"活动，主要内容围绕"祖国强大、家乡变化、家庭的幸福生活"等方面，现场拍摄亲情录像，在日常教育改造过程中鼓励班组罪犯安心服刑、踏实改造，争取早日回归社会、回归家庭。每当录制"妈妈的心里话""父亲的叮嘱""亲人的寄托"视频时，民警发现罪犯的亲属都饱含深情与期盼，千叮咛万嘱咐！而罪犯总是满怀愧疚，满眼泪水，感动、感化、感恩在班组内悄然发生着变化，对班组建设和教育改造效果是一种很好的促进作用。

特色主题班会教育促改造。抓住传统文化和农历节气的大好时机，结合每年市局罪犯主题教育，开展特色主题班会促改造系列活动。比如每年春天举办"柳林樱花节"政治改造活动，赏樱花、唱红歌、讲故事、小比赛，通过组织欣赏监狱美轮美奂的樱花帮助罪犯放松心情，同时开展心理疏导活动，结合罪犯主题政治教育穿插唱红歌小比赛、社会主义核心价值观图片展、集体唱国歌、爱党爱国爱家演讲小比赛等系列小活动，鼓励引导住院病犯爱党爱国爱家，珍惜生命、珍惜改造机会，从而全面促进监区教育改造效果的提升。

创新班组教育形式促改造。结合国际国内时事政治和日常罪犯教育改造活动，举办系列"政治改造辩论会"活动。内容围绕社会上关注度比较高的"华为事件""中国女主播刘欣与美国 FOX 女主播翠西电视交锋""世上真有居功不傲、不计得失、一生奉献精神的人吗""知人者智，自知者明""不以规矩，不成方圆""传承好家训，培育好家风，共筑中国梦"等内容，通过班组政治"改造辩论会"系列活动，启发了罪犯的政治觉悟，激发了罪犯改造的积极性，强化了"五个认同""五个树立"，努力将班组罪犯改造成为拥护党、爱祖国、爱社会的守法公民。

二、以护理文化为载体，助推特色品牌文化开花结果

赠人玫瑰，留有余香，帮助别人的同时自己也能够得到快乐，同时开展此项系列活动也是一种积极的心理学"暗示"，对班组"风气"和"文化氛围"的健康发展也有一定促进作用，结合班组的实际情况和特点，连续五年开展"爱心陪护"系列活动，以此助推特色护理文化在监区处处开花结果。

　　"我是你的眼，生活一帮一"活动。住院部监区常年都有几名重病犯生活不能自理，有的病犯双目失明、有的因病行为意识或思想意识逐渐退化、有的因尿毒症血液透析需要全天照顾、有的因脑瘤瘫痪在床等，诸如此类的病犯都需要班组的优秀护理员贴身照顾。比如生活不能自理的 5 名血透重病犯曾经坚信社会上流传的"久病床前无孝子"的说法，通过三年来的特色活动，让他们改变了自己的看法，逢人便说："现在监区的专职护理员就像自己的亲人一样照顾自己，真是没想到在监狱里倒让自己见证了人间自有真情在!"

　　"心理抚慰小组 24 小时安抚"活动。民警叶正武所带的罪犯班组四年前成立的特色"心理抚慰小组"已形成规模，初见成效，目前在监区进行了推广。主要针对容易产生轻生念头和治疗恐惧症等重病犯，组织护理员特别是经过心理知识培训和初级护理常识培训的护理员，一对一有针对性地开展"心理抚慰小组解病痛"活动，效果颇佳。

　　重病住院病犯"临终关怀"活动。每年监区都有几名住院重病号相继因病去世，因此这几年在民警叶正武的带领下，在医护人员的指导下，班组建设形成了特色品牌文化——"临终关怀""爱心陪护"两个特色项目，对病入膏肓的重病号给予重点照顾和 24 小时关注。通过班组罪犯开展的特色活动，特别是不间断的谈心、聊天、心理安抚，陪他们走完人生最后的时光。2019 年北京市监狱管理局"新生大讲堂"何中栋副局长上课使用的 PPT 中录像反映的就是《住院部的故事》，片中的视频素材也都是民警叶正武带领班组犯罪成员开展"临终关怀""爱心陪护"留下的片断。过去"各人自扫门前雪，不管他人瓦上霜"的思想逐渐被班组"特色护理文化"所影响所取代。

　　病犯护理"正念三互"活动。在教育科的指导和牵头下，民警叶正武所带领的罪犯班组开展了一个新课题——护理罪犯与住院病犯互帮互学互进步"正念"活动。班组正念活动的主要目的是针对监区 8 个住院班组、3 个随时死亡的重病号，以正念内观的简易技巧，通过"正念三互"活动帮助病犯缓解各种各样的心理烦恼与痛苦：从普通的烦恼、身患重病的情绪、过分敏感的习惯，一直到像焦虑、抑郁等不良情绪。通过近一年的"三互"正念练习，帮助病犯观察到自己为什么会痛苦的同时，也教会了他们怎样来消除引发痛苦的思维习惯，从而找到更加有益的方法，让自己活得更轻松快乐，改善对死亡的恐惧感，提升面对未来、憧憬未来的那种"幸福感"。

　　三、以兴趣小组为特色，助力班组文化蓬勃发展

　　在班组建设过程中，多年以来民警叶正武组建了"读书分享"兴趣小组，

漫画、剪报兴趣小组，"微视频"拍摄兴趣小组，"话剧小品"兴趣小组，"床头文化"兴趣小组等兴趣活动，不仅实现了罪犯自我救赎、自我教育、帮助他人等目的，同时在开展活动中不断巩固了班组长久以来形成的康复治疗文化氛围。

（1）"读书分享"兴趣小组。在监狱阅美柳林系列活动的组织和影响下，监区和班组的读书氛围有了很大的提升。每年都会带领班组成员开展"读书分享会活动"，通过活动使他们能够静下心来思考人生、思考未来，不再浮躁，不再因犯罪而受内心的煎熬。针对住院部监区的实际特点，特别是针对各住院病号班重病犯行动不便的特点，护理班罪犯还创造性地开展了特色流动"图书箱"走进内科住院班、外科住院班、血透室等活动，深受住院病号的欢迎。

（2）漫画、剪报兴趣小组。在班组建设过程中，叶正武鼓励班组罪犯开展漫画、剪报兴趣爱好相关活动，并举办了"政治改造漫画展""班组剪报巡回展""社会主义价值观和正能量图片展"等活动。实践工作中他发现一本剪报能够改变一个内向性格的罪犯。监区有一名罪犯，平日性格孤僻，不爱说话，因为其心灵手巧，叶正武就指点和支持他剪报。特别是近一年，他整整收集了200余张具有政治改造意义的社会主义核心价值观、正能量的图片，监区专门为其举办了剪报图片展，并鼓励他与其他人交流探讨，在开展罪犯政治改造教育活动中，还鼓励他走上讲台进行宣讲，收到了良好的效果。

（3）"微视频"拍摄兴趣小组。班组"微视频"拍摄小组在监狱内小有名气，主要把日常教育、管理、改造、生活当中常遇到的一些身边的人、身边的事和感恩小故事，以简单的微电影和微纪录片的形式记录下来，收到了较好的班组教育改造效果。柳林监狱第一届"雁文化节"开幕式上，《人性关怀》这部微视频也使用了民警叶正武所在班组建设兴趣小组拍摄的视频。《我和我的祖国》《"舌尖上"的柳林》《感恩有你》《爱好》《新生》《假如再给我一天光明》《来自天堂的感恩》等优秀作品受到了监狱教育科的表扬和留存。

（4）"话剧小品"兴趣小组。在住院部监区枯燥的康复治疗服刑生活中，叶正武带领班组罪犯成立"话剧小品"兴趣小组创作话剧和小品。比如为配合监狱"雁文化节"的隆重开幕，进一步弘扬监狱倡导的"雁文化"，推动"鸿健"康复治疗文化理念，他组织罪犯班组精心编排了自创的舞台小品《滚蛋吧，病毒君》，以丰富多彩、生动活泼和病犯喜闻乐见的艺术表现形式，为各住院病犯班组献上了一部幽默诙谐、增强信心、提升正能量的小型微话剧节目。

（5）"床头文化"兴趣小组。床头文化平台是柳林监狱大力推进政治改造教育平台的一大亮点，在班组建设过程中，叶正武发现这个"小平台"不仅能够展现大风采，而且还促进了罪犯政治改造"教育文化"宣传功能，对践行政治改造统领的五大改造理念发挥着辅助作用。因此，在班组建设过程中成立了"床头文化"兴趣研究小组，还举办了"床头文化"展评，并对罪犯参与的"政治改造类"前三名、"鸿健"健康养生类前三名、改造漫画类前三名、励志格言警句类前三名等作品进行了大力表扬和展评。

近几年来，民警叶正武所带领的罪犯班组建设基本形成了班组建设有特色、罪犯人人有亮点、事事处处有新意的效果。丰富多彩、朝气蓬勃、针对性较强的政治改造系列活动、特色护理文化和兴趣小组活动是他在开展班组文化建设的小成果，这些都激发了罪犯"我参与、我建设、我受益"的改造热情，有效提升了班组建设的整体质量和水平。

分享让我们共同成长

——北京市女子监狱周洋班组建设经验

北京市女子监狱民警周洋在学习和探索班组建设的管班经验过程中，通过分析班组罪犯特点，进行犯因性分析，并且引导班内罪犯自主创新策划，以"分享"为主题，共同收获和成长。

一、以"分享"为主线，开创了四个特色工作

在管理思路上分为两个层面，第一个层面是立足罪犯个体，通过个别教育模式探索激发罪犯自主改造内驱力，以激发罪犯自塑力为目标；第二个层面是立足罪犯班组，通过民警和罪犯之间、罪犯与罪犯之间的分享和共情形成班组建设合力，即以凝聚共建力为目标。

以"特色活动、精神滋养、技能培养、氛围营造相结合"为宗旨，以"班组成员角色责任定位"为抓手，以"传授、讨论、交流"为手段，通过"人人、时时、处处、事事"的特色班风建设模式，不仅内在激发了每名成员的主人翁意识、参与意识、创新意识，而且自然形成了互帮互助、共建共享的班组氛围。

二、通过"3+3+1"模式，打牢班组根基

在班组建设中，周洋采取"3+3+1"的特色工作方法，即三基础、三积累、一矫治，打牢班组建设根基。

（一）三基础

基础一：思想。

我的班组我做主——群策共议打好思想基础。

班组建设之初，民警周洋也经过了思考和摸索，管班民警一人的思路是有限的，她发现班内罪犯其实具有很好的创新思维，且对形势政策的认

识水平和接纳度较高，有着为自己班组争先创优、营造一个良好的改造环境的需求。于是，本着激发自塑力的目标，民警周洋提出"我的班组我做主"，让大家群策共议，自己制订方案。班内成员年龄偏大，与民警周洋的年龄差距更大，她在对罪犯进行动员和沟通的过程中较多采取温润细腻的沟通方式。启动时深度动员，过程中及时跟进，多次召开班组会，打下了良好的思想基础。全体罪犯从班组建设理念、班训、目标、特色班风建设、"四美使者"劳动生产教育化措施及预期成果等方面，共同商议制订了实施方案。

基础二：规范。

"四项规范"——严格管理打好规范基础。

民警周洋结合班组特点和年度主题教育活动以及"百日安全"教育精神，在日常管理工作中严格落实"四项规范"，包括管理规范、生活规范、学习规范、劳动规范，确保监管安全稳定。为了将每步工作落实到位，周洋制订了民警和罪犯班组每月任务及完成表，发现问题及时解决，保证了班组建设各项工作按时、按质完成。

基础三：资料。

滴水成河——点滴积累打好资料基础。

资料积累是做好班组建设的保障，也是让班组成员总结回顾的渠道。周洋在工作之初有了建立"七彩班组相册"的想法，于是在活动过程中从班组建设班级台账、班会记录、活动影像资料、成果资料四个方面，做好建设资料的积累工作。

（二）三积累

积累一：书写罪犯成长史、犯罪史和认罪悔罪书。

班组成员均已书写自己的成长史、犯罪史和认罪悔罪书，内容包括基本情况，家庭情况，成长过程，人生转折点，犯罪起因、经过、结果、回顾过往，反思罪错，确立改造方向等各个方面。在第一次书写之后，周洋又针对罪犯表述不清楚的地方，要求其再次书写。结合成长史，也会对一些特殊日子重点关注，尤其是每个人的生日，会在罪犯生日当天召开生日班会。

积累二：批阅日记。

日记是民警与班内成员沟通的重要桥梁，有的人表面平静但很多事情会在日记里说，比如罪犯李某在日记中对某人有很强烈的抱怨和不满情绪，但是平时体现出来的却很平静，如果不看日记难以发现。

积累三：固定班会和个别谈话。

首先，保证每月四次个别谈话、四次固定班会，每次值班晚上必进班。其次，在其他时间，抓住在劳动现场、生活现场等适合的时机与罪犯沟通，保证发现问题就地解决，努力做到让谈话变得轻松愉悦，同时直抵罪犯内心，起到关键效果。同时，定期和班长、互监组长沟通，从侧面了解班内每个人的思想变化，随时掌握班内人员思想动态。

（三）一矫治：心理共情

结合班组内成员的心理状况分析，除鼓励他们参与监区组织的心理咨询活动和行为训练外，针对班内人员状况制订了"尊重—理解—共情"的心理矫治思路。

通过以人为本的理念，以尊重每一个人为前提，发现她们身上的闪光点，和班组内每名成员成为心灵上的伙伴，最终达到共情的心理矫治目的。

三、"初心+四心"温暖"五心"班教

这"四心"是从"分享""初心"中衍生而出的，目的是让班组成员在活动中能够明确定位，以更加有温度的理念开展工作。每名罪犯认领一个角色，包括法制宣传员、规范督促员、瑜伽健身员、手工制作教导员、中医养生引导员、心理共情咨询员、方言小教员、和谐促进员，同时结合"正心、肃心、养心、乐心"四大主题，在班内营造"心心"向荣的分享共情氛围，将七名服刑人员加上民警八颗心融合在一起。以《心晴》班刊为展示窗口，有目标、有步骤、有特点地开展特色班风建设。

四、"四美使者"七彩活动特色班风

通过"四心"特色班风建设，每一名班组成员都将自己负责的一块内容分享给他人，同时又获得了别人分享的更多内容。打造出七个品牌特色活动的同时，每个人都变成了发现美、创造美、传播美、践行美的"四美使者"。她们还自己制作了象征七个人的七彩日记，记录每次的分享体会。通过特色的"初心"加"四心"，不仅营造了"四美使者"七彩活动特色班风，也显现了班组建设工作的效果和作用。

（一）减刑暂缓的罪犯积极性显著提高

班内罪犯李某减刑暂缓，年老患有慢性疾病，且性格敏感多疑，但其擅长纸艺，又在布艺组出工，担任了纸艺小教员后将精力融入艺术创作，为班组成员制作七彩日记本、创作纸艺作品。

（二）长期患病的服刑人员参与度显著提高

班内罪犯陈某患有多种疾病，以前在班组内属于默默无闻的一类，不出彩且没有参与度。经过这一年的班组建设工作，能看出她有明显的变化。陈某喜欢研究按摩和中医穴位，希望能够通过自己坚持按摩来改善健康状态，现在不仅自己练，还带动大家一起练习。另外，她还主动参与绕口令、诗歌的征集活动，写的诗歌朗朗上口，得到了大家的好评，能够看到她在念自己写的作品时的激动和喜悦。她还说："我们警官管教育，我得支持她的工作。"每月一期的《心晴》班刊的版面多数是由陈某来设计，她还自己画了"养心堂"按摩小册子，已经出了第二期。

（三）班组改造氛围更加融洽、和谐、自主

如今形成的七彩特色班风，每个人都有自己的角色定位，严格遵守监规纪律，认真履行服刑义务，班组建设以来，班内违纪率明显下降。特色班风已经融入日常改造，在没有民警的带领时她们也能够严格要求自己，也更坚定了"分享初心"的想法。所有的特色活动不仅是为了搞活动，更重要的是为了通过活动形成良好的改造风气，形成习惯性的融洽、和谐、自主的改造氛围，最终实现提高罪犯教育改造质量的目的。

五、三项突破、四种模式的创新个别教育

通过全面分析每名班组成员的犯罪类型、成长背景、改造实际，选择了四名具有典型意义的罪犯作为个别教育转化对象，开展了"以个别教育正向激发罪犯自主改造内驱力"的模式探索。针对高知类、综合能力较强的职务罪犯采取"让今天成就明天"个别教育模式；针对心态调整能力较弱的职务类罪犯采取"平和心态"个别教育模式；针对长期身体有恙的罪犯采取"激发自我修复动能"个别教育模式；针对性格不太稳定的年轻罪犯采取"感恩救治"个别教育模式。

实现了个别教育的三个突破：一是突破以往个别教育驱动力注重以"挣分减刑"为主的传统模式，探索以激发罪犯自我提升内驱力为主的新模式；二是突破以往个别教育目标以注重"有利管理、确保安全"为主的传统层级，探索将罪犯个体转化、监区有效管理、"改造人"质量提升三者有机结合的新层级；三是突破以往由民警为主导的单一个别教育转化形式，探索将民警主导教育与罪犯自主教育相结合的新形式。

民警周洋用一首自己创作的小诗总结班组建设工作。

> 班组建设新元年，初到女监满一年。
> 探尝管班好经验，集思广益灵光现。
> 前辈师长传帮带，班组成员勇争先。
> 日积月累筑根基，四美五心七彩连。
> 分享你我共成长，不忘初心再向前。

由觉察到改变　追寻幸福人生

——北京市团河教育矫治所于楠班组建设经验

　　管班民警于楠所在的大队一直在开展暴力犯愤怒控制项目的研究工作。于楠参与了这个矫治项目的项目方案设计以及心理咨询技术的推广和应用工作。按照团体形成、激发因素、愤怒的 ABC 模式、线索与减弱、提醒话、自我评价、事先思考、愤怒循环、综合评价、结束团体的顺序，由远及近、由浅入深地帮助班内罪犯认识自己的情绪，了解自己的愤怒表达方式和控制方式，学习控制愤怒的基本技能，学会并熟练掌握愤怒控制基本程序和方法。

一、情况梳理与准备

　　管班民警参与了这个矫治项目的项目方案设计以及心理咨询技术的推广和应用工作。在工作的过程中我们也发现了不少问题，所以我们不断地在实践的基础上修改方案，改进方法，以期能在之前研究的基础上更进一步，以提高教育矫治效果。经过总结研究，我们在制订本批次暴力犯愤怒控制矫治工作方案前有以下几个设想。

　　（1）在班组形成阶段开展动机教育，寻找参与者的个人动机，增强动力，关注每个人动机的改变。

　　（2）规范团体规模，明确边界，共同制定规则，不放任，不为情感牺牲工作目标。

　　（3）弱化概念，注重理解而不是记忆。

　　（4）加入宽恕内容，但明确目标，不好高骛远，将宽恕作为一种处理愤怒情绪的方法以专题课的形式进行讲授，作为认知重构的一节课进行讲授，成员可根据自己的实际情况进行应用。

　　（5）将愤怒分级内容设置为不同情境进行系统脱敏训练。在情境模拟中让全体成员注重体会冲突事件是如何发生的，帮助成员全面看待问题，寻找避免冲突产生的方法。

（6）进一步探寻成员个体暴力行为成因。这样做的目的一是使成员认识到自己并非生而如此，自己是可以改变的；二是帮助成员自我探索，发现自己的固有信念和行为模式是怎样的，对自己的生活有什么影响；三是帮助成员作出选择，改变自己认为不好的部分。

（7）重点关注成员能力的迁移，即学习内容在生活中的应用。在所内设立观察记录期，回归社会后进行跟踪回访。

工作内容分为三个阶段。

（一）认知准备阶段

在这一阶段，首先要向个体成员说明愤怒的作用，让成员了解自己的愤怒类型，包括对愤怒的本质与作用的介绍，以及当愤怒演变成一个阻碍成员成长的问题时，究竟是什么引起了愤怒情绪，如何使我们的愤怒情绪变得易于掌控。认知准备阶段是由以下几个成分组成的：（1）确认激发愤怒情绪的人和情境。（2）区分愤怒情绪和攻击行为的不同。（3）了解愤怒情绪激起状态下的认知、生理和行为等成分，尤其是引起愤怒的自我言语。（4）判断区分不必要的愤怒。（5）辨认激发愤怒时的信念。（6）在这一阶段的最后向成员介绍作为处理策略的愤怒管理的概念。

（二）应对技巧的培养与练习

这一阶段主要是对三个方面的熟悉：应对技巧、治疗师构建的应对技巧模型以及成员的练习。这一目的的实现分三个层面进行：（1）认知层面：教授成员用情绪 ABC 疗法来分辨自己对事件的评价是否合理，学会合理认知，鼓励发展移情能力。（2）情感层面：教授成员放松技巧并鼓励他们保持幽默去面对愤怒情绪。（3）行为层面：教授成员行为训练的技巧以帮助他们增加人际沟通及解决问题的能力，从而更好地管理愤怒情绪。

（三）实践与应用

这阶段的价值在于应用一系列的技能训练方法，通过角色扮演来呈现不同的外来刺激引发愤怒情绪，从刺激最轻微的情境入手，让成员思考并使用已有的应对策略，运用应对技巧通过角色扮演的方式表现出来，最终目标是能将这些技巧应用于现实生活情境中。

二、心理分析与评估

（一）心理测试

测试量表包括 16PF、SCL-90、CCQA，为了全面、准确地了解罪犯的心理特点，筛查主导犯因性相关心理因素，还加测攻击问卷。

1. 16PF 人格测试高攻击相关因素分析

通过对全班罪犯 16PF 人格测试高攻击相关因素分析可以看出，罪犯整体健康均值只有 16.7 分，低于全国均值分，说明心理健康整体水平偏低。

2. SCL-90 结果分析

需重点关注 3 人，其中罪犯甲总分达到 374 分，所有因子分值超过 3 分，敌对为 5 分，测试表明该犯行为较冲动，经常情绪不稳定，缺乏控制。罪犯乙总分为 297 分，总均分 3 分，通过测试得知被测者对有些事情放不开，碰到此类问题时容易生气，情绪不稳定。罪犯丙敌对、抑郁、焦虑因子均超过 2 分，表明该犯遇到某些问题时容易生气，目前存在一定抑郁、焦虑情绪

3. CCQA 测试结果分析

通过对量表的分析可以看出，本班成员在各项因子的等级上，大部分呈现出一般水平，在心理健康、人身危险性、偏差行为和负性思维上大部分人得分较低。说明存在潜在的情绪、自信心、心态问题，偏差行为出现的次数较多，有危险的想法，不良的行为方式表现明显，负性想法经常出现，思维偏差较大。

（二）问卷调查、成长经历和犯因性访谈

在进行心理测试的同时，为了全面收集、了解罪犯的基本信息、成长经历、犯罪原因和矫治需求，民警主要采取了以下三种方式。

（1）问卷调查。在大量查阅档案、个别访谈、问卷调查的基础上，根据诱发罪犯暴力行为发生的个体、家庭和社会相关因素，制定了《暴力型罪犯暴力认知和行为模式信息调查问卷》，分为基本情况调查、生活方式调查、初次违法犯罪原因和经历调查、暴力攻击行为认知形成原因调查、暴力攻击行为矫正替代需求调查五个部分，共计 118 道选择题，实现了信息采集的标准、规范和客观。

（2）撰写成长经历。

（3）犯因性因素筛查访谈。制订暴力罪犯的访谈提纲，设计案情、违法经历、犯罪原因、矫治需求等 10 个问题，帮助罪犯自我探索，发现问题，激

发其矫治需求。

三、犯因问题确立与筛查

根据前期查阅档案、问卷调查、心理测试、个别访谈、行为观察等手段，对收集到的背景信息进行了分类、汇总，确定出班级存在如下问题。

第一，共性问题。

（1）人身危险性较高的人员多，具有较大安全风险。经测试得知，班内罪犯普遍具有较高的攻击性，心理健康水平不高，而在新班组建阶段，班级成员间不熟悉，更是加大了发生问题的潜在风险。

（2）愤怒控制能力差，易引发暴力攻击行为。

（3）自我觉察能力差，负性情绪疏解方法少。暴力型罪犯对自己的愤怒情绪察觉力差，对日常轻微负性情绪多采取压抑的方式处理，不良情绪持续蓄积，导致负性情绪决堤式暴力性宣泄，引发攻击行为持续发生。

第二，核心犯因性问题的筛查和确定。

根据班组存在的主要问题，结合罪犯的犯罪原因和表现，根据罪犯犯罪事实、问卷调查、心理测试、个体访谈、成长经历和现实表现可知，班内罪犯普遍存在愤怒控制能力差和攻击性强的特点，也是班级成员本次暴力犯罪的根本性因素。在对罪犯进行犯因性因素访谈中，罪犯也表示，自己之所以会产生攻击行为，是因为受到了刺激后极其愤怒，自己又难以控制，如果要没那么生气，是不会发生攻击行为的。

四、矫治方案与措施

（一）促进班组融合，增进班组包容性

一是积极和班内成员建立信任关系。二是营造班级良好氛围。三是关注特殊个体。

（二）提升成员参与矫治的动机

主要通过结构化团体形式，进行五次主题为"动机激发"的团体心理辅导。

（三）开展愤怒控制训练团体

为了提高班内罪犯的愤怒控制能力，管班民警于楠根据愤怒情绪控制训练的标准操作流程、10个矫治单元活动，按照团体形成、激发因素、愤怒的ABC模式、线索与减弱、提醒话、自我评价、事先思考、愤怒循环、综合评

价、结束团体的顺序，由远及近、由浅入深地帮助班内罪犯认识自己的情绪、了解自己的愤怒表达方式和控制方式、学习控制愤怒的基本技能，学会并熟练掌握愤怒控制基本程序和方法。

在本次的愤怒控制团体的认知准备阶段，我们整合了宽恕教育的内容，尝试把"宽恕"当作是处理愤怒情绪的一种方法向大家进行介绍，升华情绪，把愤怒的力量升华成宽恕的力量

（四）开展正念矫治，提高罪犯自我察觉能力。

针对暴力犯对自身愤怒线索觉察力弱，对愤怒的征兆情绪关注不够，导致不良情绪长期蓄积，形成巨大心理压力，引发愤怒的问题，我们将正念矫治引入罪犯矫治工作中，学习正念知识，掌握正念方法，提高内观和情绪察觉能力，学会正确处理自己的不良情绪和压力事件，避免压力蓄积和愤怒情绪的爆发，防止攻击行为发生。正念的一些观念是暴力罪犯所缺少的，更重要的是不断关注自身情绪，察觉自身状态和缓解负性思维，可以很好地与愤怒情绪控制的团体活动结合起来，达到相辅相成的目的。

五、矫治效果与评价

班级罪犯普遍认为自己有较大变化，对自己有了更多的了解，认为自己在团体中学习的内容具有实用性，相较之前无法有效控制自己的愤怒情绪给他们造成过不同程度的困扰，通过团体干预，他们学会了一些调整自身认知和行为来控制愤怒情绪的方法，并且能够应用到自己的日常生活中。

民警普遍评价班组秩序良好，罪犯很少出现各类问题，在情绪上显得更为稳定。愤怒干预在一定程度上有助于罪犯情绪的控制和调整，是一种有效的教育手段。

本班多名成员的多名家属都表示，服刑人员在队期间进步很大，很感谢民警的付出。

本班整体趋于稳定，没有出现过严重的违纪问题。经过一系列活动的开展，班级成员对自己有了更深的了解和认识，收获了知识，得到了成长，提高了自我情绪控制的能力，尤其学会了一些制怒止怒的方法，为避免回归社会后再次因为愤怒失控而导致违法犯罪打下了坚实的基础。

开展多样化教育模式　引领罪犯走向新起点

——北京市未成年犯管教所赵黎明班组建设经验

　　北京市未成年犯管教所民警赵黎明创立了"12字出监教育工作法"（遵监规、稳心态、深剖析、思未来），帮助届临出监罪犯稳定思想，提升守纪意识，确保班内安全稳定。同时采取规范各项改造秩序，发挥自身特长优势，开展丰富多彩的教育改造活动，把班组建设成为安全守规、团结向上、宽容待人的优秀班组。使每一名罪犯放下顾虑积极融入社会，自力更生创造人生新的价值。

一、"12字"教育方法，促班内秩序稳定

　　经过多年摸索，并结合届临出监罪犯的特点，管班民警赵黎明摸索出一套行之有效的"12字出监教育工作法"：遵监规、稳心态、深剖析、思未来，具体如下。

　　"遵监规"就是在罪犯转入出监监区后的第一次班务会上，就明确告知罪犯监区对违反监规纪律的现象是零容忍的，发现一起按规处理一起，对个别抱有出监就是放松的心理的罪犯给予警示，从而达到监区管理要求。

　　"稳心态"就是随着时间的推移、释放的临近，特别是转入出监监区后，届临出监罪犯心理开始发生变化，产生了普遍存在的浮躁、焦虑情绪，部分罪犯有"晚上总睡不着觉，干什么都没兴趣"的言论，是典型的"浮躁"表现。释放在即，自由生活与服刑经历之间的矛盾必然凸显，此时会对亲人亡故、夫妻婚变、子女问题、经济问题等更为敏感，导致情感脆弱、焦躁不安，甚至有自责和罪恶感，引导不好，会出现严重的监管安全事故。所以要及时调整罪犯心态，例如组织罪犯开展有意义的健康娱乐活动，分散其注意力。经常提醒罪犯要保持积极、乐观、向上的心态，与罪犯多交流，化解罪犯对新生活的困惑，从而达到稳定心态的目的。

"深剖析"是要在前两步的基础上及时组织罪犯开展悔过、反思活动，结合出监教育改造活动，要求每名罪犯写出深刻的认罪悔罪书，并在班组专题会时与班内罪犯讨论，与其他罪犯共同深挖犯罪根源，查找犯罪原因，彻底达到真认罪、真悔罪的教育目的。

"思未来"是在完成上述三步后，罪犯普遍希望了解当下社会变化，出监后国家对释放人员有什么政策，自己可以应聘哪些企业单位、从事哪些工作等一系列问题。此时需要结合出监教育课程，引导罪犯思考未来发展，写出发展计划，并召开专题会展开交流，让每名罪犯重拾信心，对即将到来的新生充满希望。

通过"12字出监教育工作法"，班内各批次届临出监罪犯顺利完成出监教育，做到无违纪问题发生，在纪律、卫生、劳动、秩序等方面走在其他各班的前列。

二、积极建设班组文化，弘扬积极向上正能量

班组文化建设是各项班组建设工作中的重要一环。文化建设的目的就是以弘扬改造正气为主旋律，积极构建富有监狱特点与现代文明相结合的班组文化环境；营造良好的改造氛围，系统安排班组文化活动，使罪犯在良好的自然环境和人文环境中受到潜移默化的教育和影响，促进罪犯积极改造转变思想，从而达到教育目的。

一是加强中华传统文化教育，组织开展兴趣小组活动。

兴趣小组就是要让罪犯充分发挥自身特长，做到人人有兴趣，活动全员参加，从而达到充实罪犯闲余时间、维护监管秩序安定、活跃狱内氛围、矫正罪犯恶习、提高改造质量的效果。通过中华传统文化教育及书法等高雅文化的熏陶，让罪犯磨练心性，品味人生，缓解改造压力，调节罪犯心理，转变罪犯思想。

例如，罪犯甲某曾是特约记者，该犯心胸狭隘，对监狱现行制度非常不满。为了纠正该犯的偏激认识，民警发掘他绘画和编辑文字的特长，让他参加了班里的文化创作兴趣小组并担任组长，同时负责监区的板报制作。在板报创作过程中，该犯对监狱的认识慢慢发生了转变，偏激的想法也少了，正能量的想法多了，渐渐地由一名激进抵触管理的罪犯转变成一名积极改造的"标兵"。该犯在临释前夕让家人送来一面锦旗，以表示对监区的感谢。

二是发挥民警自身的音乐特长，唱响红色歌曲。

管班民警赵黎明曾经担任空军军乐队队长，对音乐有一定的了解和掌握，结合这个特长，他在班内组织罪犯学习音乐基础知识，并结合庆祝新中国成立70周年主题教育活动，营造积极向上的改造氛围，大力弘扬以爱国主义为核心的伟大民族精神，激发罪犯爱国之情，强化爱国之志，增强自觉接受改造的内在动力，在班内组织罪犯学唱红歌，并以班带动监区，使监区每名罪犯都会唱几首脍炙人口的红歌，既丰富了班组活动，又活跃了监区气氛，使监区的各项改造秩序都有了一定的提升。

三是经常性开展团体活动，促进思想交流、集思广益。

出监罪犯往往有压抑、不满、困惑以及对亲人愧疚等心理特点，如果不给其空间发泄，有可能会出现对监区管理的抵触或烦躁情绪。为此，民警经常以班组为单位组织罪犯开展团体活动。每次活动都会挑选一名罪犯说出他的烦恼，引导罪犯在"思省—思辨—思进—思齐—思归"的过程中不断反思自我，慎思明辨，蜕变向善。

例如，罪犯乙某入狱后妻子与他离婚，但离婚后还长期居住在他父母处，还让他父母做饭洗衣物，该犯对此非常不满，表示出监后要采取暴力手段教训前妻，把她赶出家门。了解这个情况后，在个别谈话教育中，民警希望该犯能在专题讨论时将此事说出来，让班组人员帮忙出主意解决，该犯经过几天思考后表示同意。于是民警立即组织开展对该犯的心理疏导活动，在活动中该犯倾诉了自己的烦恼，班内其他罪犯纷纷给出建议，有的说可以走法律途径解决，有的说可以采取继续沟通的方式和平解决，没有人赞同使用暴力手段解决，该犯认真听取了大家的意见。经过一段时间的思考后，该犯主动找到管班民警赵黎明说："赵队，您是对的，当我说出心里话时就感觉舒服多了，也没有那么恨了，我会听取大家的意见，和平解决问题，不会再有冲动的想法了。"

三、明确工作目标方向，整装待发再创新功

第一，继续深入细化目标任务，搭建基础平台。班组建设的目标是将班组建设成为"团结、和谐、宽容"的班组。只有深入细化目标任务，才能不断提升班组建设水平。同时为罪犯搭建不断提升自我适应能力、顺利回归社会的基础平台，确保完成各项出监教育任务。

第二，要以人为本，构建和谐型班组。一个班组就是一个大家庭。在班组这个"家"中，大家要像对待亲人一样对待彼此。在处理问题时应多从对方的角度去考虑问题，相互关心，相互理解，处处充满温馨和谐。一个和谐良好的班组环境能保证班组罪犯的思想稳定，提高班组罪犯改造热情，为全面推进班组建设的开展提供保障。

第三，要强化学习意识，创建学习型班组。"养兵千日，用兵一时"，只有平时多学习、多积累，关键时候才能用得上，特别是届临出监罪犯，马上就要重新步入社会，在出监教育阶段所学知识大都与衔接社会有关，因此必须要认真组织好各项学习工作，培养班内罪犯善于学习、勤于思考的习惯，为罪犯营造浓厚的学习氛围，发挥他们学习的主观能动性，把创建学习型班组作为下一步班组建设的核心内容。

创建优秀班组不是一朝一夕的工作，需要处处思考，步步为营，开拓创新，常抓不懈。在今后的监管工作中，我们将把思想建设放在最基础、最关键的环节，放在心上，抓在手上，落实在行动上，把班组建设成为安全守规、团结向上、宽容待人的优秀班组。

"四稳"工作法助力班组建设行稳致远

——北京市女子监狱李晨慧班组建设经验

李晨慧是一名年轻的"90后"民警，在她工作的四年里，她用"细心、耐心、诚心"默默诠释着"责任"准则。她通过深入研析，总结出了"四稳"工作法，确定了班组建设管理落实"稳"、教育突出"活"的工作思路，通过在预防上狠下功夫，注重细节，做到提早发现、提早治理，帮助罪犯迈稳"四个第一步"，确保了班组秩序和谐稳定。

一、稳中求新——共创班组理念

为确保班组秩序稳定，民警李晨慧以2017年度主题教育"认罪悔罪明身份，遵规守纪见行动"为依托，组织班组罪犯集思广益，确定班名为"向阳花"，班训为"勇于面对，相信未来"，班歌为"阳光总在风雨后"，用直观的方式鼓励临释罪犯在回顾过往的同时重拾信心，笑迎未来。

民警李晨慧将每月特色班组活动作为稳定班组秩序的有效手段。2017年6月初监区大调整时，她新分管的7名罪犯分别来自5个班。刚组班时，罪犯间关系冷淡，班组气氛压抑。为帮助罪犯尽快融合，李晨慧组织罪犯开展了"彩色圆点"行为训练。活动中，她让罪犯闭上眼睛，在每人额头贴上一枚彩色圆点，然后要求罪犯睁开眼睛，在不许说话的前提下，找到同一颜色的同伴。开始，大家都很迷茫，不知如何入手，游戏陷入停滞。突然，一名罪犯首先放弃了执着自己的色彩，而是伸出手把两个同一颜色的罪犯拉到一起。这名罪犯的行为让她犯豁然开朗，在别人的帮助下，每人都找到了自己的同伴，罪犯纷纷感受到能给别人帮助是特别令人满足的事情。一个简单的行为训练一下拉近了罪犯间的距离，班组气氛变得轻松和谐起来。

二、稳中求细——细化调入分析

"知己知彼，百战不殆"，民警李晨慧深知只有摸清罪犯的真实思想，才能做到精准防控。为做到这一点，她通过调入摸排"三步走"对新调入罪犯进行深入摸排。第一步，通过查阅档案，研读罪犯"个人成长史""违法犯罪史"等形式全面掌握罪犯的信息，进而建立罪犯信息一览表；第二步，通过调入当日个别谈话，了解罪犯当下最关注、最牵挂的事，摸排其思想状况；第三步，通过调入心理测试摸排其心理状况。

通过这三步，能够更加全面地了解到调入班内的每名罪犯的基本情况，为之后各项工作的开展打实基础。

三、稳中求实——强化行为养成

罪犯在服刑期间，强制约束下的守纪行为存在一定的机械性和被动性；进入临释阶段后，由于没有挣分减刑压力，严重欠缺自律性，因此临释罪犯状态松懈一直是出监班组的重症顽疾。针对这一问题，民警李晨慧没有一味地训斥、惩罚，而是通过多种措施，教育引导罪犯达成共识，为罪犯应对未来的挑战做准备。

一是树立正确认知，筑牢思想基础。为帮助罪犯多角度认识提升自律性对未来生活的重要性，她组织罪犯运用映像投射法将现在的松懈行为投射到回归后的生活，并将产生的后果进行对比。

例如现在不按时起床、定置摆放混乱、违规操作等行为的后果是被扣分。回归后若是如此，前两条会导致上班迟到，家庭、工作环境混乱；而违规操作会引发安全事故，甚至危及生命，无论哪种损失都是不可估量的。一系列直观的对比，使罪犯懂得了现阶段强化自律养成，是为自己应对未来生活挑战做准备。在正确认知的指导下，班组罪犯的自律性有一定提高。

二是固化规范标准，搭建行为框架。她在班组管理中推出了"一板块移动刚性化、二定置摆放统一化、三仪表着装规范化、四坐姿站姿标准化、五队列行进整齐化"的"五化"和"必须杜绝违禁品、违规品、危险品；必须保持环境整洁和个人卫生；必须按要求接受出监教育；必须保质保量完成劳动任务"的"四必须"管理规范，注重统一标准、固定形式，形成管理机制，帮助班组罪犯持续巩固行为养成。

三是发挥互监作用，推进行为落实。在帮助罪犯强化行为养成的过程中，民警李晨慧以罪犯互监组为载体，要求班内罪犯在任何时间、任何地点、任何情况下都要严格落实互监制度，始终秉承互监、互查、互帮、互促的原则，明确一个互监组就是一个小团队，必须共同成长、共同进步，一个都不能掉队。

为最大限度地发挥互监组作用，她以"个人日点评""互监组周评议""班组月总结"等形式，督促每名罪犯奋发努力，促进互监组之间形成比学赶帮超的良好局面，在班组内营造出人人参与、人人有责、人人受益的良好氛围，深聊、广听、细看，积极挖掘罪犯特长，同时注意充分发挥和调动罪犯中的积极力量，抓典型、树榜样，做到"罪犯带动罪犯，他律带动自律"。

班组罪犯牛某身患多种疾病、长期卧床，在"互监组周评议"会上，她说："组里的人总是帮助我，不怕麻烦，我非常感动，虽然我行动不便，但在其他方面我要严格自律，不给班组找麻烦。"

四是注重细节素质，巩固改造成果。班组罪犯行为养成取得一定成效后，为帮助罪犯巩固成果，李晨慧更加注重细节。她发现班内罪犯定置摆放总不到位后，就定期召开"镜头里的班组"主题班会，通过播放监舍内务图片，将露边的被包、桌上的漱口杯、暖气管上的抹布等问题"曝光"在罪犯面前，使罪犯对内务凌乱有更直观的认识。这种利用新媒体手段对罪犯进行巩固教育的方法，收到了良好的效果。

她还注重对罪犯的素质提升教育。有一次，班内两名罪犯因开关小柜声音大发生口角。她在处理后，要求罪犯召开班会，制定措施。当得知罪犯采取在小柜门上粘贴一定厚度的纸作为降噪的措施时，她首先肯定了罪犯解决问题的积极性，但也指出此方法治标不治本，不能适用于回归后的生活，只有养成轻开轻关的好习惯，提高自身素质才是关键。

在管理罪犯的过程中，民警李晨慧摆脱生硬的说教，用有亲和力的方式摆事实、讲道理，使罪犯在入情入理中提升素质。

五是严把三个环节，实现无缝衔接。为确保罪犯稳迈踏入社会第一步，实现无缝衔接，李晨慧在工作中严把"三个环节"。一是与原区衔接，做好材料交接；二是与社会衔接，鼓励罪犯通过接受出监教育增强社会适应性，树立回归自信；三是与接收方衔接，确保释放罪犯，尤其是"三无"罪犯的接收不出问题。

三个环节的有效衔接，使释放工作一直有序开展，班组28名临释罪犯全部顺利释放。

四、稳中求进——把好思想、心理两出口

民警李晨慧通过创新教育形式、积极探索出监班组管理方式，力求通过形式灵活化的教育，在实现教育效果最大化的同时，突出实用性、长效性，引导罪犯与社会接轨、与生活相融。

（一）把好"出口"思想关：正向教育，输入能量

在出监班组的教育中，李晨慧始终坚持由思想教育入手，将法制、道德、时事三个板块融入日常教育内容中，提倡"从心出发"，并创新特色教育，以"微课堂""流动课堂"等形式开展"法眼助回归""且行且珍惜""回归新篇章"等专题教育，缩短罪犯与社会的距离，唤醒责任感和感恩心，增加罪犯的归属感和获得感。

她发现班组罪犯中一部分人与社会脱节时间长，且科技知识贫乏，在现代社会中，网络应用的学习对她们来说迫在眉睫。为此，她一方面以"新生在线"为载体，为罪犯普及网络基础知识；另一方面发挥自己所知所学，为罪犯量身打造了"手机不再仅是通讯工具""一卡通的使用""穿戴式设备的兴起"等课程，帮助罪犯了解新兴信息科技和社会的发展进步，为罪犯回归后尽快跟上时代步伐做好知识储备。

针对临释罪犯自我关注度高、融入班级难的特点，她每月任用一名临释罪犯为本月班组活动的策划人，当月组织一次特色班组建设活动。罪犯张某喜欢旅行，对地理知识很热衷，于是她在出监前设计了名为"寻找回家的路"的特色活动。当罪犯面前展现出最新的北京交通图、地铁图时，服刑十五年的张某非常感慨地说："没想到外面的世界变化这么快，我对以后的生活非常期待。"

（二）把好"出口"心理关：心理教育，整合心态

为解决班组罪犯出监前普遍存在的各种复杂心态和情绪表现，李晨慧开展多命题团体心理咨询，强化罪犯融入社会意识。她联合监区心理咨询员通过开设心理健康小讲堂，帮助罪犯重建正确认知；通过个体心理咨询，帮罪犯培养阳光心态；通过团体心理咨询，帮助罪犯学会管理情绪。她配合监区心理咨询员组织班组罪犯开展绘画治疗。课程中，组织罪犯用画笔描绘回归前的心路历程，通过"放松—绘画—倾诉—讨论"的流程，一步一步引导罪犯认识自我、了解自我，实现自我探索。

罪犯刘某在课后说："在短短的几堂课后，我发现自己的心态发生了很大变化，原本对出监充满彷徨的心变得平静了，对未来重返社会多了几分信心。"

个别教育工作开展方面，临释重点罪犯的教育转化历来是工作重点加难

点。因为时间紧任务重，李晨慧在本着"稳定健康、稳定思想、稳定情绪"原则的基础上，针对不同罪犯实施"一人一策"，采取多种方式进行教育转化及心理疏导；通过因材施教、因需施教、精准施教，确保其顺利释放。

如在对长期卧床重点罪犯牛某的教育过程中，李晨慧因地制宜，定期设立"流动课堂"，在监舍内对其进行出监个别教育，收到很好的教育效果。

监狱的人民警察，大部分工作时间都是在琐碎和重复中度过的，但责任绝不会因为岗位的平凡而有所减少。责任是当初选择这一职业时许下的承诺，是青春岁月的热血沸腾，是对工作的忠诚尽职和精益求精。作为人民警察，必须要时刻牢记职责，坚守信念，勤奋实干，无愧于首都执法者的形象，让全部的热血和奉献成为奋斗青春的美丽注脚。

教育改造典型个案

教育与感化让罪犯走出认识误区

北京市监狱 高建良

针对罪犯甲某不认罪的情况，管班民警高建良认真分析该犯改造优势、难点和潜力，通过突出"情"字，谈心感化转变，心理辅导进步，同时配合政策教育攻心，法制教育束行，重控从严，转化从微，最终达到改造思想与改造行为"知行合一"的目标，成功将该犯转化。

一、基本情况

罪犯甲某，男，39岁，汉族，大学文化，捕前系个体经营户，因犯票据诈骗罪被判处有期徒刑11年，甲犯以判决量刑重、证据采纳有问题为由，向北京市第三中级人民法院提出书面申诉材料，成为该监区第一个书面提出申诉、公开不认罪的罪犯。

二、案例分析

该犯性格偏乖张、不合群。管班民警高建良调取的罪犯入监时的心理测评分析显示，对其性格大致记录为思想消极，行为积极性不强，不易与他人很好相处，存有潜在的人格危险。在了解该犯的捕前基本情况和犯罪情况后，民警发现其一直带有过往的不良习气，自由散漫，无视纪律，且处于精神高度紧张状态。

自调入监区后，甲某遵规守纪意识较差，行为举止散漫，做事我行我素，不为他人考虑，自我控制力不高。

（一）优势

管班民警高建良针对该犯面临的实际问题，采用"教育与感化""心理疏导与亲情帮扶""平等尊重与解决罪犯实际问题相结合"等多种教育手段并创新使用了博弈论的方法，且坚持将上述方法用于对甲某的教育转化中，取得了一定成绩，积累了有效经验。

管班民警高建良系法律专业毕业，与其他民警一起，针对该犯在法律层面的诡辩，从证据链入手，结合犯罪构成要件等进行周密研究，包括储备票据诈骗的认定、构成的要件等法律专业知识，并对该犯所崇拜的中国政法大学某教授的论著进行广泛的知识涉猎，与该犯在法律层面进行直接交锋，展开一系列"斗法"活动，让该犯在自认为最擅长的法律知识领域没有漏洞可钻，使其认识到在监狱企图通过申诉达到消极改造，侥幸释放回家的路是行不通的。

（二）难点

甲某捕前就读于某著名大学，毕业后曾留校任教，师从国家著名的法律专家。不同于普通罪犯口头不认罪的意思表示，该犯有政法院校大学毕业的背景，书面申诉材料有法言法语，非常正式，不认罪态度坚决。

（三）潜力

甲某学历和综合素质尚可，在民警的教育帮助下，其对于合理的方式可以虚心接受，愿意逐步与他人沟通，愿意讲出自己的心里话。

该犯亲属对其能够好好改造的期望很强烈，能够积极配合监狱开展帮教工作，可以充分利用情感感召力来促进罪犯回到正确的改造之路上。

三、改造计划

（一）总目标

促使甲某真诚认罪悔罪，脚踏实地服刑改造，改正自身不良行为，积极配合民警管理教育，真正领会改造真谛，重新树立正确的人生观和法律意识，投入到正常改造中。

（二）具体目标

第一阶段工作目标：加强个别谈话教育，配合亲情感化，与其家人取得联系、保持沟通，促进化解矛盾。

第二阶段工作目标：严格管理，公正执法，强化改造意识，建立专人的心理档案，并用博弈论量化模型对权重因子进行跟踪调整。

第三阶段工作目标：鼓励其参与班组建设，发挥自身特长。

第四阶段工作目标：设定学习目标，加快改造步伐。

四、改造措施

（一）第一阶段工作情况

1. 具体工作措施

通过亲情电话、接见会见、通信、生产劳动等环节，摸清该犯感情脉络，找到开启亲情之锁的钥匙，从亲情入手，用亲情温暖感化罪犯，巩固引导罪犯法律认罪的工作基础，达到思想认罪的目的。例如，通过节前接见、节日亲情电话、个别谈话让该犯打开心结，让其感受到来自民警的关怀。同时，充分发掘，及时鼓励该犯努力完成生产劳动任务的闪光点，把思想转化的成果体现到劳动改造、日常管理活动中，转化成果得到巩固提高。

2. 工作小结

在转化过程中，管班民警高建良认真记录好每个转化环节，积极发掘扩大线索，甲某在生产劳动、日常管理等方面表现出积极主动的态度。经过不断与其谈心交流，该犯开始信任民警，也体会到民警并没有因为自己的言行而从心里排斥自己，逐步向好的方向发展。

（二）第二阶段工作情况

1. 具体工作措施

民警亮明公正执法的态度，对于该犯改造中的违纪行为进行批评并给予扣分处理。让该犯明白犯错误可以原谅，但必须按规章制度扣分。同时，有针对性地教育该犯，让其在这次受到监规纪律处理后谨记错误，避免下次被同样的石头绊倒。经过对该犯耐心细致地教育开导，该犯认识到了自己的错误，主动接受扣分处理，并表示不再犯类似的错误。

2. 工作小结

公正执法让甲某认识到在监规纪律面前人人平等，只要触犯了监规纪律，任何人都要接受处理，这对矫正该犯的生活松散习惯起到了很好的帮助作用，也让曾是法律专业的该犯重新理解法律的价值和不可违反性。

（三）第三阶段工作情况

1. 具体工作措施

根据甲某的心理特点，管班民警高建良给该犯量身制定了相关要求，在规章制度，行为规范，法律，法规，正确的人生观、道德观、价值观、世界观等方面强调了学习内容，使其能够对以前所犯的罪行有一个正确、充分的认识。同时，为了让该犯能够更好地融入集体，民警还安排他参加班组建设活动，充分让该犯在班组建设中发挥自身优点和长处，找到获得感和幸福感。比如，该犯喜欢唱歌和下棋，民警就安排他参加创作班歌和围棋兴趣小组的活动，并且由其负责组织，起到带头作用，给其足够的表现机会和信任。

2. 工作小结

综合运用管理、教育等多种手段，全方位、多角度、深层次地对该犯进行教育转化工作，以彻底纠正其原先错误的改造思想，使其认罪悔罪的意识增强，改造情绪改观。

（四）第四阶段工作情况

由于甲某的文化素质尚可，民警就以提高该犯文化素质来有效完善其自身综合修养。如该犯喜欢看历史类书籍，民警就借此推荐相关书籍，并与他交流，从阅读历史书籍中让罪犯明白人生的道路没有捷径，需要脚踏实地一步一步地走，才能达到目标。有挫折，不要畏惧，只要摆正方向，找准方位，奋发图强，就会有收获。

民警坚持定期找该犯谈话，及时把握该犯心态，对于其改造中的点滴进步都会及时给予鼓励，发现问题也绝不迁就，立即予以纠正，使其逐步融入改造集体，正确认识自己，并控制好自身情绪，自觉遵守监规，防止了违纪问题的发生。

五、改造成效

通过上述措施的积极开展，在民警有序引导下，甲某开始从法律、思想上剖析犯罪根源，反思自己的行为给国家、社会，给本人及家庭，给受害者带来的危害。在民警的不懈努力下，该犯正式写下了认罪悔罪书、息诉书，并在监区全体罪犯大会上进行了现身说法。

甲某重新走上了正确的改造道路，不仅与其他罪犯关系和睦，积极参加监狱、监区、班组组织的各项教育活动，而且在日常改造中也对自己的行为主动约束，认真遵守监规纪律，积极参加各项改造活动，特别是在劳动改造中充分发挥自身优势，取得了很好的劳动成绩，受到了监区领导和其他罪犯的一致好评。

外语搭桥谋信任　科学方法促改造

北京市第二监狱　刘　炫

外籍罪犯甲某情绪失常，经常性地出现焦虑的症状，多次与班内罪犯产生摩擦，影响到整个班组的稳定。管班民警刘炫通过查阅该犯近期会见、电话记录、班组成员汇报，与该犯个别谈话等方式，对该犯的心理、思想动态进行了全面分析，并运用合理情绪疗法等方法对该犯进行教育，帮助其排解不良情绪，做到遵守监规纪律、听从民警指挥、踏实改造，并积极参加监狱组织的汉语学习等改造活动，促进了整个外籍罪犯班组的和谐稳定。

一、基本情况

罪犯甲某，男，54岁，南美洲某国家国籍，因走私毒品罪经北京市高级人民法院判处死刑，缓期二年执行，驱逐出境，并处没收个人全部财产。

服刑期间执行刑期变动情况：截至2016年，该犯共获得两次减刑，第一次为2013年9月，减为无期徒刑，附加驱逐出境；第二次为2015年9月，减为有期徒刑十八年，附加驱逐出境。

二、案例分析

罪犯甲某听从指挥、服从管理，一直比较稳定，人际关系也正常。但是近期该犯情绪失常，经常性地出现焦虑的症状，在参加学习、出工等改造活动中，态度消极，并多次与班内罪犯产生摩擦，影响到整个班组的稳定。

（一）主要原因分析

通过查阅该犯近期会见、电话记录，班组成员汇报，与该犯个别谈话等方式，民警对该犯的心理、思想动态进行了全面分析，归纳出该犯情绪异常的原因如下。

（1）近期一直无法接到使馆为其预约的亲情电话，与家人的联系中断，该犯怀疑是监狱和监区故意不让其接听亲情电话，情绪焦虑。

（2）该犯的原判为死缓，减刑后余刑刑期过长，而该犯因为没收个人全部财产的执行情况未能确认而被暂缓减刑，心理压力很大。

（3）认为自己的分级处遇较低，有一定的情绪。他在班组思想汇报本中写道：My sentence is the highest duration in this prison and for more of two years only won 3 points, and my quota for shopping is only 180 yuan. What unjust!（我的刑期是监狱最长的，但是近两年每月分数只有 3 分，我的采买额度每月只有 180 元，多么不公平！）

（二）解决问题的思路

（1）加强对该犯的个别教育，利用外语优势加强与该犯沟通，建立与罪犯的信任关系，了解具体情况，找准突破点，注意安抚情绪。

（2）安排包夹，要求包夹罪犯积极关注该犯的情绪变化和日常行为，有情况及时上报民警，防止出现意外。

（3）采用科学方法开展心理辅导，利用合理情绪疗法等心理学方法，纠正该犯错误想法，解决根本上的思想问题。

三、改造措施

（1）对该犯进行不间断的个别谈话教育，注意安抚罪犯情绪，防止因为其思想过于固执、受到批评而出现其他问题。在与该犯进行谈话的过程中，民警运用尊重、共情等关系技能，取得该犯的初步信任，使其敞开心扉，谈家庭、谈成长、谈工作，找准切入点。通过多次谈话，民警了解到该犯早年有从军和从警的经历，对于军警有好感，于是民警以此为突破口，让该犯明白服刑改造和从军从警一样都有严格的纪律要求，必须做到令行禁止，向其宣讲遵规守纪的重要性以及违规违纪的严重后果。

（2）安排包夹。告知 10 班班长和其他互监组成员多留意该犯的日常行为，如有异常立即汇报，同时将该犯近期无法接到亲情电话的情况与班组其他成员进行说明，让班组成员在日常改造生活中注意照顾该犯情绪，对该犯多理解和包容，避免发生冲突。

（3）积极联系狱政等部门，询问其未能接到亲情电话的具体原因，积极协调解决问题，保障罪犯的合法权益。

（4）利用合理情绪疗法缓解该犯的紧张情绪，纠正其不合理情绪。

①找出使该犯产生异常紧张情绪的诱发事件，即该犯近期无法接听亲情电话，与家人的联系中断。

②帮助其分析挖掘对诱发事件的解释、评价和看法，即由它引起的错误信念，即该犯认为无法接听亲情电话是因为监狱故意从中作梗，造成自己无法正常接听亲情电话，引导该犯从理性的角度去审视这些信念，并且探讨这些信念与所产生的紧张情绪之间的关系。从而让该犯认识到其异常的紧张情绪之所以发生，是由于自己存在不合理的信念，这种失之偏颇的思维方式应当由自己负责。通过谈话、查阅通话记录、上网查找资料等方式，民警了解到哥伦比亚地区和很多南美洲的国家一样，发展不均衡，贫富差距明显。监狱在押的哥伦比亚籍罪犯中，除家庭位于哥伦比亚首都波哥大的罪犯能正常接听家人电话外，家庭位于哥伦比亚其他城市的罪犯时常会有接不到亲情电话的情况，对此民警对该犯进行了详尽解释，表明未能接到亲情电话不是他一个人存在的现象，很多和他一个国籍的罪犯也有这种情况，监狱鼓励罪犯和家人进行沟通，不可能会故意针对他而不让其接听亲情电话。通过耐心细致的谈话，该犯表示对这些情况表示理解，承认自己怀疑监狱不让其接听电话是不合理的信念，是自己错怪了监狱。

③扩展该犯思维角度，让该犯与自己的不合理信念进行辩论，其认为监狱故意不让其接听电话是错误的，民警帮助其动摇并最终放弃不合理的信念，学会用合理的思维方式代替不合理的思维方式。

（5）针对该犯认为自己分级处遇低的问题，耐心组织该犯学习分级处遇的相关规定，鼓励该犯积极参与改造，远离违法违纪行为，以良好的表现来争取更高的分级处遇。

（6）积极与刑罚执行科沟通，通过给法院发函的形式，请求法院确认该犯的没收个人全部财产的执行情况。

四、改造效果

（1）经过民警的引导教育，随着不合理信念的消除，该犯异常的紧张情绪开始减少或消除，并产生更为合理、积极的行为方式。

（2）法院对其财产刑执行情况进行了回函，确认该犯的财产性判项已经执行完毕，符合申报减刑的条件，该犯心理压力得到有效缓解。

（3）狱政管理科积极与该犯国家驻华使馆联系，再三确认亲情电话拨打时间，同时联系运维人员确认线路和亲情电话系统正常运转，经过耐心等待，该犯在一个月后顺利接到了家人的亲情电话，经过与家人沟通，该犯了解到前段时间没有接到亲情电话是当地的线路问题，跟监狱没有关系。

（4）该犯认识到了自身的错误，明确表示认识到了自己的问题，不应该胡乱猜测、轻信谣言，对于监狱民警的教育和帮助表示感谢。目前，该犯能够做到遵守监规纪律、听从民警指挥、踏实改造，并积极参加监狱组织的汉语学习等改造活动，促进了整个班组的和谐稳定。

管教转化常规性表现差的罪犯的实践探索

北京市良乡监狱　庄沛广

　　监管改造实践中，顽危重控罪犯毕竟是极少数，而那些无视监规、行为散漫、大错不犯、小错不断的罪犯，则是基层民警经常遇到的，本文从个案的角度，探索了对这些罪犯管教的原则、策略、方法和技巧，以期对基层民警日常执法有所启示和借鉴。

一、基本情况

　　罪犯甲某，盗窃罪，刑期十三年半，55 岁，该犯身体状况一般，右臂在外摔折过，导致活动受限；腰椎压迫坐骨神经，右腿打弯不便，走路时左肩明显高于右肩。

二、案例分析

　　甲犯存在的问题主要有以下四个方面：一是行为散漫；二是自律性差；三是自私自利，疲疲沓沓；四是改造态度不端正。

　　分析原因主要有五点：一是受减刑政策影响，因其未交纳罚金不能减刑，扣分对他没有太大压力；二是因服刑时间长，自认为对监管环境很熟悉，对监规纪律缺乏应有的敬畏；三是对违规行为性质认识的不足，对民警执法标准的误判，使其没有紧张感；四是心理上存在偏执，以自我为中心的思想严重；五是不良习惯已经养成，又缺乏外界的强刺激，因此麻木成性。

三、改造计划

　　通过引导教育，提醒督促，强化管理，密切关注，客观及时发现和肯定其优点，客观及时指出和纠正其问题，及时有力地跟进针对性管教措施，充分发挥环境氛围的熏陶作用、狱政管理手段的约束规范作用和教育改造手段的攻心治本作用，使甲犯认识到监管规章制度的权威性和严肃性；认识到自身的问题及严重性，找到问题的根源；认识到身份意识、规范意识和行为养成对安全服刑、踏实改造和避免重蹈覆辙的重要意义，从而增强改造的积极性、主动性和自觉性，使甲犯成为一个严守监规、敬畏法纪、踏实服刑、主动改造的人。

四、改造措施及效果

（一）过渡摸底和引导熏陶阶段

甲犯调入班组后，管班民警第一时间找其谈话，通过谈话试其反应和摸其底数，可以明确：甲犯确实认可班组的管理，也真心想留在班里，这就为以后管班民警一视同仁地严格管理要求、把握工作主动权打下了心理基础。

同时在对本班罪犯进行个教谈话时明确要求，要多与甲犯聊平时对他们的要求和标准，开始时多帮带他。谈完话后，乙犯回去就跟甲犯说："老甲，你可真得把庄警官的话往心里去，他可拿事儿当事儿，不开玩笑，我看庄警官对你还真有点不放心，别等板子拍在你身上，你埋怨我没提醒你。"丙犯也对该犯说："咱们班一贯各个方面都是监区的标杆儿，如果你给拖下去，庄警官肯定不干，啥事需要帮忙你就言语，我们都会帮你。"

通过针对性的教育引导和小氛围的渲染熏陶，甲犯不得不对班组的标准要求认真对待，更没法搞特殊，在找到归属感的同时，保持着适当的紧张和压力，其好说风凉话、爱煽动别人的习惯从踏入班组第一步起就没有了散布的机会。

（二）强化管理和攻心教育阶段

过渡期内，管班民警经常性地检查甲犯的背包定置，对于进步的地方表扬表扬，不足之处点评点评，有时亲手帮该犯做示范，有时让其自己找差距。

过渡期后，对巡查和发现的问题，处理就比较严格。为更好地评判罪犯改造情况，管班民警依据相关规章制度制定了《班内内务定置和行为规范标准》，明确罪犯日常改造重点环节的关键要求，加以简单明确的强调和说明，如枕窑背包要净、齐、平；物品柜内要洁、简、序；学习期间要端、静、轻；点名答到要着装规范、目视前方、声音洪亮等。班内人手一份、统一明确的标准，更加利于遵照执行，也让甲犯无话可说。

在此基础上，管班民警还加强了对甲犯规范意识的教育和矫正。如甲犯开始调入班组内与民警谈话时的背手现象、列队时风纪扣不系、学习时说小话等，都是随时发现，当即纠正，并在班会和全体大会上以点带面、以小见大地予以公开教育引导。从谈话时背手的问题，引申到尊重他人、换位思考的人际关系法则；从风纪不整，引申到细节决定成败、量变到质变的人生事业哲理；从学习时说小话的问题，引申到不影响他人、不招人讨厌的集体生活底线。最后都落脚到规范意识和行为养成以及二者对于踏实服刑和改造自新的重要意义上。

通过以上一视同仁的强化管理和小中见大的攻心教育，甲犯原来头脑中什么都不当回事儿的思想和心中的不平之气慢慢得到了消解。同时，对甲犯以点带面的管理教育，又带动了整个监区大环境的更加规范和不断向好，反过来更加有力地促进了甲犯的转变和改造，形成了良性循环，为下一步巩固成果和深化提高打下了基础。

（三）巩固成果和深化提高阶段

巩固成果要靠一如既往地关注和坚持不懈地落实，但最好的巩固方法莫过于不断地深化提高。管班民警对甲犯采取的具体措施主要有如下几个。

一是有针对性地开展团体心理训练，及时疏导其心理压力。如开展的"坦然面对压力"团体心理训练活动，一方面，宣泄了压力，舒缓了气氛；另一方面，把甲犯的心思始终聚焦在规范提升和行为养成上。

二是强化攻心教育力度，从深层次提升其规范意识水平。针对甲犯看新闻喜欢倚墙根儿坐在最后的情况开展教育，使甲某在自觉性上发生了明显的改变。

三是抓住机会使其从内心树立起对规章制度的敬畏之心，为其在狱内踏实改造和出狱后遵纪守法打牢基础。民警以甲犯为重点，对班内进行了彻底清查，从其物品柜和库房内清出用塑料夹子皮改做的垫板、一副扑克牌、不允许带入监舍的线手套，并给予其扣 25 分、中厅写检查和认识、大会做检查和保证、"十一"假期每天抄写规范三篇、停止外出工一个月的处理。经过此事，甲犯从不拿规章制度当回事儿的麻木思想中清醒过来，而且对他犯也是一个很好的警示。

（四）常态保持和养成习惯阶段

通过以上措施，甲犯有了质的变化，原来是经常性地风纪扣不系、背着手，现在是养成了出班先摸领子和整理衣服的习惯；原来是打背包得民警逼迫着，现在是每周日没事就到中厅捏一捏；以前活多一点儿都不干，干的话也是干得质量好不好、任务完成完不成无所谓，现在是打出提前量。

回眸悔悟　认罪新生

北京市天河监狱　张惠丽

针对不认罪罪犯甲某拒不认罪，且性格偏执、经常违纪的情况，管班民警张惠丽教育矫治和认罪转化双管齐下，通过一系列行之有效的措施，重新建立起该犯对自己、对他人、对社会的正确观念，消除了该犯的不良行为，帮助该犯建立了新的良好行为模式。

一、基本情况

不认罪罪犯甲某的表现认定如下。

（1）刑期长，不认罪，并坚决表示要申诉无罪。

（2）习惯性说谎；对民警的管理教育漠然置之，经常不服从民警个别教育。

（3）性格偏执，不采纳别人的建议或意见，常与他犯发生口角，大呼小叫。对监规制度学习抵触情绪较为严重，经常以文化程度高为借口不屑于学习。

（4）经常炫耀自己过往的奢侈行为，以过来人的口吻教训新入监的罪犯。以自我为中心，性格自私，自命不凡。

（5）经常违纪，大错不犯，小错不断，监管稳定存在很大隐患。

二、案例分析

（1）不认罪原因分析：该犯法律责任不清，漠视法律，价值观错位，其辩解称自己未虚构公司账务信息和个人资产状况；该犯有能力偿还欠款，未有意拖欠还款，因外汇管控导致该犯在香港的外汇存储提取不畅；原告方虚假提供证人证词，编造证据"陷害"，该犯律师未履职进行充分依法举证，对诉讼裁决公正透明性存在质疑，故该犯不服从判决。

（2）违纪原因分析：该犯名校毕业后事业有成，混迹金融经济领域多年，是十足的"老江湖"，爱说谎，反复性较强，扭曲的心理形成了错误的三观。为所欲为、挥金如土的生活更是满足了其虚荣心及内心一些畸形的想法。事业中多是有裁决权的管理者，多年养成的职业习惯导致其嚣张跋扈、不顾及他人感受的性格缺陷。入狱后和自己曾经看不上的人为伍，心理落差大，通过引起矛盾突出自己。

三、改造计划

确立今后的改造方向如下。

（1）认罪悔罪。根据该犯犯罪事实及该犯个人品性特点，制订了以增强政治学习为主线、以法律规范教育为辅线的攻坚计划。以价值观为主导，促其认真学习各项法律法规，帮其重新建立良好的行为认知及法律意识，促进其认罪悔罪、服从判决。

（2）净化心灵。使其学会克制自己的欲望，能明辨是非，遵规守纪。培养责任意识，彻底剔除投机取巧、不劳而获的歪曲思想，根植双手奋斗谋幸福的正确观念。建立谦虚亲和的为人处世态度。树立正确的荣辱观，使其出监后远离犯罪。

四、改造措施

（一）确定矫治目标

（1）消除不良行为和建立新的良好行为模式。消除该犯存在的各种不良行为习惯，培养其形成健康的行为反应模式，增强该犯对各种情境的行为适应能力。

（2）重建人格系统。该犯的嚣张表现是其长期情感生疏的结果，帮助该犯正确了解和认识自己的心理与行为问题及其对社会的危害和产生的原因，明确对待他们的正确方法，形成正确的思维模式。

（二）确定矫治方法

根据该犯的种种入监表现，民警查阅心理矫治专业书籍，从400余种矫治方法中，选择了两种实效性高、可操作性强的矫治方法，配合使用，相互补充，简单介绍如下。

（1）"人本主义疗法"：在进行心理访谈时，只表示对罪犯的了解、关怀、尊重，接受和愿意听罪犯的倾诉等，对罪犯的行为不做任何解释、干涉或控制。此治疗的特点是以来访者为中心，让罪犯自觉说出内心症结所在，深入了解自己，达到治疗的效果。

（2）"格式塔疗法"：此治疗的基本原则是，重视罪犯此时此地的感受和体验，帮助其恢复自知力并使其关注现在的现实生活，具体地讲即生活在现在。

（三）确定访谈方式

采取直接心理咨询和间接心理咨询相结合，个别心理咨询和团体心理咨询相结合的方式。每周至少个别教育谈话一次，针对一周表现对该犯进行引导性访谈，询问班组成员，科学全面地搜集、了解、挖掘该犯的日常异常表现和思想动态。

（四）矫治措施实施

1. 监规制度保稳定

首先保证监区的监管安全，针对该犯的不良表现，监区及班组采取严密的管控措施，设立班组其他罪犯进行 24 小时暗包夹监控，一旦该犯出现违纪行为必须进行严格处罚，抑制其嚣张气焰，借助监规纪律的权威性迫使该犯的异常行为消退。

2. "人本主义"深度访谈摸排

从该犯的综合表现可以发现，其对自己和外界的认知固定，对内心的情感体验生疏，并缺乏改变的意愿。以该犯为谈话中心，民警以倾听者的身份，怀着同理心与该犯进行访谈，引导罪犯对与己无关的事发表意见，进而消除该犯对民警的抵触和顾虑，逐渐以与己无关的内心情绪体验带动出与己有关的信息。使该犯自觉说出内心症结所在，获得对自己的清楚了解，激发改变欲望。

在此期间，该犯对发表看法时流露出的情感表示震惊。谈话逐渐变得放松，自然地提及与自己有关的过往经历。此时民警在谈话中乘胜追击，引导该犯回忆其成长背景。其间经过深度的谈话了解，发现该犯内心已经逐渐意识到自己的不良性格特征和人格缺陷，但碍于自己的虚荣心并不愿意承认自己的问题，大的心理落差也让该犯不愿意接受现实，民警以此心理缺口为突破点，对该犯开展认知矫正工作。

3. "格式塔疗法"塑新生

利用"空凳子技术"开展心理小游戏，训练该犯发现和表达其被压抑的情绪和需要，认识到自己所逃避的为自己的情绪应负的责任。具体措施是：每次和他犯发生矛盾后，放两只凳子在该犯面前，坐到一只凳子上时，就扮演自己；坐到另外一只凳子上时，就扮演别人，两者展开对话，并做好记录，使该犯的语言活动转化成文字，进而加深活动效果。

利用"投射技术"使该犯察觉自我潜在行动的倒转表现，看到别人身上的自己，引导该犯对自己有却不愿意接纳的行为进行调整。在班内开展趣味团体游戏，要求挑选几名班内爱表现的罪犯为 A 组，另几名罪犯为 B 组，A、B 组成员互相角色扮演，扮演内容为实际日常生活片段。同时，安排该犯参与监区重控罪犯和不认罪罪犯的转化工作，通过该犯对他人进行认罪转化的说服劝导过程，投射自己的内心世界，多管齐下突破该犯的不认罪心理防线。

累积开展八次活动后，在 2019 年 4 月中旬，该犯表达了自己愿意改变性格缺陷的诉求，希望挖掘自己更为丰富的情绪感受，于是民警向该犯正式提出明确要求，比如不要进行毫无意义也没有实际根据的猜想和推测等八条矫治要求。在 2019 年 6 月 30 日的个别谈话中，该犯正式吐露对孩子和父母的愧疚，教育矫治阶段性成果显著。

五、改造效果

（一）认罪转化

该犯的犯罪原因是长期奢靡的生活让其迷失了内心的良知、忘记了父亲光荣的从军经历，国家观念和爱国情怀在该犯心中一文不值，法律法规在金钱面前被抛诸脑后，错误的行为习惯已经腐蚀了该犯的内心。加上该犯说谎反复性强，认罪转化存在一定困难，故制订认罪攻坚计划。

1. 教育感化实际，展现人文关怀

该犯入监后因刑期较长、担心家人状况等原因情绪低落，为缓解该犯的低落情绪，民警发挥该犯的优势，安排其承担班内事务以充实其改造生活，帮助该犯在班级活动中找到自身定位和自身价值，增强该犯的责任观念及对民警的信任。

2. 增强法律教育，明确监规制度

安排新生在线学习与案情相关的法律法规，增强其法律和规则意识，逐渐消除该犯的侥幸心理。告之该犯监狱要求，要么书写认罪悔罪书，要么提交申诉材料，该犯口头答应书写申诉材料并联系律师，但实际并未书写申诉材料，也并未如其所陈述那般着急联系家人及律师办理申诉事宜。

3. 抓住有利契机，实现最终突破

该犯在收到了丈夫的第一笔 1000 元汇款后，并未有喜悦之意，反倒面露失望。民警针对此事对该犯进行谈话教育，该犯依然倔强，不愿相信家人时隔 7 个月无联系的事实。

此后，民警借由该犯父亲忌日的契机，在该犯不认罪态度薄弱之时，鼓励该犯勇敢面对过失，勇敢承担法律后果，缓解其心理压力。开展针对性的谈话教育，借助亲情力量和心理感化，攻破其最后的不认罪防线。此次谈话，该犯一反常态，纵情大哭，表示认罪。

（二）表现转变

通过长久以来对该犯的谈话教育及正向引导，该犯最终承认犯罪事实，提交了认罪悔罪书，并签字捺手印。同时民警组织该犯在监区全体罪犯面前宣读了认罪悔罪书，为自己的罪行惭愧。

该犯重新建立起对自己、对他人、对社会的正确观念，建立了新的良好行为模式，能够正确对待和解决沟通中遇到的各种问题，在改造生活中与他犯和谐相处，积极参与劳动，为班内罪犯起到了良好的表率作用。

通过 8 个月坚持不懈的认罪转化工作，该犯从一开始的拒不认罪，到自己主动认罪服法，展现了其思想到行动的巨大转变，这一过程增强了该犯的改造信心和法律意识，最终能够正确面对自己的刑期。

转化不认罪罪犯案例报告

北京市未成年犯管教所　桂剑波

不认罪罪犯转化攻坚工作，在司法体制改革不断深入的大环境下具有重要的作用和意义。甲犯因殴打他人致轻微伤而被人民法院撤销原判缓刑，裁定收监执行，在入监后拒不认罪。管班民警桂剑波成立实施具体措施的转化攻坚小组，制订针对性的转化方案，稳步推进，最终将该犯成功转化。

一、基本情况

甲犯在缓刑期内因殴打他人致轻微伤，被人民法院撤销原判缓刑，裁定收监执行，甲犯自入监当日即对民警表示不认罪、不服从人民法院的判决。

（一）现时表现情况

在民警与甲犯谈话时甲犯表示自己是被冤枉的，本来在缓刑期内，其表现是较好的，配合司法所的工作和管理，接受居委会帮教及管理，一年的时间内，无任何违法违纪行为，是由于他人上门闹事，辱骂家人，称自己行使正当权利却被拘留7天，表示很冤枉，不能理解。

甲犯入狱后行为、思想都比较偏激，主要表现为在日常管理中对民警软抵抗，表面服从命令，其实敷衍了事，与他犯交流时多次流露出对现行法律制度、司法体制的不满，称法律不公平，强调是对方的错不是自己的错。

甲犯的言行在监区及班组中造成了不良的影响，该犯作为新入监罪犯，认为只要不认罪就可以不参加队列训练和生产劳动，因此不配合民警日常管理，与他犯交流时的负面言论对监区和谐的改造氛围造成了不良影响。

（二）甲犯自我分析

关于不认罪原因，该犯向民警自述不认罪理由如下。

（1）主观方面并无故意伤害意图，是对方上门闹事，其阻挡陌生人进屋

147

是正当行为。

（2）对方的轻微伤不是自己造成的，自己没有击打或接触他所验伤的轻微伤部位，轻微伤与自己没有关系。

（3）自己被公安局行政拘留7天是冤枉的，如果没有这7天的拘留，不可能被撤销缓刑，所以拒不认罪。

二、改造措施及效果

为保障监管教育工作顺利开展，在努力践行"总体国家安全观"的思想指引下，持续推进"一四五四"北京行动纲领深化落实，首先针对该犯成立实施具体措施的转化攻坚小组，制订针对性的转化方案，稳步推进，进行阶段性实施。

第一阶段：了解甲犯的基本情况，掌握其不认罪原因。

对工作对象的全面掌握是开展工作的基础。在与甲犯正面沟通之前，转化攻坚小组调取了甲犯的个人副档，对其成长史、家庭情况、个人履历、犯罪事实及犯罪动机等个人情况进行了全面梳理，对甲犯的性格特点、思维方式、心理状态、人格缺陷等进行了画像式分析研判。转化攻坚小组成员、甲犯主管民警根据结果制订转化工作方案，同时安排监区罪犯的积极力量对甲犯实行24小时包夹，随时汇报其表现情况及异常动向。

第二阶段：对甲犯进行动态心理测评，建立健全心理档案。

上一阶段工作完成后，对甲犯进行心理评估，将评估结果及心理矫治措施在攻坚通气会上通报，主管民警为该犯建立专门心理档案，完善心理干预措施、治疗方案、疏导策略。

在后期工作中将对甲犯的心理疏导、心理干预工作常态化，利用心理治疗手段促成转化工作，随时对甲犯进行动态心理评估，评估结果异常时查找形成原因，及时通报，重点关注。安排专职心理辅导人员与甲犯进行一对一沟通，组织甲犯进行心理游戏时抓住其最放松、最能展现自我状态的时机深入了解其内心真实想法，对该犯的价值导向、心理落差等变化记录在案。

第三阶段：与甲犯进行正面交流，掌握其个人心理动态，建立信任关系。

前期准备工作完成后，转化攻坚小组与甲犯进行正面交流。首先是正面交流，发现该犯善于言谈，能够清楚表达自己的想法——是对方首先挑起事端，自己是正当的行为。

在接下来的沟通中，主管民警针对甲犯在法律常识薄弱方面的问题，进行宣讲,尤其针对缓刑期间的法律法规进行逐一讲解。

虽然甲犯仍然没有完全放弃之前的观念,但在内心已经认识到自己的行为已经触犯了法律,并不是自己认为的正当行为。

通过谈话,警囚之间的距离被拉近,对立关系得到缓解,主管民警取得了甲犯的初步信任,他表示在今后的服刑生活中愿意同民警进一步沟通,愿意袒露其最真实的想法,愿意接受心理辅导治疗,愿意融入集体、转变思想。

第四阶段:对甲犯进行普法教育,增强其法治观念。

取得甲犯信任后,转化攻坚小组抓住其心理松动的时机,对甲犯进行法制宣传教育,查找与其类似案例,结合《中华人民共和国刑法》《中华人民共和国刑事诉讼法》和相关司法解释为其讲解有关其罪名的构成要件和量刑依据,民警同甲犯一起研读判决书,并对其不认罪理由中不合理的部分逐条驳斥,使其从道德、法律、人性等多层面逐渐认识到自己所犯罪行的危害性和违法性。

普法教育在甲犯的转化工作中起到了杠杆作用,利用法律的严肃和公正撬动了该犯本已动摇的意志,促进了转化工作的成功。

第五阶段:树立正确价值导向,促使甲犯认罪悔罪。

经过前期工作,甲犯已认识到自己罪行的违法性,服刑意识和身份意识得以增强且初步形成了认罪悔罪意识,转化攻坚小组评议了甲犯近期的表现情况和心理状态,决定多手段、多方式相结合,丰富其改造生活,向最终转化成功继续迈进。

最终,甲犯在五监区宣读认罪悔罪书,表示自己发自内心地认罪悔罪,坚决服从人民法院的判决,保证会转变思想,摒除陋习,重新做人。甲犯的转变,保证了监管秩序的稳定,对监区其他罪犯的教育警示作用重大。

第六阶段:巩固阶段性工作成果,防止反复。

历经1个月的时间,通过大量工作,甲犯最终被成功转化,并宣读认罪悔罪书,之后转化攻坚小组继续采取巩固措施以夯实工作成果。对甲犯的认罪悔罪教育和犯罪根源的深挖工作还在继续,法治教育结合中国传统文化教育在提高甲犯文化素养的同时能够使其静下心来反思自己。为防止甲犯思想出现反复,转化攻坚小组将在北京市未成年犯管教所党委的领导和各职能科室的配合下强化对甲犯的心理疏导和思想教育,引导其走上正确的人生轨迹。

精神病罪犯教育矫治案例

北京市延庆监狱　陶元浩

秉承着精神病罪犯"在管理中康复，在康复中新生"的特色改造理念，监区及班组注重营造"病房式管理、人性化关爱、社会性康复"的改造环境。班组建设工作中，监区管班民警、心理咨询民警陶元浩合理运用个体、团体及特色教育改造技术与方法，成功稳控一名智力发育迟滞、患有抽动秽语综合征且数十次"碰瓷"进行敲诈勒索的精神病罪犯，教育矫治效果在班组建设及个体矫治工作中均得以显现。

一、基本情况

甲犯因敲诈勒索罪，被判处有期徒刑五年六个月，该犯在 2008 年因敲诈勒索罪在朝阳看守所服刑十一个月，于 2014 年 7 月 22 日在北京安定医院司法鉴定为兴奋状态，既往曾在北京安定医院诊断为人格障碍、抽动秽语综合征、智力发育迟滞。

其成长史、犯罪史：系家中独子，1976 年 2 月 11 日出生，他的症状在上幼儿园后就明显表现出来，主要表现为精神难以集中，表情发呆，不会学舌，幼儿园老师让他单独坐着。后幼儿园多次要求他退园。上小学后，其症状更为突出，经常无故毁坏自己的衣物、文具，同学们都管他叫"傻子"，遭到同学的欺辱和嘲笑。同龄孩子做的事，他一概不会，一切都要由父母料理。老师要求家长带他去医院检查，要不就退学，为此家长带着他到北京安定医院做了智商测试，结果显示智商仅为 60。后经咨询多位专家，一致认为主要是先天的问题。在详细了解他母亲的情况后，得出的结论是：一是当年他母亲怀孕期间，因长期失眠，曾多次服用安眠药，是药物所致；二是他母亲生他时曾难产，产程长达一天一夜，没有剖腹产，而是用挤压的方法，而他体重达 7.8 斤，难产造成长时间缺氧，影响了他的大脑发育，这与其智力发育迟滞有关。

甲犯在上小学六年级期间，由于智力低下，生活不能自理，多次被学校劝退，由于父母的多次求情，才算保住了学籍，但学校也是三天两头地让其停课。上初中时，是父母托人求情去了一所初中。在上初中期间，甲犯经常被同学欺负，比如强迫他吃苍蝇、吃烂水果，等等。这种多次、无休止的折磨让他异常恐惧，甲犯的精神异常也越来越严重。这之后由于他的精神问题，又去过北京安定医院、平安医院等医院就诊和住院，但没有什么效果。

通过其父母了解到甲犯形成犯罪的相关情况：甲犯一次骑自行车，一个小伙子骑车撞了他，他还没反应过来，那个小伙子就掏出 200 元钱给了他，并道歉道，"对不起，我有点急事，没撞坏吧，这 200 元给你，实在对不起"。这件事的发生可能让甲犯效仿，以至于后来出现多次"碰瓷"，最后发展到犯敲诈勒索罪。

2009 年 6 月至 2012 年 7 月，甲犯在本市等地多次以骑自行车故意制造交通事故等方式，向数十名被害人强行索要现金，后被公安机关抓获。

二、改造表现

甲犯自入监后经常出现吵闹、叫骂、问话不答、以头碰桌子、敲打墙壁、撕扯衣服、不洗碗、不洗衣服、不穿内裤等行为，还恶意撕毁隔离室软包，致使多处软包掉落，露出水泥墙体，经监狱修复后其又将修缮好的隔离室软包撕烂，造成水泥墙体和木架裸露在外。甲犯患有抽动秽语综合征，其不断地大声号叫辱骂他人，严重影响他犯休息，引起连锁反应，导致其他罪犯多次求医和发病。甲犯在班组内大声辱骂他犯，只要知道其姓名，就大声谩骂，直至自己劳累口渴。因为总骂人，甲犯人际关系很差，其他犯人不愿意与其接触。另外，甲犯还在中午、凌晨三四点钟等时间段大声骂人、吼叫、敲打护栏，不让他犯休息。甲犯的行为，严重影响了监区改造环境和他犯休息改造，严重影响了监区的正常管理。

三、改造措施

（1）加强个别谈话教育，每周定期与甲犯进行个别教育，帮助他对自身进行情况进行总结。父母来信后，与甲犯一起探讨父母信中对他的期望，让他认识到自己是有家庭支持的。在谈话中，采用焦点解决短程疗法的技术问话，通过奇迹问话、评量问话、例外问话，引导其认识到自己有更多的资源，用这些资源战胜自己的问题。

（2）开展文化活动。为更好地丰富监区改造生活，经过多方筹备，班组组织开展了监区第一届"发现好声音"卡拉 OK 歌唱比赛活动。在这次活动中，甲犯积极参与，充分准备。在准备这段时间，甲犯的骂人声减少了，练习唱歌的声音开始在一班不断飘出。经过反复练习，在比赛活动当天，甲犯以一首《安妮》惊艳全场，获得观众席上的热烈掌声，嘹亮的歌声也征服了评委，打出了全场最高分，最后甲犯荣获了"发现好声音"卡拉 OK 歌唱比赛活动第一名。在歌唱比赛的尾声，甲犯返场再次演唱了一首《九百九十九朵玫瑰》。此次活动，充分展示了甲犯的良好一面，扭转了甲犯在民警和其他罪犯心中的负面形象。几天之后，在与甲犯谈话中，甲犯对于自己在歌唱比赛的表现评价道，"这次演唱活动让我重拾自信，让我意识到我也有优秀的一面"。

（3）开展团体活动。有针对性地开展心理咨询团体活动，激发甲犯潜能，强化能力培养。一是结合甲犯性格特征，精心选择有针对性的心理咨询团体游戏，着重挑选提高直面现实的勇气、增强信心等方面的活动，如"我的五羊""得失之间""拍卖人生"；二是在活动中着重观察甲犯表现，在分享讨论中让甲犯多谈论自己在活动中的感受，对于正面信息及时给予强化；三是鼓励甲犯在团体活动中与其他罪犯建立良好的人际关系，融洽地与他人相处。

四、改造效果

当前甲犯的骂人频率有了明显的降低。现在，甲犯早上、中午基本上不再叫骂、吼叫，撕扯衣物的频率也降低下来。甲犯还积极主动参与出工，到梨园参与喂养鸡鸭等劳动，甲犯参加监区组织的活动也逐渐多了起来，如到心理矫治室进行释压、参与团体活动。通过一系列的教育改造措施，对比以前，甲犯有了长足的进步。甲犯取得进步的主要原因有以下两点。

第一，以资源为导向，重拾改造自信。

在接触甲犯之前，管班民警通过向其他民警和该犯所在班组罪犯进行了解和询问，掌握了该犯日常的一些表现。同时又通过查阅副档和心理评估等，进一步对其犯罪经过、性格特点、家庭情况、心理特点等进行了解，及时将这些信息进行分析整理，相对完整地认知了甲犯；在认知甲犯的基础上，民警对该犯的资源进行了分析，将积极资源和不利资源分别进行了整合，通过整合有效资源，找到了改变该犯的突破口。撕扯衣物、辱骂他人、不洗衣服，这是甲犯的病症、缺点，但在他身上也存有好的一面和积极资源——他喜欢唱歌，也能够出工劳动，与父母的关系也很好。所以在与甲犯的谈话中，更多的是探讨他能够做什么，喜欢做什么，让他意识到自己也有优秀的一面，意识到自己不是什么都无法胜任，从而激发出他的潜在能量，促使他重新思考，重拾改造自信。

第二，及时将活动取得的效果转移到改造生活中。

一次活动，一次展示，一次改变。甲犯在歌唱比赛中的良好发挥，重新建立了其自身形象。甲犯的自信心和积极性有了明显提高，此时民警趁热打铁，适时开展个别教育工作，引导其把活动中积累的自信和积极性转移到改造生活中来，从而达到教育矫治效果。这让我意识到组织活动，给罪犯搭建平台，展示他们的才华能够有效地激发他们的自信心。而这些良好的精神风貌及时转化成改造的动力，必将改变他们的人生态度，也必将提高改造质量，确保监管安全。

不认罪罪犯的教育转化案例

北京市潮白监狱　孔令水

本案例罪犯是一名具有典型抗改造特征的不认罪罪犯，民警通过两年的时间让该犯从拒不认罪到真诚悔罪，从对抗管理、扬言网络"维权"到积极改造，遵规守纪。该犯的蜕变背后是民警们的坚持与付出，彰显了人民警察职责的神圣。

一、基本情况

罪犯甲某，男，32岁，因犯非法吸收公众存款罪被判刑十年，涉案金额高达 26 亿元，至今已服刑六年。入狱前，他依靠非法所得，过着花天酒地、纸醉金迷的生活，20 来岁就被称为"甲董"。终因触犯法律成为阶下囚，来到监狱服刑后，便开始以各种方式对抗改造。他不认可人民法院对自己的判决，自入狱以来坚持申诉，多次向公检法部门写信进行揭发检举，并且要求父母在狱外为自己的罪行"喊冤"，种种表现极大地破坏了正常的改造秩序。

二、案例分析

（一）犯因分析

（1）成长经历。甲犯自幼父母离异，他一会儿和父亲生活，一会儿和母亲生活，像皮球一样被踢来踢去，导致了他缺乏安全感，凡事以自我为中心，整个人活得紧张压抑，成长经历深刻影响了他的言行间接导致了他的犯罪行为。

（2）社会经历。甲犯受过良好的教育，在他所处的行业也算是优秀人才，凭借丰富的知识、良好的口才，在几家大型公司任职讲师，后与他人合伙创业，作为企业的法人代表，他有着"老北京人""大企业家"的优越感，在改造生活中看不起其他罪犯，也对监区民警不以为然。

（二）入监改造表现

甲犯自入监以来就以各种手段抗拒改造，属于"百年一遇"的反改造分子。他有着很强的维权意识，仅仅因为对民警安排洗漱的顺序不满意，就一手拿着《中华人民共和国宪法》、一手拿着《中华人民共和国监狱法》在通道内叫嚣，指责民警的管理违法，自称是"法律和正义的捍卫者"。同时，民警对他讲话语气稍微重一点，他就给监狱领导写信，给检察院写信，说民警对他进行辱骂。他密切观察周边的一切事物，用一个日记本把民警每天的言行都认真地记录下来，分析他们的执法漏洞。甲犯虽然存在诸多问题，但却从不在自己身上找原因，反而认为民警对他执法不公，要求家人通过网络发帖"检举"民警，给民警正常执法造成阻力，严重影响和谐稳定的监管秩序。

（1）法律观念存在偏差。

甲犯始终认为自己的行为属于正当经营，这凸显出他的法律知识匮乏，法律观念存在偏差，加之他心胸狭窄、自私自利，有优越感，看不起其他罪犯，也对监区民警不以为然，藐视监规纪律。

（2）家庭原因。

甲犯自幼父母离异，缺乏安全感，凡事以自我为中心，活得紧张压抑。家庭的因素使他没有归属感，在社会上结交人员复杂，为日后的违法犯罪埋下了隐患。

（3）自身原因。

甲犯自小喜好独来独往，基本上没有可交心的朋友，性格偏执，爱钻牛角尖。来到监狱服刑后，陌生的环境加上本身的性格原因，导致其生活上基本不与他人交流，且不认罪，抗拒改造心理严重。

（三）心理行为表现

监区领导及管班民警在长时间的观察中发现，甲犯不喜与他人交往，改造中较为孤僻，好独身，不关心他人，心胸狭窄，报复心强，没有自知之明，对自己的偏执行为持否定态度，在与民警或其他罪犯发生矛盾时，常常强调自己有理，夸大对方的错误。因此，一发生问题总认为民警处理问题不公，不听劝导，胡搅蛮缠，扰乱监管秩序。

（四）教育矫治的难点

（1）认知因素。由于甲犯法律观念存在偏差，法律知识又较匮乏和缺失，甲犯总是凭借自己对法律的理解，偏执地认为自己无罪，认为法院的判决事实不清、证据不足，试图通过侥幸的辩解获取申诉成功。

（2）性格因素。受家庭因素影响，家庭的不完整导致甲犯性格存在缺陷，再加上社交圈、朋友圈人员复杂，使其叛逆心理较强，性格偏执，遇事头脑不冷静，常常出现无理取闹、自以为是的过激行为。

（3）心理因素。甲犯性格属于偏执类型，对人和事的判断总是有自己的主意，从不听从他人善意的劝告。且长期处在过度紧张和抑郁中，进而转化为激烈的兴奋而出现攻击、破坏行为。

三、改造方案

对于甲犯这样一个劣迹斑斑、不知悔改的罪犯，每次监狱和监区的会议，他都是一个避不开的话题，成了"风云人物"。在许多民警看来，甲犯就是一粒铜豌豆，长着花岗岩脑袋。面对这种人，一般情况下有两种对待措施。一种就是避免正面冲突，只要他不折腾，不直接挑衅，就尽量少招惹。"让他认罪？想都别想。"另一种就是依法依规对他进行禁闭处理，把他放到管理更加严格的监区去反省，眼不见心不烦。

但监区领导及管班民警认为，前者属于不负责任，后者属于治标不治本，认罪的问题没有解决，一切惩罚都是徒劳。自2017年年初，上级党委吹响转化不认罪罪犯的"冲锋号"以来，监区就下定决心，不管用多长时间，只要甲犯在监区服刑，就一定要把他"拿下"。

（一）管班民警唱白脸

为了更好地让甲犯认罪服法，监区特成立了转化攻坚小组，监区领导任组长，管班民警负责重点攻坚。转化小组攻坚对甲犯心态进行了分析研判，甲犯坚持不认罪，其实是心存幻想，想钻法律的空子，以自己的频繁申诉和检举同事实清楚、证据确凿的判决进行博弈。真实意图在于，甲犯自知减刑希望渺茫，试图通过不认罪方式逃避正常改造，让民警对他妥协，好让自己的改造生活过得更舒服一些。这也是许多不认罪者的普遍心态，可甲犯采取的方式更加偏激，加上他口才了得、阅历深厚、博闻强记、智商极高，所以才造成了这种久久打不开工作局面的状况。甲犯的管班民警是一名退伍军人，有着丰富的工作经验，保持着军人令行禁止的优良作风。经过多次耐心细致的谈话，他逐渐走进了甲犯的内心世界，更深入了解了甲犯的成长经历与犯罪过程。

（二）监区领导唱红脸

"雷霆和雨露，一例是春风。"要想改掉甲犯身上的毛病，依靠单纯的说教显然是苍白的，需要民警随时"亮剑"，既然安排管班民警唱白脸，那监区领导自己就多唱一些红脸。甲犯始终辩称自己没有犯罪，是无辜的。但在网络上有许多关于他的报道，甲犯不仅非法集资，还当过特大传销组织的讲师，留下了许多骂名。监区领导把掌握的这些情况告诉甲犯，揭开了其伪装的面纱，让他顿时哑口无言，再聊到认罪话题时，甲犯的底气也就没那么足了。

甲犯的改造表现越来越好，监区领导和管班民警商议，时机已经成熟，是时候和甲犯正式谈一谈认罪悔罪的问题了。管班民警带着甲犯又重新学习了《中华人民共和国刑法》和《中华人民共和国刑事诉讼法》，共同分析非法吸收公众存款罪的构成要件，进一步打消甲犯的幻想。对甲犯进行形势政策宣讲，教育他面对现实，算好改造的得失账。管班民警还通过网络找到了最近几年社会上发生的相似案例，和甲犯的案情作对比，让甲犯明白，非法吸收公众存款对社会的危害越来越大，已经成为国家的重点打击对象，使其从内心深处明白自己确实违反了国家的法律。

四、改造效果

在民警的真心挽救与帮助下，甲犯深刻认清了自己的行为给社会、给他人带来的伤害，慎重反思罪行，最终写出了认罪悔罪书。甲犯在监区的某次会议上，在全体民警和罪犯面前现身说法。回到监舍后，不少罪犯找到他说："连你都认罪啦！"大家都觉得不可思议。

事后，甲犯在谈到自己的心路历程时坦言："是监区民警的榜样力量教育了我，让我明白了，人一定要为自己的所作所为负责，否则便是懦夫。所有的干警都在真心实意地挽救我、帮助我、为我着想，让我感受到了尊重。如果仅仅对我自己如此也就罢了，但他们对每位罪犯都是如此，这才是让我最感动的。"而现在，甲犯更是严格遵守监规纪律，努力完成民警安排的各项劳动任务，与其他罪犯的关系也得到了极大的改善，更好地融入了集体生活。

消极改造罪犯的矫治个案

北京市垦华监狱　　张太颂

　　本案例罪犯属于消极改造罪犯，他的家庭关系和童年的创伤体验，使该犯的性格有明显的适应不良特征。通过撬动他的家庭支持，让他确信未来是可预料、可信任的。在这种基础性的情感得以稳定后，辅以多种形式的教育支持，使得矫正得以较为顺利地进行。本案例的矫治就是抓住主要矛盾，主要矛盾解决了，其他问题常常也就迎刃而解。

一、基本情况

罪犯甲某，现年 34 岁，初中文化，因故意伤害罪、强奸罪，被判有期徒刑五年。

该犯是家中独子，其父亲在他小时候因犯罪入狱并与其母亲离婚，自幼随奶奶长大，比较受溺爱，缺少父爱、母爱；缺乏正常家庭的教育，性格偏执，以自我为中心，做事冲动不计后果；初中毕业便辍学混迹于社会，两次服刑并没有让该犯真正悔过而远离犯罪，而是出狱后又勾结狐朋狗友小偷小摸，后因强奸罪和故意伤害罪又被判入狱。

二、案例分析

该犯自入监以来，凡事都以自我为中心，不能与他犯很好地相处，跟家里关系一般，该犯入狱后其妻子一人扛起家中的重担，既要照顾年幼的孩子又要照顾老人，该犯不仅对妻子的辛勤付出不怀感恩，还在通话中态度蛮横，净挑妻子和家人的不足，不能设身处地地为家人考虑，责任心缺失，抱怨妻子不体谅自己，曾在电话中跟妻子一言不合就挂断电话，说不想好好过就离婚，毫无家庭观念和家庭责任，复杂的家庭环境和犯罪史使该犯逐渐形成了敏感、猜忌且自尊心极强等人格特质，形成了易走极端、偏执的个性。该犯以自我为中心，存在错误认知，对情绪不能很好地控制。

此外，该犯因家庭困难，财产刑未履行，虽然够分够奖，但根据目前减刑政策不能减刑，因此更影响了该犯的改造积极性，一度出现改造生活比较消极，对前途很渺茫的现象。

三、改造措施

根据该犯的犯罪史、成长史、心理特点及个性缺陷，对该犯采取个体矫治措施。

（1）建立信任关系。从情感入手，多关心和过问该犯的改造生活，通过多次的个别谈话与该犯逐渐建立起信任关系，逐渐消除其对民警的抵触心理，并且鼓励和他关系较好的罪犯多接近他，给予其引导和关心帮助，使该犯感受到朋友的关爱，培养该犯对他人的信任感。

（2）个别谈话教育。主要是对该犯进行责任教育，使其意识到自身存在的偏执认识，与其共同探讨其认识产生的原因和导致的后果，教育该犯多从自身找问题，不要怨天尤人，没有任何人欠他。使其意识到特别是家人，在他身上付出了多少，他又为家庭承担了多少。通过这些教育，该犯反思醒悟了很多。

（3）耐心讲解法律法规及形势政策。针对该犯因未履行财产刑而不能减刑的问题，耐心为其讲解最新的减刑假释政策，教育该犯严格执行减刑假释是国家的大政方针，让该犯认识到现在的惩罚是由于自己的犯罪行为对被害人和社会造成巨大危害的结果，自己只有摆好心态、踏实改造、积极履行财产刑、努力消除自己犯罪带来的社会危害，才能得到被害人、社会及法律的宽恕，才能早日减刑，早日回归社会。

（4）从亲情入手唤起该犯内心的良知。通过谈话和录音监听了解到该犯对女儿十分关心，每次打电话都对女儿的学习、生活情况十分关心而且语气温柔。民警以此为突破口鼓励该犯主动给家里写信打电话。民警劝说他，孩子从出生到现在其作为父亲没管过一天，未尽作为父亲应尽的责任，应该多体谅妻子的不易，尽量弥补家庭责任缺失的遗憾，鼓励其尽快脱离目前的颓废状态，主动承担起应尽的责任。

（5）积极引导该犯参加班组兴趣小组和团体活动。通过个别教育发现该犯比较喜欢下象棋，因此管班民警将其纳入监区象棋兴趣小组，逐步培养该犯的行为养成。另外，通过引导该犯参加班组开展的团体活动，不仅加强班组成员之间的相互了解和信任，降低了对相互之间的怀疑和不信任感，逐渐与他人建立良好的关系，而且让该犯潜移默化地懂得体谅他人、赞美他人，善于发现他人身上的闪光点，凡事站在别人的角度看问题，让他深刻反思自己的错误，逐步养成遵规守纪、体谅他人、积极改造的习惯。

（6）利用心理剧的形式促使他对自己深入观察和反思。心理剧是垦华监狱心理矫治中心为罪犯提供的一个特殊舞台，通过舞台表演，让参与者有机会超越自身的角色限制，更便于换位思考。该犯热爱文艺，在心理剧中他积极深入角色，大胆投入情感，真诚分享体会。心理剧的排练和演出有效地整合了前期对该犯矫治中产生的变化和成果，也让该犯进一步地迈进自己的内心世界，使他的情感得到触动，由情感触动带来的行为变化将会更持久、更稳定。

四、改造效果

经过长时间的有针对性的思想教育和帮助，该犯生活观念和改造态度已经发生明显转变。

首先，对妻子和家人的态度明显改变，能够认识到自己之前的错误，能够怀着感恩的心去对待家人，能够按规定与家人写信和拨打亲情电话联络感情，争取得到家人的原谅，重建亲情纽带。

其次，树立了正确的服刑观念，能克制和支配自己的情绪和行为。学会了分析问题的方法，能够站在他人的角度思考和处理问题，有一定的自我调节能力。

最后，整个情绪状态显得比较积极、平和，对改造生活有了信心，精神面貌也与之前判若两人，与班组罪犯能够和谐相处。

五、经验总结

残缺的家庭关系和童年的创伤体验，使该犯的性格有明显的适应不良特征。频繁的犯罪经历、冲动偏执的行为特点都表明，他就像一个地震后无处安身又无力重建家园的灾民，他需要救助，更需要建立起对未来的希望和向往。没有希望的引导，他就会不断迷失，既往经历多次证明了这一点。所以对该犯的矫治，民警紧紧抓住建立希望这个核心，通过撬动他的家庭支持，让他确信未来是可预料、可信任的。在这种基础性的情感得以稳定后，辅以多种形式的教育支持，矫正得以较为顺利地进行，所以在本例的矫治中我的经验就是一定要抓住主要矛盾，主要矛盾解决了，其他问题常常也就迎刃而解。

挽救迷失灵魂　重塑励志人生

北京市柳林监狱　岳　婷

　　本案例为个别教育案例，从罪犯的心理需求出发，运用多种教育手段，对罪犯实施针对性管理、需求性教育，为今后的改造奠定基础。以贯穿全年的年度主题教育为主线，积极开展各种活动，实现罪犯由"要我改造"到"我要改造"的转变，为监管安全稳定奠定坚实基础。

一、基本情况

　　罪犯甲某，女，1962 年出生于广州，葡萄牙籍，大学本科文化，因诈骗罪、偷越边境罪被判处无期徒刑。该犯患有丙肝，在传染病监狱服刑。

（一）改造表现

　　甲犯从小养尊处优、条件优越。入监后能够认罪服法，服从管理，但该犯性格傲慢、强势、缺乏包容心，在与其他罪犯相处过程中，因个人阅历丰富、饱读诗书而自恃清高、看不起他人。在日常监管改造中，对其他人的行事作风和生活习惯经常产生排斥心理，并以患有肝炎、年纪大为借口，时常对班内人恶语相向，表达不满。遇事情绪极易激动，不能受一丁点儿委屈，曾于中非论坛期间与其他班罪犯发生矛盾，产生逆反心理，无视安保纪律，采取晃暖气的激烈方式表达不满，被严管教育半个月。

（二）心理测试结果

　　安保期间发生违纪事件后，该犯被陆续扣除 80 分，其在被严管教育过程中情绪波动，心理状况不稳定。

　　心理测试结果显示，该犯性格敏感多疑，刚愎自用，固执己见，自尊心强；为人处世常粗心大意、忽略细节；常忧心忡忡，悲观沮丧，明显缺乏安全感，思想包袱大。无明显的心理变态倾向。

二、案例分析

（一）主要问题

（1）入监后，在与其他罪犯相处过程中，甲犯因阅历丰富、饱读诗书而自恃清高、看不起他人。

（2）改造中，满腹"正义感"，宽以待己，严以待人，对其他人的行事作风和生活习惯极为看不惯。

（3）多次因细节方面的问题受到扣分的处理，有心理阴影。

（二）原因分析

（1）该犯性格傲慢强势、偏执自私且文化程度较高，自身优越感较强，缺乏包容心。

（2）年龄大，刑期长，肝炎无法用干扰素介入治疗（过敏），对未来感到迷茫。

（3）过去辉煌的人生经历使该犯产生"登高跌重"无法承受的心理。

三、改造目标

（1）近期目标。形成自省的改造模式，帮助其降低姿态，放平心态，融入班组环境。

（2）长期目标。通过处理实际问题，在处罚力度上张弛有度，建立、树立改造目标。

（3）教育策略。结合该犯目前心理状态和心理特征，以传统文化中"善""和"的道德理念促该犯转变思想，树立改造信心。

四、改造措施

（一）寻找"善我"，"燃"希望"火焰"

以"善相待、守监规、正班风"为主线，意在打造和谐、团结、向上的改造环境，让该犯在健康的大环境中敞开心扉、融入班组环境。以寻找"向善自我"，追逐"时代善音"为切入点开展"21天养成一个习惯"团体活动，通过"向善小事"引导该犯学会善待自己，善待他人，逐渐扭转其傲慢自私的心理。随着活动的开展，该犯逐渐学会与班内人员沟通商量做事的方法，她开始愿意倾听别人的建议，愿意关心他人，甚至在与他人意见相左时懂得开始反思自己。

（二）规范行为，"擎"改造"火种"

强化日常管理。严格落实该犯日常管理一日流程，杜绝该犯以年龄大、身体不好为由"钻空子"、投机改造。在班内组织开展了制度落实"小督导"活动，让该犯承担"监督员"职务，将各项制度（监规纪律、卫生定置等）落实的监督权、检查权下放，让班组罪犯既是制度执行者，又肩负着督导检查责任，进而形成了相互制约、相互协作关系。该犯当了"小督导"后，自律性明显提高。她切身感受到，别人的遵规守纪就是对她工作的支持，将心比心，她也不能"钻空子"，给别人找麻烦。

落实行为规范。行为规范、监规纪律是罪犯服刑期间必须遵循的准则，是矫治罪犯散漫松懈行为的利器，也是使罪犯通向未来在社会中正常生活的一个桥梁。

坚持督促该犯参与队列训练、早操锻炼、内务评比等内容。增强体质、缓和"肝炎情绪"的同时，培养顽强的意志品质，提高自我约束和自我控制的能力。

（三）挖掘潜能，"奔"减负"新生"

首先，根据甲犯热爱笔墨书法、喜好绘画创作等爱好，民警鼓励其积极参加兴趣小组活动，并且特别安排其负责本班"床头精品雁文化"的创作，打造符合自身特点的"一班一品"。其次，发挥该犯书法笔墨优势，带领班组制作每期班刊，创作本班班歌——《雁起航》。同时，安排其牵头参加监区文化建设活动，设计监区文化墙的各期主题内容和宣传版面，绘制区徽、区训。甲犯从中找回了自我价值，不再因人生的起伏而郁郁寡欢，转变十分明显。该犯寻找到了来自创作的精神力量，在监舍里不再与人纠缠了，聊闲少了，参加班组建设活动积极了，负面情绪和消极意识也得到了改善。

（四）多措并举，"铺"前行"坦途"

积极参与各种教育活动。督促其认真收看1小时的新闻、踊跃参加监狱及监区举办的集中教育活动，如以"多读书、读好书、充学识、促改造"为主题的"阅美柳林——读书会"活动，该犯在活动中分享了自己的人生经历，进行了个人书法才艺展示，以书籍寻求希望，坚定了改造信心；在"争做'四自'女性"走好新生之路暨"'三八'国际妇女节"教育活动中，分享了自己的改造日记，唤起了其他罪犯对未来的希望，争做坚强独立的女性。

加强个别谈话教育，真诚关怀感化。加强针对性谈话，督促该犯克服畏难心理，教育该犯正确看待自己的刑期和病情，切实严格要求自己，服从监区日常管理工作。民警了解到该犯对自己的肝炎心存恐慌，针对其身体状况，民警以实用有效的疏肝益胆常识作为"破冰"利器，从网上查询、收集穴位按摩小窍门，仔细讲解给该犯听，逐步打消其内心恐慌情绪，鼓励她放下思想包袱，积极配合医生治病养病，帮其树立正确的健康观。

定期开展康复性训练活动。鼓励其积极参与太极拳、"八段锦""雁南渡"等户外康复性练习，一方面通过活动修身养性、平复肝火，以达到凝神静气的作用；另一方面让该犯在学习参与中领悟传统文化的规范作用，将传统文化"内化于心，外化于形"。

开展"温犯小课堂"。根据该犯学识渊博、饱读诗书的特点，引导该犯在班内讲述中华传统文化、"雁文化"核心内涵等，渲染班组罪犯文化气息，提升该犯在班内的存在感和感召力；同时在班内设立"京味文化馆"，让班内其余7人每周给该犯讲述"北京城门的故事""北京胡同和四合院""天桥文化精髓"等老北京传统文化，增加彼此间沟通机会，消除地域文化差异引发的交流隔阂和文化认同感缺失，促进该犯不断融入集体。

五、改造效果

通过实施既定的教育策略，该犯情绪稳定，与班组成员和谐相处。该犯表示会按照监区要求去做，逐渐提高自我约束力，重拾对日后改造生活的信心，以饱满的精神投入服刑改造。

（1）改造态度。该犯由消极改造到主动改造，即由过去"混一天是一天"到现在的"过一天就要过好每一天"稳步转变，已能正视自身目前所处环境和身份地位变化，并重拾信心努力找回当初优秀的自己。如积极投身参与监区文化建设和班组建设活动，尽其所能为监区文化墙出谋划策。

（2）为人处事。以"自我"为中心到以"宽容"待人，即由过去"宽以待己，严以待人"到现在的"宽以待人，严以待己"，其在班组内的积极作用显著提高，在监区内也经常主动帮助别人。如帮助六班外籍罪犯进行中文翻译等。

（3）服刑意识。由"要我改造"到"我要改造"。该犯主动给监狱书写感谢信，并得到监狱领导批示，充分肯定了其教育改造成效。她在信中字里行间反复表达了对监区领导和警官教导的感谢，表示自己将尽其所能加速改造，以优异的改造成绩回馈所有警官。通过管班民警、班组成员和该犯的不懈努力，该犯在感恩中步入改造正轨。

重点病人教育矫治个案

北京市沐林教育矫治所　钟　俊

　　甲某患有复发性抑郁症，曾多次自杀，民警进行了及时、有效的干预。针对甲某存在的自杀念头、抑郁情绪、环境适应、人际关系等方面的问题，民警采取以认知疗法、家庭治疗、沙盘治疗、正念减压技术为主，以行为疗法（阳性强化法）为辅的矫治方案，效果明显。

一、基本情况

（一）了解矫治对象

甲某被诊断为复发性抑郁症，案发时有精神病性症状的抑郁症，属限制责任能力的人，有受审能力。

自 2010 年起，甲某一直受抑郁症的困扰，接受过治疗，与警察发生过几次冲突，采用发恐吓短信、报假警等方式报复警察。

1. 自杀史

（1）该犯自述有四次自杀经历，分别如下。

第一次自杀：2010 年 9 月，与奶奶发生矛盾，在床上用绳子勒脖子自杀。

第二次自杀：2011 年 3 月，因为跟家人产生矛盾，独自一人乘火车到秦皇岛跳海自杀。

第三次自杀：2016 年 5 月，因和奶奶发生冲突，在北京市监狱管理局密云分局预审大厅喝了两口敌敌畏，被送至精神病院强制治疗 3 个月。

第四次自杀：2016 年 11 月，因不满家人与公安机关联手把自己骗到精神病院强制治疗，在出院后采取吃安眠药的方式自杀，后被家人发现。

（2）服刑期间表现。

该犯入所后不能很好地适应所内环境，目光呆滞，紧张，敏感，喜欢独处，不愿与其他人交流。经过一段时间观察，该人敏感、自卑、胆小、多愁善感的性格特点在日常改造生活中都有显现。同时，该犯的情绪很容易受到外界刺激和影响，需要给予及时关注和引导。

2. 其他证据

（1）社会关系支持系统。

在所期间与家人通过几次电话，会见两次。

（2）服刑人员关系支持系统。

通过民警日常观察、谈话了解以及看护人员反映，入所初期该犯在班内几乎不跟人说话，一直沉浸在自己的世界里；不愿跟民警交流；会因为一件很小的事情产生很大的情绪波动。

（二）开展心理诊断与评估

1. CCQA 评估证据

该犯总分较差，心理健康状况、帮教条件、人生规划等级极差，人身危险性、生活态度等级较差。

2. SCL-90 评估证据

该犯总分 238 分，阳性项目数 64 个，SCL-90 的结果显示该矫治对象的心理健康水平较低，有强迫症状，人际关系敏感，抑郁、焦虑、恐怖情绪较为严重。

3. 16PF 评估证据

结果显示，该犯倾向于冷酷、多疑、离群；易受情感影响，情绪不稳定。

（三）犯因性因素分析

1. 生理因素

该犯在生理上没有其他特殊病症，体质一般，与犯因问题无直接关联。

2. 心理因素

该犯有较为严重的抑郁情绪，并且人际关系敏感，在与他人交往的过程中易怒、易激惹，情绪控制能力差。

3. 环境因素

（1）家庭环境因素：社会支持系统看似完整，实际上很虚很脆弱。

（2）社会环境因素：该犯朋友较少，几乎很少与外界联系，对社会、权威有较严重的仇视和敌对情绪，并且有过两次被行政拘留的经历，这些也加剧了其对社会的敌对情绪。

（四）提出具体问题

因此，根据本案例的背景情况，综合以上分析，提出具体问题如下。

（1）该犯处于严重的抑郁状态，情绪不稳定，容易出现自杀等极端行为。

（2）该犯不能接纳自己的病情，容易与他人产生矛盾。

（3）该犯存在严重的认知偏差，对社会等有着较深的敌对情绪。

二、矫治方案

通过资料检索、分析、整理，结合矫正对象甲某的成长史、服刑表现、自我认知及测评结果，针对甲某存在的自杀念头、抑郁情绪、环境适应、人际关系等方面的问题，采取以认知疗法、家庭治疗、沙盘治疗、正念减压技术为主，以行为疗法（阳性强化法）为辅的矫治方案。

三、矫治目标

根据该犯在所内的表现，结合其剩余刑期（不足 3 个月）等现实情况，制定了三个主要矫治目标。

（1）进行及时、有效干预，避免出现自杀念头，防止出现自伤、自杀、攻击他人等危险行为。

（2）缓解该犯的抑郁情绪，防止抑郁复发。

（3）调整该犯的认知偏差，学会接纳病情、处理好与权威的关系。

四、矫治措施

（一）分析心理需求，建立信任关系

在对该犯的管理、教育中，以鼓励为主，对其点滴进步及时进行阳性强化。这些鼓励和正向评价不仅能提升该犯的自信心、自尊心，从情感层面上讲，也能促进该犯与民警关系的良性互动，使其逐渐认可和信任民警。

（二）多措并举，加强管控

为防止该犯出现严重的自杀行为，必须对其加强管控和重点看护。除此之外，还需要运用各种矫治技术，从改变该犯的认知入手，最终让其放弃自杀想法。

（三）建立心理支持系统

民警帮助甲犯融入班组，使其不再孤单。同时借助亲情帮教，使其感受温暖。人在身处困境时，亲情显得尤为可贵。家庭帮教的介入，应该会对该犯有所触动和帮助。

（四）探索自杀原因，进行危机干预

该犯与奶奶的关系存在很大问题，与其自杀密切相关。

在该犯描述的四次自杀经历中，其中有三次都和奶奶有关。处理不好和奶奶的关系，该犯就会采用较为极端的方式去逃避。

为了探索该犯自杀的原因，弄清楚他的原生家庭以及他与奶奶之间的关系显得尤为重要，萨提亚家庭治疗可提供一些答案和帮助。

了解完原生家庭之后，教师又以该犯第一次自杀的事件为例，引导该犯画出了个体冰山图。事件为"上学时，奶奶让自己带着伞，自己没听，奶奶不高兴地磨叨。回到学校后，给奶奶打电话，她还在生气，不接电话，自己就想不开了，在床上用绳子勒脖子自杀未遂"。

让该犯认识到自己的应对模式是第一步，更主要的是如何帮助他去改变。

第一，改变该犯对"权威"的看法。

第二，学会处理与权威的关系。后续的沙盘治疗和个体心理辅导对该犯调整这方面的认知有一定帮助。

第三，学会处理自己的愤怒情绪。鼓励该犯参加愤怒控制八周团体课程以及正念减压课程，让他能够觉察到自己的愤怒情绪，并且通过认知调整（情绪 ABC、思维监控表等练习）、行为训练（减弱因素、提醒话、自我评价等）等方式来控制愤怒。

（五）认识病情，自我接纳

除做好其他人员的教育、引导工作外，更需要调整该犯的认知，让其能够真正了解自己的病情，接纳自己的不完美，学会带着缺憾去生活。

1. 了解病情，坦然面对

首先，向甲犯讲解一些关于抑郁症的相关知识。抑郁症是一种常见的疾病，被称为"心理感冒"。得了这种病虽然不幸，但并不丢人，抑郁症也不是绝症，所以不用对自己的病太过敏感和担心。此外，民警还向他作了一些自我暴露——我们民警中也有患抑郁症服药正常工作生活的例子。

2. 特殊团体，同伴教育

团体活动主要以个体分享为主。引导罪犯分享他们作为大队重点病人的一些感受和想法；分享自己患病的原因，如何努力与心理疾病做斗争；分享他们对病情的看法和认识。

3. 正念练习，学会接纳

正念的核心是"觉知当下、不做评判、学会接纳"。通过正念的日常练习，如观呼吸、躯体扫描、观声音以及其他的一些非正式练习使其学会用正念的态度去生活，活在当下，学会接纳，接纳自己身上的缺憾，学会带着宽容去生活。

（六）沙盘治疗——缓解抑郁，调整认知

结合该犯话比较少，不愿用语言过多暴露内心世界的特点，选择沙盘治疗对其进行干预。沙盘治疗共五周，每周一次，每次一小时左右。五次沙盘的具体结果分别为：

第一次沙盘——围困。

第二次沙盘——逃离。

第三次沙盘——共处。

第四次沙盘——家庭。

第五次沙盘——未来。

（七）正念认知疗法的应用——防止抑郁症复发

借鉴正念认知疗法，结合监管场所的实际情况，引导该犯进行习惯破除练习，学会感知、觉察当下，发现生活中的美好。

1. 习惯破除练习一：出去散步

每周都会带着该犯在院内转一转，散散步。

2. 习惯破除练习二：做一件善事

鼓励该犯每周去做一件善事。善事不必有多大，可以很小，观察它如何影响自己的身体，并在心中记下感受。

3. 习惯破除练习三：找寻昔日的快乐

教会该犯找寻昔日快乐的方法——先尽可能详细地回忆自己经常从事的活动细节。

在习惯破除之外，让他觉察目前生活中的一些愉悦事件，借助愉悦事件记录表，让他每天记录一些开心的事情，并观察留意自己的身体、情绪感受。

五、矫治效果

该犯的情绪状态有了积极的转变，后期很少有大的情绪波动，脸上笑容更多了，与班内其他人员相处不错；与民警之间建立了良好的关系，未与民警发生过冲突。

让感恩成为心底的阳光

北京市女子监狱　周　洋

本案例中的甲犯性格具有双重性，比较活泼热心但又暴躁易怒，与他人关系紧张。因财产刑未履行，不能减刑，呈消极改造状态。通过制订"治病"和"治心"并行的"感恩救治"方案，分阶段、有内涵、有温度、有力度、有效果地对其实施感恩转化教育，使其由消极改造转化为主动改造，并在人格显现上由过去以"自我"为中心转化为以"宽容"为主导，且在内心深处懂得了感恩。

一、基本情况

甲犯平时在监区内乐于与他人交流，也比较热心，但又暴躁易怒，容易与他人产生矛盾。因未履行财产刑，不能减刑，呈现出消极改造状态。该犯生理年龄大，心理年龄小，自制力差，体型较胖，饮食不注意，生病后害怕就医。在教育转化中，民警周洋抓住该犯需要住院手术这一契机，对其进行"治病"和"治心"并行的"感恩救治"。

二、案例分析

（一）存在的问题

一是不能较好地处理人际关系，与他犯关系紧张；

二是消极改造；

三是身体有恙，又不愿住院治疗。

（二）原因分析

一是该犯生理年龄大、心理年龄小，热心又不愿吃亏，爱动又怕累。由于性格和心理上的双重性，不能较好地处理人和事，与他人关系紧张。

二是作为三类罪犯，财产刑未履行，不能减刑，导致其消极改造的意识较浓。

三是心理年龄远远低于生理年龄，害怕手术打针。尽管经常腹痛难忍，却迟迟不愿住院治疗。

三、改造计划

（一）拟定的教育目标

（1）提升感恩人性认知。

（2）改变消极改造心态。

（3）显现宽容助人人格。

（4）克服好逸恶劳陋习。

（二）拟定的教育策略

第一阶段（住院期间）：在甲犯住院期间，给予其充满人性的关怀，让其体会到大爱、责任、宽容，让感恩温暖其心。

第二阶段（回监期间）：出院回监，创造平台和机会，让其报恩、行恩落地开花，在感恩中步入改造正轨，让感恩引领改造。

四、改造措施

（一）第一阶段（2016年4月至2016年6月）给予充满人性的关怀，让感恩温暖其心

（1）尊重理解，共情劝说。民警周洋结合甲犯的心理状况，制订了"尊重—理解—共情"的心理矫治思路。在尊重和理解的基础上，她多次找甲犯谈心，耐心倾听甲犯诉说生病后的烦恼和家人对其的担心，了解其身体状况和家庭情况，逐渐消除其多疑猜忌的心理，与其建立起良好的信任关系，让她把自己"害怕开刀"的真实想法说出来。甲犯通过多次倾诉，终于认清了"逃避是解决不了问题"的现实，只有尽快住院开刀治疗才是最好的办法。经过民警周洋多次耐心劝说、督促，甲犯最终同意在住院治疗。

（2）真诚沟通，感受大爱。甲犯入院进行手术，监区特别安排有过长期从医经验的民警看守，并与主治医生真诚沟通，切身从甲犯尚未生育的角度出发，希望主治医生尽可能保留好甲犯的生育器官。手术七个半小时，民警寸步不离地看守了七个半小时。甲犯手术清醒后，得知这些情况，热泪盈眶，紧紧拉住民警的手说："谢谢您！谢谢您像妈妈一样为我考虑！"民警则告诉她："这是全监区警官的重托，希望不仅要治好你的病，更要让你的未来不留

遗憾。"甲犯在给父母的信中写道："我第一次懂得了什么是真正的爱。爱不仅是对你好，而是要为你一生着想。"在甲犯住院期间，管班民警也多次到中心医院看望她，并带去了班里其他罪犯给她写的信和问候，甲犯在回信中写道："永远忘不了警官和你们对我的关心和鼓励，我真想赶快病好了回到你们身边，和你们一起出工。在我生病的这段时间里，我才真正体会到什么是滴水之恩当涌泉相报，警官对我们真是太好了，我们还有什么理由不好好改造呢！"

（3）彻夜陪护，领悟责任。甲犯手术后的医院恢复期，每晚都是陪护的民警为其翻身、喂水、扶其如厕。多日的劳累，许多民警都有了熊猫眼。每当看到疲惫的民警，心怀不安的甲犯变得懂事了起来，总对民警说："真不好意思，让你们受累了。"甲犯在给监区的信中，深情地写道："从警官的身上，我第一次知道了责任的内涵和意义。正是警官的责任心，让我感受到无微不至的关怀，让我在病痛中获得战胜病魔的信心。我会在今后的改造中把这份爱转化为改造的动力，积极改造。"

（4）将心比心，学会宽容。甲犯手术后，为保证术后尽快排气，必须下床活动，但懒惰、怕疼的甲犯总不愿下床活动。陪护的民警采用多种方法鼓励其下床活动，在民警的不断督促下，甲犯终于迈出了第一步。同班组的罪犯也以贺卡和信的形式鼓励其勇敢面对病痛，尤其是曾和甲犯有过前嫌的罪犯也送来真诚的问候，甲犯不禁询问民警自己的心眼是不是特别小？当她不愿下床活动时，警官是否烦她？民警回答：做人要将心比心。人无完人，宽容看待别人的缺点，从好的出发点给予别人改正的机会和时间，才是智慧的处理方法。这样的对话，让甲犯感同身受地认识到：宽容别人，其实就是给别人和自己一束成长的阳光。

（二）第二阶段（2016 年 7 月至 2016 年 9 月）搭平台、创条件，促感恩引领改造

回到监区的甲犯对感恩有了更丰富的理解，对报恩有了更迫切的想法。针对甲犯娇气、好逸恶劳的特点，民警周洋在监区领导班子的帮助下，对甲犯制订了人性化和严格化管理相结合、正向激励和规范管理相结合的教育转化方案。

（1）转变病人角色，主动遵守规范管理。监区在保证甲犯正常康复的情况下，要求其严格遵守监规纪律，按照《定置管理规定》起居坐行，在身体条件允许的情况下正常参加监区组织的各项劳动，使其尽快转变病人角色，

主动遵守规范管理，融入集体改造生活。

（2）领唱改造歌曲，激发改造动能。监区发挥甲犯爱唱歌、会唱歌的优势，让其每日三餐前领唱改造歌曲，让其在歌声中感知改造力量、激发改造热情、营造改造氛围。

（3）担任班组"和谐促进员"，锤炼宽容力。为克服甲犯以自我为中心的偏执个性，特意安排其在班组担任"和谐促进员"，锤炼其包容力。甲犯经常给大家分享诗歌和歌词，自己也认真阅读一些有关人性弱点的书籍，随时收集处理纠纷和矛盾的方式方法。自担任该角色以来，甲犯从未在班里肆意发火，处理纠纷和矛盾的方法越来越有章法。大家都说，甲犯变宽容了，变随和了。

（4）主演监区微电影，弘扬感恩主旋律。为充分发挥甲犯感恩教育的辐射效应，监区以甲犯生病住院的改造经历为蓝本，创作了《越来越好》微电影剧本。甲犯作为主演，认真再现表演，诠释了事件所蕴含的大爱、责任、宽容、奉献等精神。甲犯在表演过程中重温民警对自己的教育，并现身说法，感染每一名服刑人员。

五、改造效果

（1）甲犯对感恩的认知由肤浅到丰富，成为其改正的正能量。甲犯在会见时对自己的父母说："以前觉得感恩对我来说就是两个字，没有什么用到它的机会，经过这次之后对感恩真是有了不一样的理解。"

（2）改造态度由消极改造到主动改造，即由过去"混一天是一天"到现在的"过一天就要过好每一天"。甲犯在2016年8月底主动找到警官要求恢复出工，做些力所能及的劳动。

（3）做人基调以"自我"为中心到以"宽容"为中心，在班组内的积极作用显著提高，在监区内也经常主动帮助别人，得到了民警和服刑人员的一致好评。

（4）服刑意识由"我要受照顾"到"我能遵守"，由"我要卧床"到"我要出工"，由"我要偷懒"到"我要为监区出力"。

六、经验总结

以甲犯为对象进行的"感恩救治"个别转化教育，经过一年多的探索和实践，取得了较好效果。

（1）罪犯的感恩教育应建立在对高尚人性的认知和认可上，这样可为罪犯的改造提供强大的内在动力，也可提高个别教育转化工作与改造目标的契合度。

（2）民警给予罪犯的感恩教育，应是"生活关切的小爱"与"精神滋养的大爱"的有机结合。

（3）民警搭建服刑人员"报恩行恩"平台和机会，应具有积极性和持续性。人的转化不能靠一日之力，而需常年积累，才能实现从量变到质变的转化。

（4）对于病犯的改造要抓住其心理特点，治病与治心相结合。生病往往内心焦虑脆弱，尤其是后发疾病，之前没有任何心理准备，生病后会产生一系列的问题，影响其正常改造。

抗改罪犯教育改造个案

北京市前进监狱　翁黎明

　　甲犯入监以后，总是以身体有病为由，不服从管理，不接受教育，严重影响监区的正常改造秩序。民警依据甲犯的现实改造表现，确定谈话教育突破口，制订详细的教育方案。首先，对该犯进行身份意识教育，加强认罪悔罪和监规纪律教育。其次，帮助该犯树立改造目标。再次，加强法律政策和监规纪律的教育学习。最后，利用亲情电话、亲情会见、书信等形式，亲情感化。经过民警一年多的教育改造，甲犯目前已明确表示彻底认罪服法，真心认罪悔罪。

一、基本情况

甲犯，男，1979 年生，北京人，汉族，初中文化程度。2004 年，该犯伙同他人，采取冒用他人名义伪造贷款申请材料等手段，多次骗取某支行汽车贷累计人民币 400 万余元，骗取光大银行 400 万余元，后将部分赃款归还。

2008 年被判处无期徒刑，2015 年调入一监区服刑。服刑初期，甲犯以身体有病为由，不服从管理，不接受教育，抗拒改造，经常无理取闹要求调往延庆监狱病犯监区，并且鼓动家人到北京市监狱管理局上访闹事，严重影响监区的正常改造秩序。

二、案例分析

（一）犯因分析

（1）成长过程。甲犯出生在一个普通的工人家庭，其父是国家职工，其母是人民教师，甲犯是独生子，自幼娇生惯养，日渐养成好逸恶劳、吃喝享受的恶习。该犯性格外向，脾气倔强，喜欢惹是生非，家庭教育严重缺失。

（2）社会经历。该犯中学毕业后便外出打工，混迹于社会，1997 年开始做汽车销售业务员，从公司基层干起，由于其工作努力，脑袋灵活，逐步升迁，2004 年升任某公司总经理。此时因为对金钱的贪婪追逐、私欲膨胀，不知法不懂法，没有正确的人生观价值观，加上畸形的消费观念，导致甲犯利用制作假手续等手段骗取银行贷款近千万元，走上违法犯罪的道路。

（二）入监改造表现

甲犯于 2015 年 5 月 13 日入监服刑改造后，态度蛮横，不接受教育，不参加生产劳动。管班民警多次对其谈话教育，逐步了解到该犯不服管教的原因及想法。

（1）法律观念淡薄。

甲犯只有初中文化程度，法律知识匮乏，法律观念淡薄，不懂法，导致该犯认为法院对他量刑过重，刑期较长，思想压力大。

（2）家庭原因。

甲犯父亲早年去世，母亲年老体弱多病；妻子离异改嫁；儿子初中毕业就混迹于社会，平日与奶奶依靠微薄的退休金相依为命。

（3）身体原因。

甲犯患有慢性肾炎、肾性高血压、心脏病，双腿浮肿，靠长期服药控制病情。

（4）投机心理。

甲犯认为自己的病情符合病犯条件，应该去延庆监狱病犯监区服刑，凭借自己年轻可以多挣分多减刑，可以早日回家。

（三）心理行为表现

监狱对其心理进行了测试，通过中国罪犯心理测量表（COPA-PI）确定甲犯不安守本分，喜欢惹是生非，寻衅滋事，有较强的报复心理。

（四）教育改造的难点

（1）认知因素。由于该犯对法律知识的匮乏和缺失，导致其法律观念淡薄。该犯在归还部分赃款的情况下仍被判处无期徒刑，感觉法院对自己量刑过重。因此，教育过程中要耐心和细致，深入浅出地进行教育改造。

（2）性格因素。该犯由于家庭环境影响缺乏父爱，导致其性格培养不平衡，叛逆心理较强，性格偏执，"一根筋"，认死理，胡搅蛮缠，自以为是。在教育过程中，可以感到该犯的强烈反抗信息，包括情绪抵触和行为抵触，同时又会表现出凶悍、无理取闹的过激行为。

（3）心理因素。该犯性格属于倔强类型，对人和事自认为有自己的判断标准，自己认为能够做的就必须去做，缺乏自我反省能力和情绪宣泄的方法，容易被即时环境和思想情绪所影响，容易产生冲动和鲁莽行为而不计后果。

三、改造措施

鉴于以上情况，进行逐条分析，并结合甲犯的现实改造表现，民警确定谈话教育突破口，制订详细的教育方案，让该犯尽快放下包袱，转变思想观念，早日认罪悔罪，投入正常的改造。

（一）加强管理

落实"互监组"制度，实现罪犯间的相互监督和帮助；安排包夹措施，做到"两好夹一坏"，加强控制，防止突发事件发生；及时搜集信息，并依据该犯言行态度调整思路，开展针对性教育；民警公开亮明执法态度，不遵规守纪必将受到打击处理。

（二）改造目标

短期目标：一是加强包夹管控工作，保证甲犯人身安全。二是生活上关心，及时求医问诊，督促检查其按时服药。三是正面教育甲犯服从管理接受教育，严格遵守监规纪律。

中期目标：开展认罪悔罪教育工作，明纪律强身份，使甲犯充分认识到遵规守纪、服从管理是前提，正确看待自己的病情。民警积极向监狱反映，协调相关机构对该犯作出病情鉴定。

长期目标：引导该犯学习国家法律法规，利用矫正矫治技术解决其攻击性、报复性人格缺陷，使其能正常服刑改造。加强思想政治教育，树立正确的人生观、价值观，以积极向上、乐观豁达的精神状态面对漫长的服刑改造生活。

（三）强化教育

首先，对该犯进行身份意识教育，让其明白这里是什么地方、自己是什么人、自己在这里干什么。从而让该犯认清形势，适应监狱的改造环境，接受现状、接受刑法处罚，进而加强认罪悔罪和监规纪律教育。

其次，该犯刑期长、身患肾病，大多时候情绪低落，对抗改造，破罐子破摔，所以民警帮助该犯树立改造信心，积极改造，走挣分减刑的道路，鼓励该犯只要积极努力，一定能取得好的改造成绩。

加强该犯法律政策和监规纪律的教育学习，规范自己的行为，消除不良习气，增强法律意识，逐步杜绝违纪，走向积极。

利用亲情电话、亲情会见、书信等形式，让甲犯积极与家人沟通，停止无端上访这种违法违纪行为，使甲犯明白合理诉求要依法依规通过正常渠道解决。

（四）培养兴趣

在谈话教育中，民警了解到该犯喜欢音乐，对于吹奏乐器很感兴趣，民警抓住时机，引导该犯参加乐器兴趣小组，学习洞箫吹奏技巧，并且手把手从基础讲起，经过一年多的训练，该犯能够单独演奏歌曲，积极参加了监狱组织的春节联欢会演出。既培养了该犯积极向上的兴趣爱好，又缓解了其刑期长的压力，达到了宣泄情绪、稳定病情、熏陶情操的良好效果。

四、改造效果

经过民警一年多的教育改造，该犯目前已明确表示彻底认罪服法，坚决服从人民法院的判决，真心地认罪悔罪。踏踏实实服刑改造，绝不给监区添乱，维护和谐的改造秩序，他希望通过自己的积极改造早日回归家庭，回报社会。

通过这个案例，民警深刻体会到：教育改造罪犯必须掌握罪犯的成长史、违法犯罪的思想根源，做到心中有数。通过谈话了解其内心世界及心理活动，观察其日常行为，了解罪犯心里想什么、想干什么、想得到什么。综合分析研判，对症下药，提高谈话教育效果。找准共同兴趣爱好切入点，突破心理防线，拉近民警与罪犯心与心的距离，让罪犯敞开心扉说出来，这样教育改造罪犯的目标就能顺利实现。

善用"五情"融"坚冰"

北京市清园监狱　陶　侃

　　每一名罪犯都被民警视为需要用心管理的特殊个体，尤其是比常规罪犯更难管理的"刺儿头"、顽危罪犯，需要民警花费更多精力去管理。本案例中的甲犯内心缺少亲情关爱，对身边人不信任，喜好用暴力解决问题，民警根据其特点构建"五情法"，即"亲情连线法、情绪控制法、心情疏导法、真情谈话法、共情融入法"，帮助该犯找回亲情关爱，引导其合理控制情绪，促其很好地融入集体，树立改造信心，化解顽危罪犯的关键"心结"。经过民警半年的努力，收效显著，后期该犯转变较大。

一、基本情况

　　罪犯甲某，因在 KTV 与他人发生口角后与他人打斗，造成对方死亡。犯故意伤害罪，被判处有期徒刑十八年。面对漫长的服刑之路，甲犯感觉今后的人生充满阴暗，对未来没有期望，无法面对自己今后的人生道路。

　　甲犯人际关系较差，多次与班组成员发生争执和肢体冲突，情绪易激动。自我中心表现较为突出，总是从自我角度考虑问题。甲犯自服刑以来情绪焦躁，情绪反复，易冲动，不愿与他犯交流。多次与他犯打架，多次发生自残行为，入监以来被惩教数次，属于典型顽危罪犯。

二、案例分析

（一）犯因问题分析

　　（1）成长过程。甲犯没念完小学，父母早年离异，从小跟随母亲长大，但欠管教，辍学后一直没有找到合适的工作，属于无业游民。长期进入不健康场所，与社会上一些不良人员混在一起，曾因多次打架被公安机关拘留。

（2）社会关系。甲犯社会关系圈缺少正能量，属于"三无"人员。自身存在很多恶习，对什么事情都抱着无所谓的态度，喜欢用拳头解决问题。其性格较为孤僻，有强烈的自私心理，对社会存在偏激的想法。

（二）教育矫治的难点

（1）认知因素。甲犯文化程度低，对法律法规欠缺认知，对社会有不满情绪。教育过程中要进行文化教育，通过细心教育引导该犯。

（2）性格因素。甲犯出生在离异家庭，早年跟随母亲，缺少父爱致该犯性格有缺陷，叛逆心理强，性格偏执，情绪不稳定，易怒。在谈话过程中，明显能感知该犯的抵抗情绪，同时伴有暴躁和无理取闹的行为。

（3）心理因素。甲犯受成长环境的影响，养成了偏激、孤注一掷的性格特征，由于沉默寡言，很难洞穿其内心的实际想法。入监后，家人未对其探望，缺少家庭关爱，致使其内心更加孤僻。

三、改造措施

在"四共"建设工作的推动下，民警查阅了甲犯的改造档案、案卷，对该犯进行全面了解，在与其共找犯因过程中发现甲犯有解决心理问题的意愿，在与其共同探讨、分析其犯因、行为表现的基础上，共同商定下一步改造计划方案。首先，建立信任，搭建信任平台，以走入罪犯内心，解决爱折腾的关键心结。其次，利用亲情关系修复、帮助罪犯找回家人关心，进一步巩固民警与罪犯的信任关系。再次，积极开展谈话，做好心理疏导，鼓励该犯参加愤怒情绪控制项目，引导其认识到现在的行为表现与其情绪变化的密切关系，通过调节情绪达到改变不良行为的目的。复次，在民警的指导下与班组的其他罪犯共同帮助该犯，鼓励其发挥特长，促其融入班组，最终能够促使该犯学会换位思考，站在他人的角度看待问题，减少了不稳定情绪，使其回归正确认识。通过阅读情绪调节的书籍，引发甲犯自省，让其自己找出缓解压力、调节情绪的最佳方法。最后，通过情境融入，合理改善人际关系，使该犯体会到人与人之间的情感。

（一）真情谈话，搭建信任平台

通过日常管理时的接触和个别谈话教育与该犯建立信任关系。该犯患有慢性灰指甲，需要特殊指甲刀，得知这个情况后，民警通过监区为该犯购买了特殊的指甲刀。经过很多细节上的小事情，该犯感受到民警是用真情实意对待他，逐渐消除了戒心。个别教育时，民警尽量减少说教成分，鼓励、引导他讲述自己的生活和想法，这不仅让民警得到更多信息，还让他感觉到和民警谈话是轻松自由的，该犯与民警的信任关系逐渐建立。

（二）心情疏导，缓解思想压力

民警引导其分析自身行为背后存在的深层次的心理原因，因自己不愿和别人沟通、交流，总认为身边人不值得信任，都是虚假的，不认可别人的付出，长期隐藏着自己，认为生活中只有暴力才能解决问题，存在时刻发泄的可能，以致多次出现和他犯发生争执的情况。民警在充分了解其特点后，加强暗中观察，增加个别谈话次数，发现行为异常、苗头不对时及时介入，主动找其谈话，化解危机。久而久之，该犯从当初的被动谈话到能够主动找民警汇报思想，逐渐放下了防备心，缓解了思想压力，心情也逐步转向平和。

（三）情绪控制，合理宣泄情绪

针对甲犯近期出现的情绪变化，民警鼓励其参加愤怒情绪控制项目。一方面，通过愤怒情绪控制方法让该犯掌握愤怒情绪下应如何调节情绪、疏解愤怒情绪。另一方面，当该犯出现情绪不稳定、行为异常情况时，民警及时跟进，介入谈话干扰，引导甲犯在理解自己产生不良情绪、言行的基础上，认识自己和他人争执这种向外和通过自己一个人压抑向内的方式宣泄，是对他人和自己的一种伤害，不仅会影响到自己的人际关系，更会影响到自己的身心健康。经过数次跟进"干扰"，现在该犯能够认识到自己的不良情绪，能够主动提出要学习心理健康知识，愿意找出既不伤害自己又不伤害别人的合理宣泄方法。

（四）亲情连线，感受家人关怀

针对该犯家人不愿探望、其母亲不愿与其交流沟通这一情况，民警经监狱与家属取得联系，为该犯家人讲明了道理，劝说家人多鼓励他、安慰他，帮助该犯卸下心理包袱，说服家人用亲情的温度去感化帮助该犯。通过民警的坚持，其家人最终同意与该犯会见，家人的关怀和民警的真诚行动感化了该犯，该犯也对自己有了更多的认识和自我反思，和家人之间的隔阂也慢慢消除。家人对该犯的交流和关心，逐渐让其内心感受到更多的亲情关怀，也愿意对民警打开自己内心的大门。通过这些努力，该犯重温了亲情的关怀，这对接下来的一系列工作有了很好的促进作用。

（五）共情融入，树立改造信心

对该犯的转化离不开整个班组的帮助。通过班组互监组成员、包夹犯的积极帮助与关心，也让该犯感觉到自己在集体中有存在感，自己的言行对班组会有影响，自己也应该负起责任，不能拖后腿，不能掉队。同时，组内其他成员鼓励该犯积极参与班组活动，让其该犯融入集体。利用监狱的文化艺术节舞台，充分挖掘该犯喜欢唱歌的特点，让其加入监区兴趣小组，在监狱艺术节的舞台上展示自我、发现自我，促进该犯进一步融入监狱生活，树立改造信心。

四、改造效果

首先，甲犯能控制自己的情绪，违规违纪次数明显下降。在民警的主动沟通下帮助其家人接受该犯，民警的真情付出让该犯重新感受到了温暖，也意识到自己没有被放弃，最后通过自己的反思与审视，控制愤怒情绪，不滥用暴力，懂得尊重他人。

其次，班组的共情氛围让该犯重新获得对生活的自信，更让该犯获得对他人的信任。

最后，历经半年的矫治，该犯再未出现违规违纪、打架行为，与他人出现矛盾时也能够冷静下来思考，周围罪犯感觉他不像以前那么容易冲动了，比以前合群了。

在此案例中，总结发现，"五情法"能够帮助该犯正面审视自身问题，从而使该犯能控制情绪，调整心态，重新认识自我，树立改造信心。

八片药承载着生命的分量

北京市团河教育矫治所　高德贵

　　甲犯是一个高危自杀风险人员，在大队私藏药品意欲自杀，调入严格管理大队后，依托难管罪犯矫治功能区，民警坚持多角度和全方位的矫治原则，对其开展认知教育、正念减压、行为矫治、音乐治疗、团体咨询、个别辅导，春风化雨，润物无声。经过3个多月的系统疏导和治疗，四类重点高危自杀风险罪犯甲犯实现了积极转变，打消了自杀、自残的念头。

一、基本情况

　　甲犯，男，51岁，身体削薄，患有慢性阻塞性肺疾病、哮喘，医生专门给他开具了速效救心丸、哮喘喷雾剂以备不时之需，长期服用盐酸茶碱片治疗哮喘。

　　现实表现情况综述：由于哮喘严重，药物用量较大，还经常性发作，胸口闷疼，喘不上气，折腾得死去活来，满头大汗，靠哮喘喷剂应急，备受疾病煎熬，感到生活无望。甲犯利用民警组织服药检查漏洞，将药片压在舌头底下，逃避服药检查，将私藏的药片隐匿在上衣口袋里，回班后再转移到棉袄的衣角处。2018年1月某日，甲犯因在水房洗漱不慎将上衣口袋内的药片遗落在水房地面上，被督察警察发现，在其身上清出8片私藏的药片，被禁闭处分。大队及时进行研判，广泛收集该犯背景信息、心理测试结果，其中内隐攻击测试显示其具有高危自杀风险，结合其私藏药品行为，深入研判安全风险点，制订防范其再次藏匿药品和采取自杀行为的安全防控和个案矫治方案，依托难管罪犯矫治功能区，成立专案组，整合大队矫治资源，坚持多角度和全方位矫治原则，对该犯开展认知教育、正念减压、行为矫治、音乐治疗、团体咨询、个别辅导，春风化雨，润物无声，经过3个多月的系统疏导和治疗，四类重点高危自杀风险罪犯甲犯实现了积极转变，打消了自杀、自残的念头，写出了认罪悔过书、遵规守纪保证书、致歉信和感谢信，在全体罪犯面前进行深刻的现身说法，向民警和罪犯鞠躬表示感谢，接受专访，阐述自己的心路转变历程和感受，积极在难管罪犯矫治试点班开班仪式上进行现身说法，告诫其他罪犯引以为戒，发挥了警示教育示范作用，并于2018年4月某日提前解除强化训练，返回原大队继续执行剩余刑期，经走访甲犯表现稳定。

二、案例分析

（一）自我封闭的沉默者

在禁闭初期，甲犯就像一个闷葫芦，一言不发，坐在那里像个泥塑一样一动不动，闪烁游离的眼神，心中压抑的力量使他的内心翻江倒海般起伏。种种迹象表明，甲犯私藏药品绝不会像他自己描述的那么简单，严格管理大队积极召开甲犯个案攻坚研讨会，共同分析汇总甲犯成长经历、现实表现和危险行为倾向，寻找个案攻坚的突破口。

（二）望闻问切全面排查

由于甲犯性格内向、敏感、戒备心强，不轻易相信任何人，对民警的提问避重就轻，回避谈及自己的过去，不正面回答问题，总是旁敲侧击试探民警的态度，体现出其人性中谨慎与圆滑的一面。结合前期各方面汇总的大量信息，民警对甲犯进行了全面画像，试图寻找到他私藏药品的真实目的和症结。大队陆续安排不同角色民警对甲犯进行摸底谈话，了解其某方面的信息，印证我们的预测和推断，我们对谈话中汇集起来的经历情况进行了梳理，寻找其重大生活事件。早年辍学，婚姻失败，激发拜金想法；目无法纪，爱慕虚荣，贪小便宜；自我封闭，敏感多疑，心理压抑；人际关系剥离，社会支持系统极差；心理测试及评估与现实表现相互印证自杀高危。

（三）科学研判精准定位

综合甲犯全部背景信息、心理测试和现实表现情况，专案组召开个案研讨会，集中研判主导性犯因问题。经过激烈讨论，一致认为甲犯的主导性犯因有逃避现实，不敢承担自己的责任；爱面子，不懂得拒绝别人；压抑情绪引爆自杀风险。

综上所述，鉴于甲犯法律观念淡漠、金钱观扭曲、逃避现实、不会拒绝、压抑攻击等犯因性问题，结合具体余刑期限，我们合理制订了个案矫治的工作目标。（1）短期目标。对其高危自杀行为倾向进行有效干预，切实降低所内自杀风气，维护安全稳定。（2）中期目标。开展认知教育、心理辅导、正念减压和行为训练，帮助甲犯纠正认知偏差、完善性格、减轻压力，提高情绪控制能力，学会正确处理问题，作出适当反应行为，改善人际关系，建立适当的行为反应机制。（3）长期目标。重建家庭和社会支持系统，帮助甲犯重新树立起对未来生活的信心，降低再犯风险。

三、矫治措施

（一）歌声打开沟通的大门

甲犯在整个禁闭期间基本不与民警交流深层次信息，从不暴露自身的想法和认识，总是在防范和戒备状态。一次偶然的机会，大队在小院里组织罪犯进行合唱训练，甲犯在观察室内隔着观察窗向外张望，并能跟着曲子哼唱，眼中绽放生命的光彩。甲犯喜欢唱歌这个特点，成为建立矫治关系新的突破口，开辟了个案攻坚转化的新局面。大队及时安排具有音乐专长的民警李警官专门负责唱歌训练，培养甲犯的良好兴趣，鼓励甲犯参加大队合唱训练，在音乐中逐渐改善情绪、完善自我。

（二）纠正认知偏差，改变不合理信念

利用了埃利斯合理情绪疗法和伯恩斯的三栏目技术，帮助甲犯认识和改变认知偏差，建立合理认知方式和理念。结合其暴露出的不合理信念的典型言语，采取了举实例讲概念的方式，向其普及心理学知识和方法，指明自己不合理信念的类型和表现，激发其强烈学习愿望，收到较好的效果。

（三）普及法律知识，补上人生重要一课

大队及时安排专职教师曹警官根据甲犯的法治需求，专门设计了教学课程，单独对其开展法治教育，主要有三方面内容。一是依法治国，法制先行，树立起遵纪守法意识。二是君子爱财，取之有道，树立生意场的法制思维。三是学以致用，知行合一，养成遵纪守法良好习惯。

（四）算清"五本账"，深刻认罪悔罪

针对甲犯对自身犯罪的危害性认识不全面，大队积极在罪犯中开展犯罪成本"五本账"活动，将成本管理观念引入罪犯认罪服法教育中。一是名誉账，二是亲情账，三是经济账，四是时间账，五是机遇账。结合甲犯的实际情况，与他逐条对照，逐项清理。

四、矫治效果

（一）感悟亲情，重塑希望

经过民警的训练与访谈，甲犯逐渐消除了对民警的敌视和戒备，开始尝试与民警沟通交流自己的所思所想。"一把空椅子"，化解未了心结，走出母亲去世留下的心理阴影。50多岁的甲犯听完后，思念的泪水伴随着哽咽的啜泣声肆意流淌，将心中压抑了多年的思念和愧疚统统诉说给母亲听。经过10多分钟的倾诉，甲犯的情绪逐渐平复下来。民警对他说，现在你坐到对面母亲的椅子上，想象一下你的母亲听完你的倾诉，会怎么说，试着以母亲的口吻讲给自己听。经过系统的倾诉与治疗，甲犯积压在心中10多年的心结解开了，不再纠结和痛苦压抑，能够以平和心态对待母亲逝去的往事。

（二）直面现实，正视自我

针对甲犯自我认识不清、逃避现实、不敢承担自己责任的问题，民警及时安排其参加难管罪犯矫治功能区"自我认知"专题训练课程学习，借助专业项目训练解决他的犯因性问题，实现矫治资源的效果最优化。一是自我画像，认清自我。通过"我的自画像""20个我是谁"活动，帮助罪犯客观认识自己的缺点和不足，正视自己的问题，而不是采取"鸵鸟政策"，逃避现实，躲避问题。甲犯在活动分享中说道："我活这么大，也没想给自己画个像，到现在为止我也没能画出自己满意的自画像，可以说是对自己认识得还不够，通过'20个我是谁'，使我感受到了自己是一个什么样的人。"

经过一系列的矫治，借助难管罪犯功能区建设，该犯从一个封闭自我、意图自杀的四类重点人，开始走出自我封闭的圈子，能与民警信任沟通，反思自我、反省过去，对未来有一个明确定位。

唤醒沉睡的心灵

北京市新安教育矫治所　张　铂

甲犯有精神分裂症患病史，"多进宫"。该犯具有缺乏改变动机、性格敏感多疑、情绪控制不佳、负性思维突出等多种犯因性问题。结合这些问题，民警利用课堂化教学、团体矫治及个体咨询的方式，对甲犯进行了综合矫治。最终，甲犯从忌惮病情到坦然接受、从不敢放开到敢于暴露、从不愿反省到自我反省，实现了良好转变。

一、基本情况

甲犯，男，汉族，1990 年 9 月出生，"三进宫"。2014 年、2016 年分别因盗窃罪被判处拘役、有期徒刑。此次获刑一年六个月。

2018 年 3 月，甲犯被调入我所执行剩余刑期。入队之初，民警曾与甲犯进行过深入的谈话。之前得知甲犯患有精神分裂症，为避免加深刺激，先关注他健康状况如何，该犯仅表示有精神问题，目前正在服药，由此分析他对于自身患有精神病的问题有一定避讳。

二、案例分析

对于犯因性问题，民警通过成长史分析、现实表现、日常访谈、量表评估等方法，对甲犯的问题总结如下。

（一）成长史分析

年幼时家中的溺爱造成了甲犯花钱大手大脚的习惯，但与此同时家长又对其额外的金钱要求严格限制，母亲经常对其严厉惩罚，甚至在其成年后依然如此，因此在金钱方面，该犯无法通过家长给予的零花钱完全满足自己的愿望；离婚使该犯的生活态度发生了极大转变，开始有自暴自弃的行为，并开始盗窃；从小母亲便为他操办生活起居，因此在他内心中母亲十分重要，而离婚让他觉得对不起家人，更加剧了离婚对其的影响。

（二）现实表现

甲犯记忆力、理解能力及问题分析能力均低于正常水平，人际关系敏感，情绪控制不佳。

（三）犯因分析

（1）缺乏改变动机，对于生活现状没有明确想改变的愿望。

（2）生活方式不良，消费过度超出收入水平，并且受家庭管教方式影响，无法通过正常渠道从家庭获取支持。

（3）缺少生活规划，生活态度消极，受离婚的影响，存在自暴自弃的想法，没有承担应尽的责任和义务。

（4）情绪控制能力不强，在遇到挫折时容易产生强烈负性情绪，如自卑，同时与人交往敏感多疑，担心别人挑衅自己或做不利于自己的事。

（5）负性思维、罪错归因问题突出，没有意识到自己的违法行为带来的危害，并且习惯于将问题原因归结于他人，对自身罪错以及自身错误行为缺少正确认识。

（6）社会支持系统不足，原生家庭管教方式不当，关爱不足，婚姻破裂使社会支持系统更加薄弱，离婚后开始接触不良人群，加剧了其不良行为。

三、矫治措施

（一）第一矫治单元：建立信任关系，激发改变动机

为了尽快打消甲犯的猜疑心理，迅速建立互信关系，民警从其日常生活入手，给予其适当的关心与帮助。例如，在一次接见中，甲犯见到了几个月未见面的儿子。他见到儿子之后很激动，立马痛哭流涕，表达了想改变的态度。在之后的各项班组活动中，甲犯都能够积极地参加，并且较好地完成各项任务。在读经典活动中，甲犯也能够较为积极地参加，还能够在录制前帮助别的罪犯回顾背诵内容。但是渐渐地，民警发现甲犯存在记忆力不强的问题，尽管精神分裂症会影响人的记忆力，但民警对他是否真的存在较强的改变动机有所怀疑。之后，在读经典学习活动结束时，民警要求把学习中的内容全部背诵下来，甲犯三天后主动找到民警，要求向民警进行背诵，并且把所有的内容都背了下来。当被问到为什么能背下来时，他表示自己觉得《论语》里面的很多道理很有用，于是就背下来了。

通过这件事，民警也认识到，他还是具有较强的改变动机的，之所以会

出现健忘的情况，应该是如他所说，受病情及药物的影响，因此在后续的矫治活动中，民警也对他有了更多的耐心和理解。

通过以上工作，甲犯动机激发已初步完成。

（二）第二矫治单元：回顾从前经历，作出必要反省

在此基础上，民警又与甲犯就过去的生活及违法犯罪经历作了详细的回顾与探讨。

在入所初期，甲犯曾有所顾忌地对民警表示自己是"一进宫"，而此时当民警再问他这个问题时，他不假思索地说，自己是"三进宫"。当被问及为何入所初期说自己是"一进宫"时，他笑了笑，说自己刚来时担心民警瞧不起自己，不敢说实话。

除违法经历外，甲犯就离婚的原因也开始道出更多实情。民警与甲犯又共同探讨了离婚对他的影响，他表示离婚之后觉得自己很失败，而且对于未来的生活看不到希望。离婚对该犯打击很大，而且他在内心当中存在一定的自卑情结。之后结合他自身的经历，民警就离婚这件事为他作了分析，父母关系、家庭因素对其影响较大。通过这样的分析，他对于自己的压力来源有了更为清晰的认识，并为之后调整不当的想法打下了基础。总而言之，目前甲犯已经能够就自己的过往经历进行认真的回顾，并作出较为深刻的反省。

从以上看，完整的婚姻对于甲犯具有十分重要的影响，他也表示自己渴望有一个完整的家庭，并且认为有了家庭之后，自己就不太可能会再进行盗窃。为此，民警在一次与他父亲的沟通中，就这件事专门进行了交流，他父亲表示家中正在准备为他联系一门亲事，并且表示一定会尽力促成亲事，以便让甲犯能有一个正常的生活。

（三）第三矫治单元：依托团体氛围，打开自我心结

在甲犯能够较好地分析自己问题的基础上，民警又组织包括甲犯在内的全部罪犯开展了道德认知的团体活动。

相比于其他罪犯的侃侃而谈，甲犯在团体中表现得十分紧张，全程都是在照读自己的手册，并且眼睛始终盯着手册，与其他成员没有任何交流，并且脸色通红，十分紧张。可以看出，他在团体中的安全感依然不强，不敢作出发言，以及有任何的自我暴露，这与他敏感多疑的性格有很大关系。

但即便这样，民警依然鼓励甲犯，让其有了敢于站在人前分享的勇气，并且组织其他罪犯对甲犯进行了点评，团体内的一些罪犯也都对甲犯进行了

鼓励。团体的良好氛围逐渐形成。在这样的氛围的影响下，甲犯也开始有了明显的转变。

之后的活动中，甲犯在谈到自身的罪错行为对他人的影响时，首先谈到了家人，他认为自己不是一个合格的儿子，也不是一个合格的父亲，自己给家庭带来了太多的负面影响。这样的分享能够看出他对于自身已经有了一定的反省，但此时丁犯对他的分享提出了建议，丁犯认为他没有就自身的罪错对受害人产生的影响进行反思。这个建议也得到了其他罪犯的回应，丙犯也表示，希望能够看到他更多的关于自身罪错行为的反思。甲犯认真地点了点头，表示认可。

最终，在团体的影响下，甲犯在安全感、负性思维、情绪控制、罪错归因等方面均得到了极大的提升。

（四）第四矫治单元：加强自我疗愈，促进更大改变

在矫治活动开始前，民警曾在谈话中了解到甲犯比较喜欢听音乐。为了更好地与他搭建互信关系，也为了给之后的矫治活动打下基础，民警带他进行了绘画。活动的形式是先带他听一段音乐，之后引导其将头脑中出现的画面表达出来，并进行解释。

画画之初，该犯呈现出的总体状态较为紧张，之后随着矫治活动的进行，他在画画时的状态开始逐渐放松下来，而他的画也逐渐开始出现一定变化，例如在画中开始出现马路、窗户由关闭变成敞开、湖中的鱼开始有鱼竿连接、有动态的人物出现、线条变得简化等，矫治小组成员通过讨论认为，以上的变化体现出该犯内心的封闭感有所变化，情绪有所好转，转变的动力开始增强。

四、矫治效果

（一）本人自评

通过不断地学习，甲犯对于自身的转变也有了一定的认识。他对民警说，"原来总觉得自己是个孩子，没有过多关心父母，但是通过学习，我觉得自己也该尽孝了，今天又听到父母身体不好的消息，我真的决心以后不再进来了"。由此可见，甲犯的认识确实有了较大转变。

（二）其他罪犯评价

对于甲犯的改变，同班罪犯也都有一定的体会，例如戊犯表示，甲犯以前特别小孩子气，打扫卫生时高兴了就多干点儿，不高兴就不干，让别人替

他完成任务，但现在打扫卫生基本上都认真负责。尽管有时候还是会有打扫不到位的地方，但是面对别人的建议，他都能悉心接受，而且不会再刻意旷工了，现在的进步很明显。

（三）民警评价

大队民警普遍认为甲犯通过学习，在现实表现上有了较为明显的进步。例如，一位民警就说过，《论语·学而篇》四百多字，语言晦涩难懂，很多罪犯看着都头疼，但是甲犯能把它全篇背下来，这一点确实不简单。另一名民警也说，甲犯从前整天趴在桌子上睡觉，但是现在能看到他有时在看书学习，还是有进步的。

极高危危险罪犯改造个案

北京市监狱　何智伟

罪犯甲某入监后思想压力大，经监狱罪犯危险评估办公室及心理矫治室诊断，其危险等级为极高危，负责管教工作的副监区长兼管班民警何智伟第一时间对该犯开展工作，精准研判、及时施测、发挥合力，使该犯改造积极性逐步增强，重新找到生活、改造的目标，确保了监管安全。

一、基本情况

罪犯甲某，男，36岁，职高文化程度。因犯故意伤害罪，2013年被人民法院判处死刑，缓期两年执行。2013年11月调入北京市监狱服刑。

甲犯出生于农民家庭，虽家境一般，但父母从小对其溺爱有加，有求必应。初中毕业后参军，在部队因军事技术突出，深得教导员的赏识和照顾，被评为"优秀士兵"。退伍后，他担任公交车驾驶员。

因被判重刑，该犯入监后思想压力大，对未来生活不抱任何希望，导致其放松对自己的要求，多次违反监规纪律。日常表现孤僻，沉默寡言，拒绝与任何罪犯沟通，即使面对民警谈话，也经常低头不语，对民警的问话也只用"嗯""哦"来回答。可以说，甲某将自己封闭在深深黑暗中，不哭、不笑、不与人交流，危险性极大。在一次清监时，发现该犯日记中多有自暴自弃和打算放弃生命等话语。经监狱罪犯危险评估办公室及心理矫治室诊断，结果为"甲犯情绪控制能力较差，易激惹，且有一定的自杀危险性，防自杀，危险等级为极高危"。监区综合其日常表现和这一诊断结果，决定成立转化小组，对该犯进行重点控制和转化工作。

二、案例分析

（1）犯罪原因分析。甲某家人无微不至的宠爱，部队领导的赏识和照顾，使该犯成长的前期一直处在他人的庇护下，但这些在其身上变相地体现出，其冲动且不计后果，行为偏激，分析问题能力差，自我教育、自我开导能力弱，几乎没有承受挫折的能力的特点。

（2）心理素质分析。经过监狱专职心理咨询员的访谈和16PF测试，表明该犯心理脆弱，缺乏挫折和失败的考验，多愁善感；敏感多疑，有神经质倾向；缺乏交往、有了苦闷烦恼无处宣泄，经常对别人充满疑惑，缺乏交流和求助意识；思维偏执，考虑问题时缺乏变通性；看不到自己的优点，看不到解决问题的希望；不善交流、融入群体性差，认识问题偏激、行为冲动。

（3）改造表现分析。入监初期，由于对监狱的陌生和惧怕，甲某思想上高度紧张，处处谨小慎微，因此表现看似正常。随着对环境的适应，该犯逐步表现出疑心重、较偏激和一定的暴力倾向，虽被民警批评教育和扣分处理，但效果不佳。特别是无期徒刑始终无法改判，该犯违纪的频率和行为（扣分）等级逐步升高，而且有轻生的念头。

甲某入监适应期过后，松弛的神经使其思想逐步活跃。其从一名优秀士兵沦为囚徒，从家人的骄傲变为不齿的罪犯，甚至与其断绝关系。该犯不能客观地面对现实和自我，伴随着激烈的思想挣扎、复杂的心理变化，其改造表现逐步恶化，自我认知和客观评价能力的不足，对自身价值的全盘否定，导致其自尊心扭曲放大和自信心丧失；行为上表现出多疑且极具暴力倾向，破罐子破摔，视监规纪律为无物；家庭关系的断裂，使其情感找不到归宿，无期徒刑因为财产刑不能履行而无法减刑，回归之路遥遥无期，对未来生活的迷茫和无助，导致该犯的安全感丧失，加之存在有负家人的极端自责，使其产生一死了之的念头。

三、改造措施

要想教育甲犯，首先要拉近民警与该犯之间的距离，在民警与该犯间搭建一个信任的平台。由于他的问题较为突出，几乎所有罪犯都疏远他，不愿与他共处。为了更好地包夹、管控、教育该犯，监区决定将该犯调入一班服刑，由负责管教工作的副监区长兼管班民警何智伟负责管理。管班民警第一时间对其他班内罪犯开展教育疏导工作，说服他们要接纳甲犯，要求大家在生活、学习、劳动等方面帮助和关怀他，让其重拾改造信心，并且要24小时不间断地对其进行暗包夹，及时汇报情况。在完成班内动员，为其塑造了一个较好的群体环境后，民警开始针对罪犯的具体情况，思考如何开展教育转化，进行深入的分析。

通过日常观察，管班民警发现，即使在其表现破罐子破摔的情况下，该犯的"背包"质量都没降低过，说明那段当兵的经历在他内心占有很重要的位置。因此，民警决定以军人背景为切入点，完成搭建信任平台的任务。

为避免因甲犯敏感多疑而可能造成的主动防御，民警没有直接正面接触该犯，而是采用迂回策略，总是在班组会时谈一些关于部队、军人等方面的信息，渐渐地甲犯从冷眼旁观到偶然参与。从那以后，逐步增加与甲犯的正面沟通，管班民警从自己如何当的兵，怎么来监狱工作的聊起，引导甲犯讲出自己的经历和家庭状况等情况，讲到伤心处该犯不禁失声痛哭。民警温和的态度、暖心的话语和细心的关怀，终于解除了该犯的戒备，信任平台得以基本建立。

良好信任平台的搭建，为后续的教育转化工作提供了广袤的正面战场。针对甲犯自我认知和客观评价能力的不足，通过加强有针对性的谈话教育，引导该犯树立自信心，认识到自己的价值，真诚沟通，仔细剖析，不但扭转了该犯对过去偏激的认识，而且能够平静地总结以往得失，作出深刻的自我批评。通过教育，甲犯终于想通了，认为自己不是一无是处，开始建立起一定的自信心。

在感化教育的同时，管班民警与该犯定下约定，要严格管束自身言行，用一名"军人"的标准要求自己，即使是服刑，也不能给当过兵的人丢脸！甲犯不但答应了，而且在接下来的服刑生活中，确实以这个标准要求自己，基本上杜绝了与他犯发生口角、摩擦的情况，人也变得开朗了许多，经常在班里和其他人讲当兵时的故事，看见有谁的"背包"不够好，就主动帮忙给弄，在班组"勤务社"小组活动中，他还主动担任监区的"背包"老师，忙得不亦乐乎。

甲犯父母都是农民，本因甲犯吃上"公家饭"，在乡里乡亲面前扬眉吐气，但没想到被判刑入狱，丢尽了颜面，其父也不堪乡亲的指指点点，大病一场，出院后便独自搬到自家果林的草屋住。但其母还是始终放不下孩子，亲情会见时，其母在与民警的沟通中，对该犯的思念与关切溢于言表。管班民警在告知甲犯在监狱的表现及原因后，晓之以理、动之以情地开导该犯母亲鼓励该犯好好服刑改造。在民警的不懈努力下，该犯母亲终于答应与该犯通过亲情电话进行沟通。

电话接通的一刹那，甲犯听到母亲久违的声音，嚎啕大哭。通话结束后，该犯主动来到民警办公室，向每名民警鞠躬、道谢。甲犯激动地说："队长们为我没少操心，这我都知道，我也不会说话，请大家看我的表现。"

之后，甲犯开始加速向好的方向转变，改造积极性逐步增强，特别是劳动态度转变很大。在前期工作的基础之上，为了帮助该犯走上正确的改造轨道，民警积极引导该犯参加班组建设活动，加入"勤务社"小组，参加各项"勤"文化的活动，培养该犯的荣誉感和责任心，帮助该犯重新找到生活、改造的目标。

为了进一步巩固教育效果，管班民警还积极与监狱心理矫治中心联系，推荐该犯参加"经史合参"和"内视观想"改造项目。在完善的包夹管控措施的基础上，提前与中心介绍该犯情况，针对其设立教育方案。该犯全年共参加了1次"经史合参"和2次"内观服务"，效果显著，该犯不仅不再沉默寡言，还能够敞开心扉与他人交流学习传统文化的心得体会，对自身存在的问题也能进行充分反省和反思，获得了内观中心民警的认可与表扬。

四、改造效果

通过一系列有针对的教育转化和对该犯改造表现的观察，结合监狱心理矫治中心的跟踪结果，认为甲犯危险性已经消除。经监区集体研究，监区提请撤销该犯的危险性极高危等级。

2019年8月，甲犯也通过自己的努力改造获得监狱表扬奖励，监区以该犯能够真诚认罪悔罪、自觉遵规守纪、积极参加学习和劳动的现实改造表现为由，为其呈报了减刑。

精诚所至　金石为开

北京市第二监狱　高东伟

　　入监罪犯甲某，系"多进宫"罪犯，入监后，该犯情绪不稳定，几次和周围人发生口角，被监区定为重控罪犯。针对该犯情况，管班民警细致查找犯因，结合该犯改造表现和心理行为，采取多项教育措施，成功转化该犯，使该犯放弃了消极、抵触、混日子的想法，重拾了信心，顺利完成了入监教育考核。

一、基本情况

罪犯甲某，男，35 岁，汉族，初中文化程度，捕前为农民，"三进宫"，曾因非法拘禁罪获刑一年，因抢劫罪、盗窃罪获刑十年六个月，因抢劫罪获刑十二年。2016 年 8 月 10 日入监，在民警动员教育时，该犯因不遵守会场纪律受到批评。入监后，该犯情绪不稳定，几次和周围人发生口角，民警检查该犯规范背诵，该犯讲："我这些天没有背诵规范，而且从来都没有想背诵规范，无所谓，我已经做好在集训队待到回家的准备了。"根据甲犯入监后的综合表现，监区将该犯定为重控罪犯。

二、案例分析

（一）犯因分析

针对该犯的问题，管班民警细致查找该犯行为表现的原因，具有以下几个方面。

（1）该犯系"多进宫"，捕前受社会闲杂人员的影响，养成的恶习较深，不良习惯较多，并且该犯文化程度较低，法制观念淡薄，自控能力较差。

（2）该犯此前两次被判刑，有过看守所和监狱的服刑经历，在认知上存在偏见，对民警存有抵触心理，认为民警对其违规行为的批评是有意针对他的。

197

（3）该犯性格偏内向，不愿意与其他人进行交流，反改造意识强烈。

（4）该犯对自己犯罪行为没从根本上真正认识，内心有强烈的不平衡感，处于失衡状态，因而形成不认同、不接受的抵触情绪，有着强烈的逆反心理。

（5）该犯刑期较长，存在"混日子"的思想，身份意识不强，服刑意识淡化，消极应对改造。

（6）该犯对家人存在偏见，认为此次犯罪父母没尽力帮助他，对亲情产生了怀疑，存在"破罐子破摔"的无所谓心理。

（7）该犯意图通过不背诵规范引起民警重视，不惜因此被集训或禁闭处理，体现其不计后果的偏激想法。

（二）入监后改造表现

甲犯于 2016 年 8 月 10 日入监后，与班内人员关系紧张，脾气暴躁，与人经常因生活琐事发生口角，日常比较消极，混泡思想严重，对民警的管理存有抵触。

（三）心理行为表现

监狱心理评估报告显示，该犯表现为忧郁、对未来悲观，对自己评价过低、缺乏信心。该犯在面临这类意外情况时，不知道如何处理，往往用过激行为表现出自己的烦躁情绪。

三、改造措施

通过对该犯综合分析、了解，民警对该犯的管理教育采取了以下措施。

（1）通过周围罪犯了解该犯的状况，做到知己知彼，心中有数，暗中布置人员对其包夹防控，防止打架发生，防止意外情况出现。

（2）加强法制教育，从知法、懂法、守法方面对其进行遵纪守法教育，增强该犯的法制观念。

（3）注重情感教育，谈话注意方式方法，在谈话入题前先同该犯聊家常，消除其不安心理，减轻其心理压力，从而缩短与该犯的心理距离，以达到联络感情、引发该犯说话欲望的目的，而且还可借此机会观察该犯的情绪，为进入正题定好"基音"。

（4）针对该犯性格内向、极好面子的特点，对该犯教育也区别于他犯。集体教育中给其留面子，同时也说到，什么事都是相互的，想让别人尊重自己，要先学会尊重别人，面子是自己挣的，不是别人给的。民警尽量选择既能表达本意，又能使对方接受的语言，如"关于这一点，我认为正确的应该是……" 十分理解地说，"待条件许可时，我们会考虑的"。这两种回答虽然都未满足其要求，但是照顾了该犯的情绪，维护了该犯的自尊。

（5）摆事实、讲道理，耐心教育该犯一个人应该首先学会给予，然后才有所得。就像父母一样给予孩子十几年的养育和爱，儿女会好好赡养父母。出生就抛弃子女的父母和不孝敬老人的儿女，晚年很可能也不会幸福，即使儿女好好赡养他们，他们也会深深自责自己当年的行为。

（6）向该犯宣讲现行的各种改造政策，讲解现在的计分考核、减刑等规定，劝告其要及时调整情绪，积极改造，不要"破罐子破摔"，消极混泡是没有出路的。

（7）深入地开展谈话教育，教育其对自己、对社会、对他人、对家庭要负责任。让该犯认识到"浪子回头金不换""混不如干"的道理，使该犯体会到人身自由的可贵。

（8）组织该犯参加监狱组织的文化大课堂、精品课讲座、案例剖析、心理辅导等活动。在活动中，该犯反思自己的行为，提高了思想认识。

（9）用放大镜挖掘该犯身上的闪光点，肯定该犯平时改造中好的方面，如能搞好内务定置卫生。在谈话中耐心地倾听，让其能"一吐为快"。情感上的顺利沟通是谈话成功的前提。如果该犯谈话中缄默不语，说明其心绪不佳，这时民警就相对谨慎，谈其他而不入正题，以免激起其不愉快的情绪，在情感上赢得该犯的信任。

（10）在得到该犯的信任后，严厉批评其错误行为，指出该犯没有吸取前两次的判刑给其带来的教训，希望此次能有真正的改正。每个人都有自尊心，正确的自尊心和虚荣心是不同的。从早日出狱赡养母亲等方面，利用亲情教育、挽救他，促使其向民警敞开心扉，进一步接受疏导、教育，直至成功转化。

四、改造效果

通过深入教育及民警真诚的帮助和关心，该犯终于放弃了消极、抵触、混日子的想法，重拾了信心，有了改造的动力和目标，该犯表示自己会严格遵守监规纪律，积极参加改造和教育，争取用最短的时间背熟规范，争取早日获得减刑，争取早日回归社会与家人团聚。

祛病疗心　重塑人生

北京市天河监狱　周文静

> 　　罪犯甲某由于患有乙肝，入监当日进入传染病班进行隔离。该犯一开始认罪悔罪态度差、规则意识缺失、抵触改造心理强、消极爱哭、悲观敏感、丧失人生信念，经过民警因人施教、攻心祛病，促使其积极改造、真心悔过，最终其服从安排被遣送至原籍，还为管班民警送上了锦旗。

一、基本情况

甲某患有乙肝，其缺乏遵守监规纪律的观念，得过且过，小错误不断，对于监区统一组织的教育改造活动表现出消极抵触心理，在班组内以自我为中心，与同班组罪犯相处不融洽，总是沉默寡言陷入沉思，对未来的服刑生活持绝望煎熬的态度。在第一次与之谈话中，该犯自始至终瑟缩着身体哭泣，表现出极大的焦虑不安，对于民警的提问，该犯既紧张畏惧又显得茫然无措。

二、案例分析

（一）观察分析

经过观察分析，民警总结其存在的问题主要有以下三个方面。

一是由于该犯入监后才得知自己患有乙肝，疑心是在看守所关押期间被传染，内心恐惧痛苦，对传染病担忧。同时由于整个监区内仅有自己及其他几名罪犯为传染病罪犯，总觉得被他犯歧视排斥，不愿参与集体活动，内心备受煎熬，对改造存在抗拒。

二是对自己的刑期及罪名抵触，认为服刑之路痛苦漫长。该犯的成长经历较为顺遂，没有经历过人生坎坷，面临转换身份后的巨大落差，无法接受自己成为罪犯的事实，失去对未来生活的期待与信心，自述不知道今后的人生还能做什么，这段服刑经历将成为自己难以抹去、无法面对的污点，因此漠视监规纪律，对改造存在抵触。

三是出于对家人的思念担心，对自己不能承担家庭责任感到悲痛自责。自己服刑的事尚未告知年近 90 岁的母亲，另外，女儿刚刚成年，独自一人在国外边打工边留学，家中背负巨额经济赔偿，无能为力与深深的自责成为压垮她精神、心理的最后一根稻草，故对改造不理解、不配合。

（二）分析改造该犯的优势与难点

1. 优势

（1）该犯文化水平较高，具有一定的法律知识基础及写作能力。求知好学，听课较认真。

（2）该犯情感丰富，家庭观念重，给家人写信时语句乐观，不希望家人为自己担忧。

2. 难点

（1）该犯认为自己在非法吸收公众存款的案件中没有实际掌握钱款，故虽认罪，但觉得冤屈。

（2）该犯情感过于细腻敏感，对周围环境的适应能力较差，抗打击能力薄弱，心灵脆弱。

（3）该犯虽认罪，但认为刑期较长，对前途感到悲观失望，完全否定自己，不愿接受现实。

（4）该犯认为班组其他成员冷漠自私且恶习较多，不愿与之接触，不愿承担班组内的公共事务。

三、改造计划

根据该犯目前丧失人生信念、悲观消极、抵触改造、监规纪律意识差、注重家庭亲情等方面的状况，民警因人施教，结合"五大改造"的要求，综合运用多种矫治技术和心理疗法，为其制订了"六步走塑新生"的改造方案。

第一步，民警深入谈话，与其建立良好的信任基础与情感交流基础，倾听该犯焦虑不安情绪的倾诉并记录分析，尊重该犯的细腻情感并呵护其脆弱无助的心灵。

第二步，落实政治改造。制订心理干预方案，帮助该犯敞开心扉，主动积极接受自我，并加入爱国主义教育内容，增强五个认同，促进其认罪悔罪。

第三步，提升劳动改造质量。通过团体活动及生产劳动竞赛等方式引导该犯与班组成员打破隔阂，营造良好的班组氛围，在集体活动中稳定情绪。

第四步，营造浓厚的文化改造氛围。通过多种兴趣小组活动提升该犯的改造积极性，发挥该犯的特长能力，做到以文化人，为其找到生活的信心，重塑人生信念。

第五步，严格落实监管改造。建立严格的《一日生活制度》考核机制与自我参评机制，帮助该犯成为合格罪犯。

第六步，润物无声的教育改造。加强与该犯日常的沟通交流，民警树立良好表率，公正、文明、严格执法，为其今后安全遣送打下坚实基础。

四、改造措施及效果

综合运用 NLP 身心语言程序疗法，从日常改造环节的每个角度进行渗透式教育。N（Neuro）指神经系统，意译为身心，指比较稳定的身心素质、结构及比较逸动的身心状态。L（Linguistic）指语言，指沟通中所用的字眼、短句和音调及一切身体动作；还有内心的对话、想象也属于语言的范畴。P（Programming）指程序。通过语言来影响自己与他人的身心，这个影响的过程，NLP 称之为程序。

民警借助笔纸交流的方法，深化沟通理解。民警为班组内成员每人准备了一个交流本，该犯拿到本子之后十分珍惜，自述入监前便有记录日记的习惯，表示会好好利用交流本，坦诚内心想法。在交流本中她写到自己对未来服刑生活的恐惧，对自我价值的否定，对家中亲人的忧虑。民警对此进行回复，借助名人名言对其进行鞭策，该犯十分感激，逐渐对民警建立了信任。

（一）心理干预方案，缓解焦虑情绪

在对民警信任的基础上，该犯能够配合民警的教育活动。民警带该犯进行沙盘活动、"秘密花园"涂色活动，综合运用"观息法""净化法"等心理干预方法为该犯疏解排遣。该犯一开始对这些活动表现出敷衍不当回事儿的态度，之后便主动要求参加。这一系列的心理干预活动，目的都在于缓解该犯的紧张焦虑情绪，促使该犯平复心情，正确面对传染病。

（二）热爱法律尊重法律，真心认罪悔罪

经过一段时间的情绪处理，该犯基本能够服从管理，主动调节，但其焦虑的根本原因在于对罪刑的抗拒。故民警运用政治改造手段，加强法律知识教育，促进其认罪悔罪。

该犯自述，从小父母就教育自己，要做一个正直善良、品行端正的人，入狱服刑对她来说十分耻辱、不愿意接受，虽然认罪了，但是因为自己只是财务负责人，并没有拿过一分钱，所以对服刑十分不认同。民警在分析其判决书之后告知该犯，法律是公正、严格、明确的，作为公司主要的财务负责人，其在非法吸收公众存款的过程中起到了十分重要的作用，且最终侵犯了他人的财产权利，认罪受罚才能获得真正的解脱。该犯真心认罪悔罪，并在交流本上认真反思了自己的罪行，表示今后一定努力积极改造。

（三）发挥写作特长，重拾人生信心

在多次的交流中，民警发现该犯具有较强的写作能力，遂鼓励该犯向《新生报》投稿。该犯表现十分积极，并且很快上交稿件并最终中稿，并于当月通过计分考核条款，在教育改造加分中加4分。在稿件中她表达了对监狱改造模式的肯定，对监区关心她支持她的感谢，对管班民警的付出的感恩。民警对她的进步表示肯定，并对她提出了新的要求，希望她能带动班组成员一同进步。该犯表示今后还想继续从事财务工作，但是一定会严格遵守法律法规和规章制度，重新开始自己的后半生。

（四）营造班组良好氛围，提高班组建设参与度

与该犯最初时的绝望痛苦相比，在一步一步的改造措施的实施下，她变得越来越坚强乐观，言行举止都严格按照监规纪律进行。但是传染病班仍旧存在散漫、漠视监规等问题。在一次清监活动后，班组其他成员出现小问题，她感到十分担心，主动帮助他犯整改问题，并提出想担任班长，为改善病犯班整体纪律情况作出努力。

（五）民警与罪犯家属建立联系，共同助力罪犯改造

该犯担任罪犯班长后一直积极改善班组问题并配合民警对多名罪犯进行包夹控制，帮助民警完成多项班组建设活动。该犯情绪一直保持稳定并且更加乐观积极，还与民警畅谈出监后的人生规划。在民警注意到该犯近三个月没有收到家属来信与会见通知的情况后，积极联系狱政科，与该犯家属取得联系。因为该犯的巨大转变，该犯家属于次月前来会见并带来锦旗。家属称该犯在最近几个月的信件中，一直积极分享其在狱内取得的进步，对未来的生活表示出憧憬，对家人不再一味地自责，明显感受到了该犯稳定乐观的情绪。

届临出监罪犯教育改造案例

北京市未成年犯管教所　万智英

　　届临出监罪犯是指即将服刑期满释放的罪犯。为了便于管理和教育，罪犯释放前三个月集中在出监教育中心接受出监教育。本案例主要介绍了运用心理矫治方法，帮助一名届临出监罪犯缓解心理焦虑的问题。通过案例分析，总结届临出监罪犯群体的心理特征、改造方法及措施，并针对案例谈一些体会和启示。

一、基本情况

　　罪犯甲某，男，48岁，因盗窃罪被判处无期徒刑。甲某自原监狱调入未成年犯管教所出监教育中心接受出监教育后，多次在不同场合发牢骚、说怪话，以自己出监后无处居住、无亲可投、无生活来源为由，消极改造，大错不犯、小错不断，监区民警多次对其不良表现提出批评，效果不佳，在监区造成极坏影响。

二、案例分析

（一）现实表现分析

　　针对甲犯的问题，监区民警进行了多次集体分析和研究，部分民警根据以往管教经验认为甲犯无故消极改造，影响监区正常改造秩序，提出应该对其进行严厉打击以警示他犯。但多数民警认为应该对甲犯多进行观察和了解，找到甲犯问题行为背后真正的心理原因，从根本上对其进行改造。

　　一方面，通过仔细观察甲犯的日常言行，民警发现甲犯在卫生值周过程中非常认真，不嫌脏、不怕累，且从未抱怨。这与其他对出监教育持抵触、故意扰乱监管秩序的届临出监罪犯有所不同。这进一步验证了民警的判断：甲犯有严重的心理困扰，在对其严格管理的同时应加强对甲犯的深入接触，掌握其真实的心理状态，以便采取相应措施。

另一方面，民警向与甲犯在原监狱一同服刑多年的罪犯了解情况，他犯反映甲犯个性较强，但一直表现较好并多次获得减刑，只是多年无人接见，临近回家，在班内不愿听别人谈论家人以及回家后的相关事情。了解到这些情况后，民警分析认为甲犯可能是因为届临释放，对自己释放后即将面临的实际问题无着落而产生焦虑、心理烦躁和紧张，并出现一些反常行为。

（二）原因分析

本案例中甲犯之所以会出现消极改造、扰乱秩序等问题，一是特殊时期的客观心理反应，甲犯服刑多年未与家人联系，临近释放，对即将面临的生活和问题无所适从，不知如何处理，对未来没有希望。二是对新的改造环境不太适应，对民警的管理、教育以及民警的工作不了解、不信任，有心理问题不知道怎么解决。三是个性强、好面子，担心出监时无人接而被他人笑话、看不起。

（三）特点分析

甲犯的心理和行为特点在届临出监罪犯中非常典型，具有代表性。这部分罪犯具有以下心理特征。

第一，内心比较浮躁，茫然失措。临近释放，罪犯的主要精力集中在回归社会后如何生活、家人如何对待、如何与人相处等问题上，而这些问题多数在此时没有准确信息，因而罪犯显得心神不宁、不知所措，紧张、焦虑、失眠等问题也时有发生。

第二，抵触情绪出现，原形逐渐显露。部分届临出监罪犯虽然在监狱经过了多年的改造，但其身上的恶习依旧很深，临释放阶段不需要分也不需要减刑，因此恢复散漫、懒惰等陋习，对民警的管理出现抵触情绪甚至不服管理，积郁多年的不满情绪也很容易爆发。

第三，焦虑心理普遍存在。经历了十多年的刑期煎熬，罪犯内心充满了对回归的喜悦和期盼，但是也有一种焦虑心理。这种心理也是临释放人员普遍存在的心理，通过调查发现，大约有85%的罪犯在临近释放的时期需要通过吃安定来帮助睡眠，60%的罪犯需要吃果导片或牛黄片来通便去火，这种生理上的不协调正反映出其心理上的焦虑。他们的焦虑心理主要来自对不断发展的社会环境的陌生感与社会竞争的恐惧。很多罪犯意识到自己一无技能，二无学历，三有前科，按正规渠道是很难就业的，未来的生活是没有着落的。

因此，对届临出监罪犯的管理和教育，不仅要掌握罪犯的心理特征，还要根据他们的行为特点来制定相应的管理措施。民警对罪犯掌控能力的高低决定了罪犯行为的走向，也影响着监管改造秩序的稳定。

三、改造措施及效果

（一）深入访谈，进行心理辅导

对于甲犯的现实表现，民警没有给予太多的指责，而是耐心地与其进行交流，经过多次接触、耐心疏导后，甲犯打消了对民警的抵触心理，慢慢表露出真实的内心想法。原来甲犯入狱后，其父母相继去世，家中只有一个弟弟，但始终没有来往，甲犯觉得自己连累了家人，也一直未与家人有任何联系。如今，甲犯即将刑满释放，他既想见到家人，又觉得无颜面对家人，同时又害怕其他罪犯瞧不起自己，对民警也不信任。每每想到这些，甲犯的心里就一团麻，不知如何面对未来的生活，对自己没有信心，什么都不想干，压抑多年的情绪终于爆发。

针对甲犯目前的心理状况，民警认为这属于典型的出监前心理焦虑，遂对甲犯进行心理疏导，帮助甲犯减轻心理压力，提升自信心。

（二）进行家访，解决实际问题

针对甲犯的实际困难，监区决定与其家属联系，帮助甲犯顺利回归社会。经过多方努力，民警找到甲犯的弟弟，将甲犯情况如实告之，并希望他能接受甲犯。甲犯的弟弟了解到甲犯的现状后非常激动，与家人来所接见，并向甲犯表示父母不在，兄弟之情最珍贵。其弟还告诉甲犯，已经将甲犯释放回家的住房修缮，在释放当日他将和家人来接甲犯回家。

重拾亲情的温暖让甲犯感动万分，心头的疙瘩立即解开了，甲犯对监区民警为他付出的努力表示感谢，并对其前段时间的消极表现深表歉意。直至释放，甲犯表现积极，心态良好。

传统文化荡涤心灵　绚烂"彩虹"绘出新生

北京市潮白监狱　王世华

本案例罪犯是重控罪犯，吞食异物后拒绝监区提出的做手术取出异物的建议，拒不配合治疗，逃避学习、劳动、集体活动等，甚至向监区、监狱提出调换监狱等无理要求。民警与其谈话后，发现该犯有被关怀的渴望，找准切入点，通过深入细致的个别谈话，促其摆正监规纪律和自我个性之间的关系，引导甲犯正确处理改造期间的各种人际关系，挖掘其兴趣爱好，激发其改造热情，最终促其真诚悔改，走上踏实改造的正路。

一、基本情况

甲犯，男，43岁，北京人，汉族，初中文化程度，未婚。因犯贩卖毒品罪、非法持有毒品罪，被判处有期徒刑十一年，剥夺政治权利一年，2017年9月调入监区服刑改造。甲犯是一名"多进宫"罪犯，曾在多家监狱服刑改造，对抗改造经验丰富，极度不服从管理。在看守所，他吞食了异物（三根竹签，长21cm，包裹塑料布），想要达到保外就医的目的，未果。在调入现监区后，他拒绝监区提出的做手术取出异物的建议，拒不配合治疗，逃避学习、劳动、集体活动等，甚至向监区、监狱提出调换监狱等无理要求，对此情况，监区高度重视，请示监狱，迅速响应，积极采取措施，对甲犯进行包夹管理，将其确定为监狱级重控犯。

二、案例分析

（一）犯因分析

（1）成长经历。从小甲犯父母对其疏于管教，不闻不问，任其"野蛮生长"，致使其初中毕业后就浪迹社会、游手好闲、不务正业，偷窃、抢夺、打架时有发生，整日与社会闲散人员混在一起，养成了种种恶习。

（2）社会经历。步入社会后，甲犯无正当职业，结交了众多狐朋狗友，养成了自控力差、行为散漫、不劳而获的坏习气。他的社会经历极其复杂，前科、犯罪史极多。曾经"六进宫"，是名副其实的"顽劣之徒"。

（二）入监改造表现

甲犯在 2012 年因贩卖毒品被刑拘后，吞食了 12 根铁钉，后在公安医院治疗无果被保外就医，因占到了便宜，尝到了甜头，所以在本次犯罪被刑拘后，他还想如法炮制，吞食异物自伤自残，想再次保外就医，未果。但甲犯却错误地认为自己找到了对抗管理的有效办法，由于此次吞食竹签尺寸较长造成胃穿孔，严重伤害了身体，他便借机长期卧床，加之刑期较长，看到减刑政策不断收紧，更失去了改造信心，自暴自弃，索性产生了对抗到底的念头。

（1）法律意识淡薄。由于只有初中文化，甲犯没有接触过更多的法律知识，加上长期混迹于社会，说话做事凭义气、靠拳头，缺少法律意识。入监后，更不把监规纪律放在眼里，做事还是社会上的那一套，我行我素，做什么事别人都得顺着他。

（2）家庭原因。甲犯父母从小对其疏于管教，没有受到过良好的家庭教育、社会教育，因此，其"三观"严重扭曲，在与他人的交往中，缺乏基本的尊重、平等因素，听不进他人的劝告，常以自我为中心，从不顾及他人的感受。

（3）自身原因。甲犯系"多进宫"，自认为对监狱的管理轻车熟路、了如指掌，藐视一切监规纪律，拒绝管束，对挫折的容忍力差，受挫后易引起强烈的情绪反应，久而久之即形成用偏激、仇恨的眼光看待现实生活的消极心理定势。改造中，他始终拿自己的病情说事儿，不顾一切地顶撞民警，对抗改造。

（三）心理行为表现

管班民警在日常的观察中发现，甲犯认知偏激，性格古怪，心理健康水平低，情绪不稳定，易冲动，常常以自我为中心，不能很好地适应环境，内心经常处于紧张、焦虑的状态，错误地认为有能力、有资本对抗改造，产生极其恶劣的影响。

（四）教育矫治的难点

（1）认知因素。甲犯受家庭的影响，在性格形成时期没有受到良好的教育，长时间的改造生活使其处理问题容易意气用事，脾气一旦上来就不顾一切地发泄出来，事事都以自我为中心，不管不顾。

（2）性格因素。甲犯自身性格存在严重缺陷，不会正常与他人沟通，有问题也不能及时反映，遇事不冷静且多疑，不能正确地看待身边事物，不能正确地排解负面情绪，不能正确地寻找解决问题的方法，性格属于偏冲动型。

（3）心理因素。甲犯性格冲动，叛逆心理较强，为人处事没有底线，缺少自我反省的能力，但凡认为自己的利益受到侵犯，情绪波动极大，不计后果，心态偏激。

三、改造措施

针对甲犯的特定情况，管班民警制订了切实有效的矫治方案。在日常的工作中利用甲犯希望被关注、被关怀的渴望，找准切入点，通过深入细致的个别谈话，促其摆正监规纪律和自我个性之间的关系，引导甲犯正确处理改造期间的各种人际关系，充分挖掘其对传统文化的兴趣爱好，取其精华，去其糟粕，持续激发其改造热情。

（1）从甲犯渴望健康的角度出发，在生活上予以关怀，增加其对民警的认知度。在详细了解甲犯的情况，确定矫治方案后，管班民警充分利用各种机会同甲犯进行沟通，谈话中不是批评其错误的行为，而是先关心甲犯的身体、病情，同其聊家常。一天晚间，管班民警从监控里看到甲犯躺在床上，手紧紧地捂住胃部，面部表情很痛苦，便马上进入监舍查明原因，原来是甲犯的胃病又犯了，此时的甲犯额头上已经有了汗珠，管班民警立即汇报监区领导，协调就医，一路上为担架上的甲犯披好被子，怕他感冒，还亲自为其擦去汗水，在得到妥善诊治后，特意安排同监舍罪犯对其进行照顾、包夹，这一切让甲犯很感动，使其增强了对民警的认知度，建立起"有问题找警官"的服刑意识。

（2）发挥"彩虹班组"平台作用，营造和谐氛围，让其体会团结互助的重要性。甲犯所在班组被命名为"彩虹班组"，蕴意是彩虹有"赤橙黄绿青蓝紫"七种颜色，这是由大气中的小水珠经日光照射发生折射和反射作用而形成的。班组内的每名成员都是反射日光的小水珠，反射出自己的优点、正能量，颜色就是美丽的，反之就是灰暗的，每个人都发挥出自己的优点，就能形成一道美丽的彩虹。在日常的监管工作中，管班民警结合班组成员的实际情况，充分发挥"彩虹班组"平台作用，开展法律、道德、文化等教育活动，并引导甲犯积极参加，矫正自身恶习，归正人生航向，让甲犯从中体会和谐互助、与人沟融的重要性。

（3）不断挖掘甲犯的兴趣爱好，用传统文化荡涤心灵，促其蜕变重生。管班民警通过侧面了解，发现甲犯喜爱阅读，特别热爱古诗词等中华优秀传统文化，这是他与班组其他罪犯沟融的重要途径之一，管班民警便抓住这一关键点，在个别谈话教育中有意引入关于古诗词的话题，终于打开了甲犯的"话匣子"。同时，管班民警结合班组建设实际，把甲犯教授别人诗词的行为在《彩虹桥》班报上作为好人好事予以表扬，还让他在周六教育日上与其他罪犯分享学习中华传统诗词的体会，让他的自尊心得到满足。通过参与这些班组特色活动，甲犯的思想有了巨大转变，认识到自己还不是一个"废人"，在改造生活中还大有可为，有可以发挥自己特长的地方。

管班民警见时机成熟了，便趁热打铁向他摆明如果不取出异物，身体状况继续恶化下去的严重性，如果真成了残疾，就再也没有能力学习这些美好的诗词了，生活都不能自理，后面的人生路该多么难走啊！经过反复做工作，甲犯终于解开心结，同意接受手术。在他取出异物回到监区后，管班民警进一步巩固已取得的成果，继续为甲犯争取参加各种文化活动的机会，推荐他代表监区参加了监狱各种活动。经过反复做工作，甲犯终于战胜了"心魔"，端正了改造态度，走上了劳动岗位，步入了新生之路！

四、改造效果

经过一段时间的教育转化，甲犯的思想和行为都有了翻天覆地的变化，通过不懈的努力，终于摘掉了"重控"的帽子。现在的他心态积极、表现稳定，不但积极参加各项学习教育活动，还力所能及地参加劳动改造，走上了真诚悔改、踏实改造的正路。

回顾对甲犯的矫治工作，以及劝导他接受手术取出体内异物的过程，管班民警深感：改造罪犯最重要的是要由"心"突破，让罪犯找到自己在改造中乃至人生中的价值，从而打开被枷锁住的心灵，才能达到真正矫治罪犯的效果！

多措并举化冥顽　健康心态促回归

北京市女子监狱　李晨慧

> 甲犯曾是监狱有名的"刺儿头"。该犯脾气急躁易冲动、遇事易意气行事，怨天尤人、满腹牢骚、行为散漫，被他犯称作"愤青"的代表。该犯因行为散漫、违规违纪，被扣分已成"家常便饭"。民警根据其特点制订了"尊重共情、因势利导、重建认知、建立自信"的改造方案，引导该犯走出自设的心理误区，改变其错误的心理认知，为其回归和融入社会奠定基础。

一、基本情况

甲犯，女，36岁，北京人，汉族，大专文化，因诈骗罪被判刑十年。

二、案例分析

该犯调入后，责任民警通过查阅罪犯档案、查监控、与该犯谈话，进一步了解该犯的个人信息；该犯的自私自利、行为散漫严重影响了班内其他人的改造生活，而且该犯是标准的"刺儿头"，动不动就和班内人、班外人发生争吵，扣分也是常有的事，而且动不动就情绪激动，无法控制，经常与他犯发生冲突与口角。

一是"寻求公平"导致消极情绪陡增。责任民警发现该犯入监当日虽没有极端行为，但在与民警谈话中仍表现出情绪不平静，并愤怒地说，"我扣分都是背后有人到警官那'扎针儿'的结果，肯定是警官对我有成见，故意针对我，不然为什么不扣别人偏偏扣我，不公平，我做人就是直率，所以很多人恨我，因为我挡了他们的道"。该犯一直在监狱中寻找公平，总认为别人对自己不公平，自己比别人强。

二是"愧疚悔恨"导致自我认知偏差。责任民警了解到，甲犯出生于知识

211

分子家庭，父母均为北京大学教师。该犯从小聪敏可爱，极受父母宠爱。25岁时，父亲突然去世使其一夜之间成为家庭的顶梁柱，由此也逐渐养成了"独断专行"的个性。这次判刑入狱，使其产生了强烈的对不起故去的父亲、对不起家中老母、对不起妹妹的愧疚心理。在这种心理作祟下，该犯常在内心深处把家中的生活状态与身边的罪犯拥有的一切进行攀比，不但导致其产生了自我认知偏差，还使其生活在虚幻的自我满足的"圈子里"，逐渐与人群脱离，失去了与人交往的机会，虚妄的自信不断膨胀。

三是"高层次需求"导致思维认知偏激。责任民警综合分析后认为，从职业特点上看，该犯大专毕业后，曾有一份较好的工作；从成长经历上看，该犯在家中备受宠爱；从个性特点上看，该犯自我意识过强。这些成长要素导致该犯自尊心极强、爱面子，对尊重、爱与归属以及自我实现等高层次需求强烈。

三、改造措施

责任民警在进行全面分析后，准确把握其心理特点、行为表现和心理诉求，制订了"尊重共情、因势利导、重建认知、建立自信"的改造方案，采取"因势利导""追根寻源法""期望激励法"等措施，并在施教过程中，针对该犯的性格特点，在尊重与平等的基点上，准确把握"分寸"和"尺度"，引导该犯走进民警设置的教育氛围，引导该犯走出自设的心理误区，改变其错误的心理认知，让其看清极端自我造成的无痕伤害，重新定义服刑改造的积极意义，恢复健康心理机制，为回归和融入社会奠定基础。

一是尊重共情、追根寻源、管控情绪。为安抚该犯紧张、焦虑的情绪，监区将该犯安排在氛围比较和谐的班集体。责任民警在谈话中告诉该犯："我不管你的过去，也不听别人的评价，只从现在开始认识你、关注你。"一句坦诚的话使早已准备好一肚子话进行回击的甲犯一愣，那些试探性的话、牢骚话只能暂时咽了回去，换作一句"谢谢您"。

没有交锋的谈话并没有打消甲犯的疑虑，而是更加警惕地防范。之后，责任民警无论是白班还是夜班，都会走进班里看上两眼，问上几句。在节假日和甲犯的生日，责任民警都会送上温馨的祝福。同时，责任民警还在班组积极营造互帮互助的改造氛围，真诚的关爱有效抑制了其负面情绪的爆发，让甲犯心生很多感动。时间长了，甲犯找到了一种安全感，觉得警官的话不再是针对自己，有些事自己做得也不对，对民警的信任一天一天增多，一座无形的沟通之桥也悄然地搭建起来。

民警运用"追根寻源"的矫治方法，通过与甲犯一起分析，使其明白导致自己负性情绪的真正原因是"寻求公平心理"，并语重心长地说：这种心理的产生源于你不能正确地面对自己进监狱的事实，这严重地影响了你这些年的情绪和改造成绩，行为上的这些表现限制了你正常能力的发挥，使你失去了安全感，每天生活在焦虑和逆反之中，对民警执法的不认同、对改造环境的不认同、对班组他犯的吹毛求疵，不但没有寻求到公平，反而使你生存的环境更加恶化。民警的话语如同点醒梦中人，促使甲犯在深入思考中发现自己存在的问题。

责任民警还耐心地向该犯传授了消除这种不健康心理的方法，增强其自我认识情绪、自我管控情绪的能力，使该犯逐渐融入新的集体生活。

二是因势利导、责任强化、矫治需求。在该犯情绪稳定、行为约束力增强、与周围人员关系得到改善的情况下，责任民警把握改造时机，以创造机会适度满足合理需求的方法，提出对其心理存在的需求畸形、控制欲强、渴望赞许、需要认同、追求自我价值的心态进行矫治，使其增强责任感。该犯在调入五监区一个月后，责任民警大胆地启用该犯担任互监组组长。这个决定使该犯产生了责任感，并在岗位上表现得很出色。两个月后，监区采纳了责任民警的意见，让其担任罪犯班长和生产质检。

当该犯用自己的能力完成民警交给的任务，获得民警的肯定和为罪犯所接受时，责任民警在肯定成绩的同时，直接指出其依然存在自命不凡、好大喜功的心态和不足，再次引导该犯直面自己内心深处存在的问题，帮助其调整心态，进行自我完善。

随着回归日期的临近，该犯又表现出对未来不自信的浮躁情绪。民警没有采用责备和正面灌输的教育方法，而是耐心倾听、积极疏导、把握尺度，及时化解该犯负面情绪的同时，希望其能够理性、慎重地处理好自己的问题。同时，民警通过出监教育课程，对其进行社会适应性教育，使其多角度、多方面了解社会的发展变化，帮助其规划未来的人生之路，并叮嘱该犯："无论有再多的困难，都要把握好自己，让自己的内心强大，脚踏实地地做人，做守法公民，对自己、对亲人负责。"

四、改造成效

经过坚持不懈的思想启发、教育和心理治疗，该犯的自我约束能力明显增强，不良行为由收敛直至完全消除，不良心理需求得到明显矫正，对事物的思维认知有了明显的提高，性格行为有了明显的变化。2018 年 5 月 5 日，该犯带着对新生活的期盼、对民警的不舍，顺利回归社会。

心理矫治优秀案例

"经史合参"启蒙心智 "文化改造"化解顽危

北京市监狱 邱子鹏

本案例描述了一名重控罪犯的矫治过程。心理咨询师运用"经史合参"与"内视观想"的本土化心理矫治技术，通过有意识地导引，结合中华传统文化，成功改变了周某认知，纠正了周某原本消极的价值观，改善了周某的人际关系，促进其正常改造。

一、基本信息

罪犯周某，男，29岁，被监狱确定为顽危犯。平时在监区思想固执、偏激，经"危险性评估"显示，周某暴力、脱逃两项指标出现高危预警，表明周某存在脱逃及行凶闹事危险。

二、案例来源

由监区转介。

三、第一印象

（1）客观描述。周某身高1.7米左右，细长脸，寸头，两侧头发有白色头发茬，三角眼，眼神凝重，不苟言笑，话少，语速慢，衣着干净。

（2）主观感觉。周某的话语高傲，善于表现自己的独到之处，逻辑思维正常，情绪平稳，知行统一。对于不认可的谈话内容，周某会低头一笑，主观感觉有一丝轻蔑。

四、主诉

周某的心理问题主要体现在人际关系方面，以及可能出现暴力伤人的危险性。在周某看来，许多人他都是看不起的，经常会因为一些面子性的小事而破坏原本就不好的人际关系。而这些面子性的小事往往对于周某来说已经超出可承受范围，并且周某多疑，经常怀疑有人故意针对他。

五、主要心理问题及发展史

周犯自幼父母双亡，生活非常艰苦，除了一个堂姐目前承诺对其负责，没有其他任何亲属。因为周某一直以来都不愿表达自己的真实想法，对于民警和其他罪犯都极其不信任，因此很难掌握周某的其他信息。但是，根据周某仅有的一些履历以及周某目前的行为表现，可以看出周某内心极其自卑，外表的强硬是在保护自己内心的脆弱，极其要面子是因为难以承受别人触碰自己的自尊。

六、心理评估

（一）评估标准

周某没有主动寻求心理咨询的愿望，也没有要改变自己的意愿，周某目前的状况更像是他在监狱中形成的一种监狱型人格或是生存方式。他相对于监狱中服刑已久的罪犯还是单纯的，缺少生活的经验和阅历，难以和别人建立信任关系，他经受不住别人对他的欺骗或是"看不起"，在他看来唯一安全的生存方式就是告诉别人"我随时准备战斗"，所以这并不是单纯的解决心理问题的案例，也不应该死板地套用心理学评估心理问题的方式。

（二）症状依据

（1）Millon临床多轴问卷（MCMI）。周某在自恋型人格、偏执型人格、躁狂、酒精依赖、妄想症等各项指标都处于中等分数，其他各项都属于低分范畴，但结合周某的现实情况和行为表现，我们认为应该借鉴这些中等分的指标，综合考虑周某的评估问题。

（2）中国罪犯心理评估个性分测验。周某的聪敏、从属、波动、戒备和自卑等指标都处于低分和较低分。

（三）评估结论

咨询师认为周某存在一些自恋型人格倾向并有一些偏执型人格的表现。具体表现为对批评的反应是愤怒、羞愧或感到耻辱；喜欢指使他人，要他人为自己服务；渴望持久的关注与赞美；过分自高自大，对自己的才能夸大其词，希望受人特别关注；对无限的成功、权力、荣誉、美丽或理想爱情有非分的幻想；有很强的嫉妒心；常将他人无意的、非恶意的甚至友好的行为误解为敌意或歧视；将周围事物解释为不符合实际情况的"阴谋"；易产生病态嫉妒；过分自负；脱离实际地好争辩与敌对。

七、案例分析

根据周某的情况，我们有计划地安排周某参加 14 人一期的群体性的"经史合参"活动，消除周某的戒备心理。通过适当的导引，让周某感觉自己被尊重、被重视、被信任，进而促进周某对导引师的尊重和信任，促进周某积极地学习传统文化，积极地进行反思，从而对自己的人际关系问题有所感悟，对于自己将来的改造生活有一个很好的预期。

八、咨询目标及预后

短期目标是提高周某的自省能力，改善人际关系，从而改善周某的改造生活环境。

长期目标是帮助周某树立积极的人生观和价值观，形成健康人格，积极服刑改造，出狱后成为守法公民。

九、咨询计划

（1）通过"经史合参"活动与周某建立良好的咨询关系。

（2）在"经史合参"活动过程中，给予周某舞台，帮助周某充分展示其能力，使其找到真正的自信，而不是强化其"遮羞布"。

（3）在"经史合参"活动中，通过导引使周某体会中华传统文化中的精神，触动其原有的不和谐的或是畸形的价值观。

（4）通过"经史合参"导引周某在以后的生活中能够认真学习、钻研和践行传统文化，使其找到自己的人生目标，真正地变刑期为"学期"。

十、咨询过程

周某在包夹罪犯的"陪同"下，参加了监狱举办的罪犯"经史合参·内视践行·学习法"学习班。

在 7 天的学习过程中，导引师有意识地导引周某进行反省，比如让他领读，让他分享，让他演"孔子"……同时利用导引师的"尊重"和"敬事而信"的认真程度，每时每刻地影响着周某，让他体会到自己应该如何"经史合参"。

比如在学习中期，周某分享说："我原本没把这次学习当回事，我还带来了英语单词，准备趁没人注意的时候背背单词。可事实是这单词我一直都没有拿出来，并不是我多爱学习传统文化，而是导引师这种恭敬和认真的态度，让我根本就不好意思拿出来。"

在传统文化的熏陶中，周某似乎打开了一扇心灵的窗户，找到了自己一直在追寻的东西。他说："参加这个活动之前，我也曾接触过一些国学，因为不懂学习方法和耐不下心来学习，也就错过了与传统文化的交集。今天的我，对过往曾经有机会去学习传统文化而没有珍惜感到非常懊悔。在这里我通过学习《论语·学而篇》，明白了为人之本和为学的态度与精神，在老师系统地讲解和传授后，我个人因'经史合参'的学习方法大幅提高了自己的学习能力，结合自己的过往去参照经典剖析自己，摆事实，查问题，寻破解之道，这一连串一气呵成。同时结合自己这几天的学习，我对自己的犯罪有了一个清醒的认识，开始懂得人生观、价值观、世界观的塑造和梳理对于一个人有着不可低估的力量。"

学习过程中，周某认为"君子不重则不威，学则不固，主忠信，无友不如己者，过则勿惮改"这句经典对自己的影响最大。他正是运用这句话对自己进行"经史合参"的，他联系到了自己的人际关系、自己的为人处世，想到自己平时为什么会宁愿让别人下不来台也不愿意接受别人的帮助，这一切都是因为自己的自以为是，自己的固执，自己明知道错误也不愿意承认的倔强。周某体会到传统经典中已经把自己的毛病和解决方法都表达得很清楚了，自己只要好好学，照着做就可以了，所以周某在学习的过程中越来越开心。

他在朗读经典的时候突然发现，传统文化有时可以作为开解我们日常生活中遇到的困难和疑惑的钥匙。他深有感触地说："以前读过其他版本的《论语》，感觉没啥意思，如果是这样的话以后就没有必要读《论语》了。这次学习中，南怀瑾先生讲述的《论语别裁》却深深地吸引了我，教给了我很多做人做事的准则。如孔子说，'入则孝，出则悌，谨而信，泛爱众，而亲仁，行有余力，则以学文'，这句话可以说把人的一生该怎么做都讲得很清楚了，如果能按照这么做，即使不会有大的成就，也可以做一个非常完美的人了。以前对于财富和地位等的追求都本末倒置了，遇到问题没有人可以解答，现在可以从经典中找到答案，找到如何化解矛盾的方法。监狱生活里的很多具体事情都是如此，比如夏天热，人都浮躁，晚上大家都想早点洗洗，凉快凉快，进水房门的时候难免发生碰撞，我们该怎么办呢？经典告诉我们，应该在遇到麻烦以后以'礼'的方法去解决，控制自己的情绪。我以后会采取尊重别人的态度，这样就可以有效地解决问题了。"

十一、案例总结、评估与反思

"经史合参" 有别于传统的心理咨询，它不是一对一的心理矫治，而是 "一个团队" 对一的心理矫治。通过观察重控罪犯周某在学习和体验 "经史合参" 后的具体行为和表现，可以看到 "经史合参" 对于他的帮助是非常明显的。传统文化更像积极心理学，并不是问题取向，不是在那里拼命地分析问题，而是通过导引来改变罪犯的认知，改变他的价值观，使他不再出现危害别人的行为，进而积极地改造和生活，这种方法更适用于罪犯改造工作。

目前，心理矫治工作在监狱中的开展已经出现了 "瓶颈"，一方面是由于监狱环境特殊的因素使然，比如监狱中民警心理咨询师的双重身份问题、心理咨询与管教制度冲突问题以及心理咨询师的人员流失问题等。另一方面也说明这是社会发展的必然趋势，因为纯西方的心理咨询事业在中华民族发展必然会出现一个本土化的过程。而事实上，中华传统文化中所蕴含的心理学并不落后于西方，而且现在社会上许多流行的心理矫治方法的理念原本也是源于中华民族传统文化，如 "正念" "内观" 等。按照北京中医药大学教授刘天君老师《当心理咨询遇上传统文化》一书中的描述：20 世纪 80 年代以来，心理学的西学东渐是必然的，是对中国心理咨询与心理治疗的启蒙，但到了 21 世纪，心理咨询与心理治疗的本土化已经成为势不可当的趋势。

认知重建　重拾信心

北京市女子监狱　周　明

　　针对罪犯石某情绪低落、心理压力大、自信心缺失、抗压性减弱的问题，咨询师运用认知行为疗法，结合冥想法呼吸练习，经过四个阶段五次的心理咨询，其心理问题基本得到解决。目前石某能够重拾信心，彻底放松身心，认识并矫正歪曲、错误的思想，并学会运用呼吸练习自主缓解心理压力及紧张情绪。通过咨询师的认知行为治疗，目前石某心理症状已恢复正常。

一、个人信息

罪犯石某，女，63岁，硕士学历，贪污罪，已婚。

二、案例来源

主动求询。

三、第一印象

客观描述：头发花白，体型偏瘦，面色暗淡，语无伦次，与咨询师没有任何眼神交流，一直看向别处。

主观感觉：咨询师对石某的第一印象是精神不济、目光涣散，谈话过程中石某目光一直没有直视咨询师。石某是主动要求心理咨询，但通过第一次心理咨询谈话，咨询师并没有直接感受到石某的主动性，虽是主动寻求咨询，却存在很强的抵触，这使咨询师不好确定石某的心态，无法走近石某的内心世界。

四、主诉

入监以来，我一直遵规守纪，服从管理，担任罪犯班长也是尽职尽责，但因近期班组调整，改造态势严峻，班内人员违规问题频繁发生，最终结果是我连带被扣分并停工反省。我一直以来都热心帮助别人，现在反倒里外不是人，警官说我是老好人，班组罪犯说我不负责任、不称职，到最后错误都是我的，但我觉得我并没有违规违纪，也觉得警官不信任我。我觉得我一直都干得挺好的，我自己因为减刑的问题心理压力也很大，很烦躁，现在又有这么多事，我对未来没有什么希望，现在一点信心都没有。以前身体各项指标都很正常，但现在我的血压直线升高，高压 220 低压 150，头昏脑涨，在班内也不愿与别人说话，一写字手就抖，晚上入睡困难，常常失眠，也常做梦，但记不清，我感觉快顶不住压力了。

五、主要心理问题及发展史

石某曾无法面对突然违法犯罪而锒铛入狱的处境，心理防线瞬间崩溃，承受不住外界的流言蜚语，不能正确面对自己的罪行，一度丧失生活信心，悲观自弃，后经过警官的耐心教导，其重拾信心，积极参加监狱及监区组织的各项改造活动。

石某因近期班组调整，班内有监区老病犯、不认罪罪犯，加之目前改造态势严峻，班内违规问题频繁发生，对所从事的班长岗位也感觉力不从心，缺乏信心，频频扣分也使石某心理压力骤增，抗压性减弱，情绪低落，常常失眠，且因血压高，头晕，精神不集中，无法出工劳动。

六、成长经历

石某出生于干部家庭，父母学历都较高，很重视对石某的教育。石某在学习上认真、刻苦，取得名校硕士学位。工作中是单位的主管，多次被评为专家型业务人才骨干。

七、家庭背景及家庭关系

石某的双亲均为干部，家中有四个孩子，石某在家中排行第二，上有一个哥哥，下有两个弟弟，是家中的独女。父母对四个孩子从小就要求严格并身教重于言教，兄妹、姐弟之间关系都较好，往来密切，哥哥、弟弟对石某都很疼爱、关心，她一直以来都是家庭中的主导者，从出生到工作，直至入狱前都是一路顺风顺水，没有任何阻碍。石某在入狱后，家中所有成员都不离不弃，每月都来监狱会见，即使父母因年龄大无法探视，每月也必会让家人代问关心。家庭是石某温暖的避风港。

石某自己的小家庭也非常幸福，丈夫和孩子一直都是石某的精神支柱，丈夫包容爱护，女儿也像朋友一样与石某无话不谈，并在工作中青出于蓝而胜于蓝，这也使石某更加无后顾之忧，温馨的家庭和良好的成长环境都是石某健康人格的奠定基石。

八、心理评估

（1）评估标准。通过焦虑自评量表（SAS）心理测试，结果显示石某为轻度焦虑。

（2）症状依据。

管班民警反映：石某近期在日常改造中情绪低落，精神不集中，常常发呆，因为班组出现问题，停工反省，造成石某挣分受阻，并且血压不稳，血压监测达 220/150，总说喘不过气，写字手抖，民警与其谈话中发现其有抵触情绪。

班组罪犯反映：由于近期发生的事情导致石某情绪发生变化，原来其性格开朗，是个快乐的人，现在情绪低落，不爱说话，且常常发呆，记忆力不好，经常丢三落四，晚上睡觉也不好。

民警通过谈话、视频监控对石某进行了特别关注，发现石某日常行为有明显变化，以前出工积极，热爱学习，积极参加监狱及监区的各项改造活动，现在不愿意出班，总是发呆，日记中负性情绪多，对班组事情也不上心，不愿与管班民警反映情况。夜班罪犯反映石某夜晚睡眠不好，经常失眠，总是唉声叹气。

（3）评估结论。石某存在轻度焦虑情绪，初步诊断为一般心理问题。

九、案例分析

石某情绪低落、抵触情绪、失眠、身体机能等问题的根源在于其内心抗压性不稳，承受挫折力过低。入监初期，石某曾因无法面对违法犯罪入狱的处境，不能正确面对自己的罪行，一度丧失生活信心，悲观自弃。

此次因班组出现问题，民警和班组罪犯的责难使石某对自身行为出现质疑。刚入监时产生的心理落差可能还存在隐性的问题，致使此次的心理问题更为严重，等同于推翻了石某重新建立的本来就不太稳定的信心与希望，使石某认为自己在狱内服刑改造做的一切都是错的，不再被信任，也不信任别人，不愿正视自身问题所在，更不愿将自己的悲观心理呈现出来，全部闷在心里，导致出现焦虑、恐慌、情绪低落、失眠、多梦、手抖的状态，对民警和改造生活产生抵触。

十、咨询目标及预后

缓解焦虑情绪，稳定血压等身体指标；减轻服刑压力，正视自己的优缺点；理性面对生活，妥善处理遇到的各种事件。

持续帮助石某调整歪曲和错误的思维，找出其内心深处的负性核心信念，使其认识到自己常常不知不觉地、习惯性地产生的思想也可能是错误思想。

十一、咨询计划

（1）咨询设置。咨询每周一次，每次 1 小时以内，共 4 个阶段近 2 个月的时间。

（2）认知行为疗法。认知行为疗法是一种谈话疗法，它是通过目标导向和系统化的程序（如改变认知和行为）用以解决当前的问题，包括功能不良（不正确或者没有帮助的）的情绪、行为及认知的一种心理治疗方法，也是一组通过改变思维或信念和行为的方法来改变不良认知，达到消除不良情绪和行为的短程心理治疗方法。

十二、咨询过程

（一）第一阶段：建立良好的咨询关系，收集资料

在与石某的咨询中，咨询师发现石某一直不与咨询师对视，说话语无伦次，对内心的想法表述不清，并且不像主动寻求咨询的状态，对话困难，咨询师从谈话中感受到石某的抵触情绪。经过一番交谈，咨询师详细了解了石某的心理诉求。

（二）第二阶段：放松练习，寻找歪曲认知，确定治疗目标

这一阶段，咨询师结合冥想法，逐渐深入开展对石某的心理介入治疗。

请你深吸一口气，闭上眼睛，放空思维，什么都不要想，在吸气之后不要屏住气息立即连续把气呼出。在呼气之后，闭气 6 秒，同时在心中数数，从 1001 数到 1006。

闭气之后请再次吸气，不停地立即呼气，然后再闭气 6 秒。请重复做这个呼吸训练 2—3 分钟，一直做到你明显感到放松为止。

这种呼吸练习的好处是，练的时间不长，却见效快，它人为地减少了氧气的吸入量，从而使身体不可能紧张起来，通过数数又阻止了主观消极的想法。只要想放松，随时都可以做这种呼吸练习。刚开始做时，闭上眼睛，但不一定是坐着或躺着，然后即使站着、睁开眼做也会很快产生效果。

冥想练习结束后，咨询师感觉石某的心态放松了，与石某的谈话较第一次谈话要相对顺利，通过冥想练习引导石某出现悲观情绪时先放空自己，然

后运用正向的核心信念，学会乐观面对发生的一切突发事情。咨询师趁势引导石某思考自己存不存在歪曲和错误的思维？如果存在，为什么会存在？石某陷入沉思。谈话结束后，咨询师感觉石某有所改变，在交流中能够正视咨询师的眼神。

（三）第三阶段：运用认知行为疗法认识并矫正歪曲认知

1. 第三阶段的第一次咨询

针对石某的状态，咨询师运用认知理论找出石某的负性核心信念，为石某讲了一个改变负性核心信念进而改变情绪的秀才进京赶考的故事。两个秀才进京赶考路上都遇到了一队出殡的人，秀才甲觉得触了霉头肯定考不好了，结果其果然名落孙山；而秀才乙认为出门见棺（官），这是好兆头啊，预示着自己能考试顺利当上大官啊，结果秀才乙果然榜上有名。这就是典型的信念改变情绪进而影响现实结果的一个例子。

在咨询师讲故事的时候，感觉石某在有意识地认真听。咨询师抓住契机，不再深入谈话，让石某保持好奇心，并为石某留了课后作业，希望在下次咨询时能够为咨询师解读故事的意义。

2. 第三阶段的第二次咨询

本次咨询，石某进入咨询室后，主动坐在了靠窗位置，那里阳光充足、光线明亮，石某的表情也很生动，主观意识上表现出想与咨询师沟通的欲望，还未等咨询师开口，石某便主动将咨询师上次布置的课后作业的结果与咨询师分享。石某表示，自己的矛盾心理是因为没有正确看待事件本身，出现问题后，自己的核心信念就是我不再被信任了，久而久之造成了负性情绪增加。石某表示对自己有信心，心情不好、烦躁、感觉压力大时，会在日记中诉说自己的苦恼和不认同，学着转换思维，遇事不去想不好的方面；也会运用之前咨询中的冥想法去做呼吸训练，试着让自己放松下来。检验假设，认识事实，及时发现自己对事物的认识歪曲和消极片面的态度，维持比较正向的核心信念。同时石某表示自己最近血压平稳，失眠改善，心情也平和多了。

此次咨询进展顺利，咨询师感觉石某状态越来越好，血压已逐渐恢复到正常值，认知行为已经在转变，能从开始的抵触咨询到现在的主动咨询、主动交流，说明认知行为治疗对石某起到了良好的治疗作用。

（四）结束阶段：心理咨询一次，巩固咨询效果

结束阶段，咨询师针对石某此前产生的负性情绪，以点点滴滴收集起来

的信息为出发点，共同探讨整个咨询过程中出现的消极自动思维和负性核心信念，继续围绕认知行为治疗法对其进行引导，以巩固咨询效果。

十三、案例总结、评估和与反思

（一）案例总结

本案例中石某因精神压力大、血压升高、精神高度紧张、入睡困难等心理问题，引发了情绪低落、心理压力大、自信心缺失、抗压性减弱等心理症状，咨询师主要运用认知行为疗法，结合冥想法呼吸练习，使其彻底放松身心，认识并矫正歪曲、错误的思想。经过四个阶段五次的心理咨询，其心理问题基本得到解决，目前石某能够重拾信心，正确面对班组发生的突发问题，与民警沟通时能够积极主动，负性情绪明显减弱，并学会运用呼吸练习自主缓解心理压力及紧张情绪，通过咨询师的认知行为治疗介入引导，石某睡眠质量明显提高，血压已由原来的 220/150 恢复到正常值 130/85，已经能正常参加出工劳动。结合本案例，咨询师在整个心理咨询过程中能够有效运用认知行为疗法及辅助心理治疗（如冥想法）开展心理咨询。同时在咨询过程中做到与石某及时沟通，细心观察并充分掌握石某的日常改造行为和心理动态，为此次咨询能够顺利开展打好基础，做好铺垫。

（二）评估

经过四个阶段五次的心理咨询，石某情绪好转，认知行为能力恢复正常，情绪稳定，能够平和心态，血压恢复正常。通过焦虑自评量表（SAS）总分值对比，石某由之前的 52 分恢复到现在的 43 分，其中第 6 项（我手脚发抖打战）由原来的 4 分降为 1 分；第 19 项（我容易入睡，并且一夜睡得很好）由原来的 1 分提高为 4 分。心理测试结果显示石某已恢复正常。

（三）反思

咨询师回顾整个咨询过程，从过程中找寻有无矛盾点，发现咨询师急于缓解石某的低落情绪，从而忽视了与石某沟通时的身份转换，石某还是认为心理咨询师是民警，不能直接沟通，不能敞开心扉说出自己的顾虑。咨询师反思后，重新界定身份转换，引导石某抛开身份的顾虑，以心理咨询师和患者的关系进行心理疏导，及时调整咨询方案，走进石某的内心世界，更深地介入石某的心理活动，使石某愿意敞开心扉与咨询师说出心里话。

惩教罪犯人际关系改善矫治案例

北京市良乡监狱　陈永生

　　惩教罪犯王某不适应集体生活，表现为情绪低落、焦虑紧张、睡眠质量差、与他犯关系紧张，常因与他犯发生争吵、殴打他犯等过激行为被处分。本案例主要通过王某人际关系紧张案例，尝试采用合理情绪疗法、房树人心理漫画分析等方法，帮助该犯改变错误认知，改善人际关系。经过咨询，该犯焦虑情绪有所好转，基本能以正常的心态与别人交流。

一、个人信息

　　罪犯王某，男，50岁，汉族，初中文化，籍贯北京，离婚，因犯抢劫罪被判处无期徒刑，后因殴打他犯被送到监狱惩教监区接受严管教育，惩教期限四个月。惩教期满被调到监区服刑，监区反映该犯平时话不多，而且只关心自己的事情，只顾自己，不太合群。做事不考虑别人的感受，班内犯人认为他为人还算可以，也没必要跟他计较，平时还是该怎么相处就怎么相处。解除惩教监区后回到监区不久，该犯又与他犯发生口角，后情绪又不好，不怎么和别人说话。

二、案例来源

　　该犯表现一般，不能与他犯很好地处理人际关系，主动寻求心理咨询师的帮助。

三、第一印象

　　初次见面时，王某表达能力基本正常，衣着整洁，无妄想、幻觉等其他异常认知活动，自知力完整，有明确的求助要求。咨询师第一感觉王某穿着正常，只是说话语速较慢，但是回答完整，表达能力基本正常。

四、主诉

近一个月来我因人际关系紧张而情绪低落、紧张焦虑、睡眠差。上月我和张某因为小事发生了争吵，后来我俩就不说话了，结果不光同监舍的人，还有别的监舍的人看我们两争吵之后就都不怎么爱搭理我了。我平时说话不多，现在我跟他们说话，他们总是推脱说要干别的事情，就不和我说话。他们这就是针对我，因为之前我就因不能正确处理与他人的关系，以至于殴打他犯被处分过。他们认为我和张某争吵是我找茬，所以都不爱和我说话，怕我也会找他们的茬，以至于现在谁都防着我，晚上我也睡不好，我都不知道怎么和大家相处了，这以后的日子不知道怎么过了。

五、主要心理问题及发展史

王某的主要心理问题就是不能正确地处理人际关系，属于一般心理问题，由于该犯也急于改善与他犯的关系，从而导致焦虑、睡眠质量差，对他犯总是抱有怀疑的态度，他犯对其也敬而远之。该犯也就不和他人交往，平实不说话，总是闷闷不乐。

王某的心理问题从其发展史来看，也有其产生的客观原因。王某从小父母关系紧张，经常吵架，他由一字不识的奶奶带大。上学时和同学的关系一般，也不和同学走动，没有很要好的同学伙伴。初中毕业就去打工了，打工期间同样也不能与同事处理好人际关系，对他人总是猜疑怀疑，与同事经常发生矛盾。

王某被判刑后到监狱服刑，也与周围的犯人关系紧张，不能与他犯正常地沟通交流，总是自己一个人闷头待着。后来因为一点儿小事不能很好地解决，以至于殴打他犯，受到记过处分，被接受惩教四个月。

王某惩教监区期满回到监区服刑，也不爱与人说话，整天自己闷闷不乐，刚回到监区没多久，就因为一点小事与同班犯人发生口角，事务犯反映王某晚上睡觉后总是翻来覆去。

六、成长经历（个人史）

该犯于1968年出生在北京郊区的农村，父亲、母亲在农村每天天不亮就到生产队干农活，二人关系不好，经常发生口角吵架。该犯每天都在奶奶家，奶奶没有文化，一字不识。该犯反映自从其记事后，父母就没有微笑过，有时候父母还会拿他出气对他打骂。上小学期间他也不爱与同学交往，经常自己玩自己的，不合群，学习成绩一般，勉勉强强初中毕业，就没再继续上学。由于没有一技之长，只能做一些苦力活，总感觉别人看不起自己。由于他不愿意与同事沟通交流，与同事关系一般，有一次因为一点小事不能正确处理，对同事大打出手。服刑期间，仍不能正确地处理与他犯关系，总是认为别人跟他过不去。

七、家庭背景及家庭关系

该犯有父亲母亲，父母在家务农，种点儿农田够养活自己的，该犯与父母关系不太亲密，父母之间关系也一般，经常吵架，交流中问该犯想念父母吗？该犯肯定地回答，不想他们，倒是挺思念已经去世的奶奶，也许这和从小由爷爷奶奶带大有关。该犯还有一个姐姐。

八、心理评估

（一）评估标准

心理测验结果与分析。根据王某的情况征得王某的同意后，选择实施焦虑自评量表（SAS）、抑郁自评量表（SDS）测试，结果如下。

（1）焦虑自评量表（SAS）测验结果。标准分 62 分，按照中国常模结果，标准分的分界为 50 分，60—69 分为中度焦虑，王某为中度焦虑。

（2）抑郁自评量表（SDS）测验结果。标准分 56 分，按照中国常模结果，标准分的分界为 53 分，56 分超出中国常模分界值，王某为轻度抑郁。

（3）COPA-PI 人格测试结果，该犯存在一些维度得分偏高、一些维度得分偏低的现象。如因子外向性得分 36 分，属于较低分，人格比较趋于内向，偏好安静和独处，不太合群，交际能力较差，交际面较窄，朋友较少；与人相处、合作的能力较弱，社会环境适应较慢。冲动性得分 70 分，说明感情用事，冲动鲁莽，行事从不多加思考，以自我为中心，易感情和意气用事，不现实，随心所欲，不计后果。

（二）症状依据

（1）根据王某相关资料，其家族中无精神病史，本人也无重大疾病。根据判断正常与异常心理活动的"三原则"（主观世界与客观世界的统一性原则、心理活动的内在协调性原则、人格的相对稳定性原则），王某的主客观统一、知情意协调一致，个性稳定，有自知力，主动寻求帮助，并且没有表现出幻觉、妄想等精神病的症状，因此可以排除精神病性精神障碍。

（2）王某的心理问题是由明显的现实原因引起的，对照症状学标准，王某表现出焦虑、情绪低落、睡眠障碍等症状。从严重程度标准看，王某的反应强度不甚强烈，反应也只针对别人对自己的看法，没有影响逻辑思维，无回避和泛化，没有对社会功能造成严重影响。从病程标准看，病程为一个多月。据此诊断王某为一般心理问题。

（三）评估结论

诊断：一般心理问题。

九、案例分析

（1）王某犯罪后进入监狱服刑，失去自由，刑期又较长，生活环境发生了巨大变化，适应不良，社会支持不足。

（2）源于认知错误，认为别人不和自己说话，是怕自己给他们带来麻烦。

（3）源于固有的人际交往模式，该犯不善于表达，不愿与他人交流，活动减少，语言减少，做事注意力不集中。由于与他犯发生人际冲突被处分，增加了自身的心理压力程度。

（4）长期存在情绪困扰、情绪低落、入睡困难、睡眠质量差等问题，且不能自行缓解。

十、咨询目标及预后

根据以上的评估与诊断，同王某协商，确定如下咨询目标。

（1）具体目标与近期目标。帮助改善王某的错误认知，缓解焦虑情绪，改善睡眠。

（2）最终目标与长期目标。促进王某心理健康发展，构建合理的认知模式，提高有效处理各种挫折的能力，增强其自信和社会适应能力，促进王某的心理健康发展，使其达到人格完善。

十一、咨询计划

咨询阶段大致分为三个阶段：（1）诊断评估与咨询关系建立阶段；（2）心理咨询阶段；（3）结束与巩固阶段。

本案例主要通过合理情绪疗法、房树人心理漫画等咨询方法与适用原理分析其心理特点。

合理情绪疗法是认知疗法中的一种，它是由美国著名心理学家埃利斯提出的。ABC 理论是合理情绪疗法的核心理论。在 ABC 理论模型中，A 代表诱发事件，B 代表信念，C 代表个体的行为结果。在这个理论中，B 信念、看法、解释是引起人的情绪及行为反应的起因。因此个体通过改变自己的错误观念可以消除相应的情绪困扰。埃利斯将错误观念归结为三类，即绝对化的要求、过分概括化和糟糕至极。

本案中王某与人发生争吵后，感到所有人都因为看到自己和别人争吵就都不和自己说话，王某的信念就显示出绝对化概况，认为别人必须要跟自己说话，否则就觉得别人是在躲避自己，怕自己找他们的麻烦。

十二、咨询过程

(一) 诊断评估与咨询关系建立阶段

(1) 目的。初步建立咨询关系，收集相关信息，进行心理诊断、心理测验，对来访者的心理问题形成初步印象，确定主要问题，调动来访者的求助积极性。

(2) 方法。摄入性会谈、心理测验。

(3) 过程。①在咨询开始时，尊重王某，用开放性问题收集王某的相关信息。②询问基本情况，介绍咨询中的有关事项与规则。③在征得王某的同意下进行心理测量，通过 SDS、SAS、COPA-PI 人格测试确定主要症状。

(二) 心理咨询阶段

(1) 目的。通过介绍合理情绪疗法的 ABC 理论，帮助王某找出不合理信念。

(2) 方法。合理情绪疗法。

(3) 过程。根据 ABC 理论得出王某的具体情况——诱发事件 A：别人都不和自己说话；信念 B：别人必须和我说话，否则就是在躲避我，怕我给他们找麻烦；行为结果 C：情绪焦虑、睡眠不好。

咨询师引导王某结合自己的问题予以初步分析，帮助其认识自己的非理性信念在心理问题中的核心作用。

咨询师："你觉得不管怎样别人都应该主动和你说话、聊天，对吗?"

王某："他们不和我说话，就是对我有意见，针对我。"

咨询师："照你说的，那你不和某人说话，那人也会认为你是针对他，对么?"

王某："那倒不一定，有时候自己也确实很少和别人说话，他们都知道。"

咨询师："你说别人不和你说话就是针对你，可你不和别人说话，别人却不一定会认为你是针对人家，这里面好像有点矛盾的地方，你怎么解释？"

王某："我是有原因的，有时候就是不想和人说话，就想想自己的事儿。"

咨询师："那别人如果不和你说话，是不是也可能会有原因呢？"

王某："这个……也可能吧！"

通过初步辩论，王某能够对"别人必须主动找我说话"这个不合理信念有了一定的认识，使王某领悟到自己的问题与自身不合理信念的关系。咨询师给王某布置作业，观察其与他人之间的交流，寻找他人与自身的不同之处。

（三）结束与巩固阶段

（1）目的。帮助王某进一步了解自己的不合理信念，并修正原有不合理信念，建立合理信念，减轻焦虑症状。

（2）方法。合理情绪疗法。

（3）过程。回顾上次咨询内容，帮助王某进一步了解自己的不合理信念，使王某进一步认识到其非理性信念是不合逻辑的、与现实不协调的，使其放弃原有的不合理信念，建立起新的、合理的信念，从而进一步改善其不良情绪。

咨询师："现在你对别人不和你说话这个事情怎么看呢？"

王某："现在我觉得，他们这样可能是对我有意见，也有可能是有什么别的原因。"

咨询师："那你觉得人与人之间相处，沟通是否重要？"

王某："还是很重要的，不沟通就不知道别人的想法。我自己平时与别人沟通就少，以后应该多沟通，避免误会。"

至此，王某能够逐步发现自身问题所在，并力争主动调整自身信念，改善沟通环境。

十三、案例总结、评估与反思

（一）效果评估

（1）咨询师的评估。通过回访发现咨询已基本达到预期目标，王某的不合理信念被消除了，焦虑情绪有所缓解，睡眠情况有所好转，促进了其心理健康发展，咨询过程较完整。

（2）王某自评。能够调整自己的不合理认知，焦虑情绪有所缓解，睡眠状况得到改善，与人交往情况有所好转。

（3）同监舍的人反映。王某比以前爱说了，大家和他相处得比以前融洽了。

（4）心理测验。

①焦虑自评量表（SAS）：标准分48分，属于正常范围，说明王某的焦虑情绪已经有所缓解。

②抑郁自评量表（SDS）：标准分40分，属于正常范围，说明王某的抑郁情绪已缓解。

（二）案例总结与思考

在本案例中，咨询师与王某建立了良好的咨询关系，从而掌握了王某的情况，由于王某本人想努力改变目前的状态，所以非常配合，这一点是咨询取得成效的重要基础。咨询师针对王某的成长经历、性格特点以及具体情况，在咨询过程中运用合理情绪疗法协助王某调整认识观念，从而改变了王某的负性情绪，并采用放松训练来帮助其进一步缓解焦虑情绪，提高其面对压力的能力，取得了良好的咨询效果。

严管教育罪犯人际危机矫治案例

北京市良乡监狱　　刘井松

　　罪犯李某人际关系紧张，在原监区因琐事与他人发生矛盾，扬言"再招我小心也扎你眼"。为减少安全隐患，监狱将其调往严管教育监区进行控制。在严管教育期间，该犯认为别人不爱理他，说什么别人也不信，自己做什么也做不好，还总给队长找麻烦，因此情绪低落、焦虑紧张、睡眠质量差，特来寻求民警帮助。

　　咨询师采用了认知疗法、合理情绪疗法帮助该犯改变错误认知、正确面对服刑改造生活。经过8次咨询，该犯情绪有所好转，信任感有所增强，基本能以正常的心态与别人沟通交流，增强了自信心。

一、个人信息

李某，男，42岁，汉族，初中文化，北京人，未婚。

二、案例来源

监区心理咨询师主动开展工作。

三、第一印象

客观描述：该犯表达能力基本正常，衣着整洁，无妄想、幻觉，自知力完整。

主观感觉：该犯穿着正常，说话语速正常，回答完整，表达能力基本正常。

四、主诉

近一段时间，人际关系紧张，做什么都做不好，还总给队长找事、挨批评，心情不好、睡眠质量差。在原监区我和魏某因为个人库房物品柜使用问题发生矛盾，这次被调到严管教育监区，我不是以被严管的身份来的，我想好好表现自己。可是交给我的任务，我总是干不好，劳动岗位也换了好几个，每一个岗位都出问题，感觉什么也做不了，班长、互监组长还总是说我，压力很大。

五、主要心理问题及发展史

该犯关系不错的两个兄弟被公司负责生产安全的主任给辞了，该人心怀不满所以放火。用该犯的话说："公司着火了，负责安全生产的主任肯定也干不成了。"

2016 年，该犯因认为曾经在生活上关照他的罪犯冷落他，对此心怀不满，用事先准备好的筷子将他犯眼睛扎伤而受到加刑处理。

2018 年 3 月，该犯在原监区因琐事与他人发生矛盾，扬言"不服我也扎你眼"，被调到严管教育监区控制。

该犯在严管监区表态多，行动少，信用度低；人际关系紧张（包括事务犯和严管罪犯两个罪犯群体）。

六、成长经历（个人史）

躯体情况：经查阅档案资料、访谈，该犯家族中无精神病史，无重大疾病。

成长史：该犯出生于北京，小学、初中学习成绩一般，中学毕业后在自来水公司做管工，因嫌活太累、挣钱少而辞职，之后靠倒卖军装为生。有 3 次服刑经历，服刑期间因破坏监管秩序加刑一次，因环境适应、人际关系等问题 8 次调整监区。

七、家庭背景及家庭关系

该犯出生于农村家庭，未婚，在家中排行老四，上有一个哥哥两个姐姐，自小缺少家庭关爱，与哥哥二姐关系一般，平时主要依靠大姐照顾生活、来监狱接见、打理家里的房子和林地。

八、心理评估

（一）评估标准

生物原因：无。

社会原因：失去自由，生活环境发生了巨大变化，适应不良；社会支持不足，缺少亲情；人际冲突。

心理原因：认知错误，认为人与人之间没有真心；不善于表达，有情绪困扰不能自行缓解；解决矛盾冲突不知从何处下手。

（二）症状依据

民警反映：李某平时说话不多，只关心自己的事情，不太合群。安排的劳动能偷懒就偷懒，善于钻制度的空子。

罪犯反映：（1）李某做事只按自己的思维模式办事，不顾及别人的感受；（2）胆子比较大，遇到问题不请示、不汇报；（3）行为躁动，毛手毛脚，整天不闲着；（4）因为他有过伤人的经历，大家都对他敬而远之。

心理测试结果：

（1）焦虑自评量表（SAS）标准分 60 分，为中度焦虑。

（2）抑郁自评量表（SDS）标准分 55 分，为轻度抑郁。

（3）16PF 结果显示该犯内向、孤独、冷漠；易生烦恼、情绪激动；易感情用事、对任何事情过分敏感。

（三）评估结论

根据该犯的相关资料，其家族中无精神病史，本人也无重大疾病。根据精神病性诊断"三原则"，该犯的主客观统一、知情意协调一致、个性稳定，有自知力，没有幻觉、妄想等精神病性症状，因此可以排除精神病性精神障碍。

该犯心理问题由个性特征、生活事件等原因引起，对照症状学标准，该犯表现出焦虑、情绪低落、睡眠障碍等症状。从严重程度标准看，该犯的反应比较强烈，正确处理矛盾的思维逻辑受到一定影响，具有一定的泛化性，对社会功能有所影响，病程时间跨度较长。

诊断：严重心理问题。

九、案例分析

强烈的自尊心与自信心缺失；希望被他人认可、急于改善人际关系但缺乏有效措施。

心理问题表现为焦虑、抑郁、睡眠差、疑心重、防御强、缺信任；明知做不到也会斩钉截铁地去说、去保证。

十、咨询目标及预后

根据以上的评估与诊断，同该犯协商，确定如下咨询目标。

具体目标与近期目标：引导帮助其改变错误认知，缓解焦虑情绪，改善睡眠，从小事做起，从容易的事做起，力求少出差错、不出差错。

最终目标与长期目标：促进该犯心理健康发展，构建合理的认知模式，提高有效处理各种挫折的能力，增强自信和社会适应能力。改善人际关系，促进其心理健康发展和人格完善。

十一、咨询计划

咨询阶段分为三个阶段：（1）诊断评估与咨询关系建立阶段。（2）心理咨询阶段。（3）结束与巩固阶段。

十二、咨询过程

（一）第一阶段：诊断评估与咨询关系建立阶段

收集相关信息，进行心理诊断，确定主要问题，调动该犯的主观能动性。
方法：摄入性谈话。
介绍咨询中的有关事项与规则。
在尊重该犯的基础上，用开放性提问收集其个体情况、服刑表现、心理状态等信息。

经初次访谈，除收集到的基本信息、主要症状及表现外，还收集到一些值得关注的环节：该犯称，"以前不认罪，在三监区没写年终总结和认罪悔罪书，调到惩教监区接受严管后，我踏踏实实的，在三监区不认，来严管这里，您管过我，了解我，我认罪了"。询问为什么来严管就认罪了，该犯称，"在那个监区有不认罪的，我就跟着他们瞎起哄"。谈到此问题时其表情丰富、语速快，呈兴奋状态。

认罪问题涉及罪犯的切身利益，"认不认罪要看在哪个监区服刑、哪个民警主管""瞎起哄"这些理由过于牵强。经分析研判，结合该犯以前接受严管教育时"没实话"的特点，并通过调阅档案资料、与原监区民警核实情况，最终确定该犯所说不认罪问题纯属编造。

针对这种情况，咨询师在开放、接纳、真诚、尊重的基础上，开始第二次咨询。经过开展工作，该犯最终承认："说假话的目的是想表现自己、证明自己改好了，可越是这样，别人越不相信。我做人挺虚伪的，挺不负责任的，请队长原谅。"

（二）第二阶段：心理咨询阶段

围绕该犯面临的焦虑紧张、睡眠质量差、自信心差、由信任危机引发的人际关系紧张等问题，帮助该犯全面认识真实的自己，查找自身的优点、不足，找出导致产生心理危机的自身原因，使其结合自己的问题，主动地、积极地寻找解决方案。

该犯反映："做什么都做不好，队长说什么生怕忘了，结果越担心越紧张，谨小慎微，可最后就真的把队长交给我的任务给忘了，这样的问题出现过几次了，因为我的问题，给监区找了不少麻烦。"

对此，引导该犯从培养良好的习惯入手，进行行为养成训练，随身带个小本子，把队长的安排都记在本上，完成一项就做上标记。经过一周左右的时间，该犯反映这个方法真好，所有的事都完成了，没有受到队长的批评。通过观察，该犯对监区提出的禁闭室巡视要求可以说是执行的最认真的，别人都是巡视一圈后集中记录情况，而该犯是拿着记录本，查完一个房间记录一个房间。对此，民警在监区事务犯大会上对该犯提出表扬……由此，增强了该犯的存在感、成就感，培养了自信心。

针对该犯的信任危机，民警组织"盲行"训练，通过分别体验"盲人"和"引导者"的角色，使该犯体验作为盲人时的无助，需要别人引领时的信任，作为引导者的责任、爱心，以及如何配合才能更快地、更好地完成任务，使该犯体验到了信任的快乐。

该犯在监区"半亩园"劳动一开始向民警表示，"出去活动活动身体挺好的，整天在监区，身体就待完了，我不怕干活，不怕受累"，结果只出去了半天就不再去了。针对该犯心口不一的问题，民警首先指出其本质是想表现自己，想在队长面前、在服刑人员面前做一个更好的自己，从这个角度来看，有这个想法，就是积极的、肯定的，但要想真正被他人接受，做比说更重要。民警引导该犯试着从简单的、容易的做起，通过访谈，该犯表示今后会积极参加"半亩园"劳动，说到做到。通过观察，在监区组织的几次劳动中，该犯基本都能够主动参加，在民警及服刑人员中得到了认可，找到了存在的价值。

以事据理，引导该犯正确处理人际危机。如 2018 年 6 月 8 日，与该犯一同劳动的张某被民警叫走，该犯因找不到张某，无法劳动而产生不良情绪，并在值班记录本写道："变相撵人走，我就不走，说这里不适合我，给我使坏。"该犯认为，与其共同劳动的张某应该和他打声招呼再走，否则活没干，让他放单，就是给他挖坑，给警官造成不好的印象，就是害他。咨询师引导该犯分析产生此想法的原因：一是心理上被尊重的需求没有得到满足，如果和你打招呼了，你还会有此类想法吗？二是你的想法是否符合客观事实？你何时听到过"这里不适合你"的话？是同班监管人员张某吗？该犯回答：不是张某，以前听到过此类的话。咨询师继续引导该犯，既然与张某没有任何关联，且也不是近一段时间听到的这话，并不代表这就是近一段时间别人对你的评价。你在巡视小号过程中细致、认真的态度民警是看到的，知道的，要相信自己的改变。

继而引导该犯反思引发违法违纪的心理特点、思维方式，探索解决问题的有效途径，全面了解自身的弱点，有问题、有想法、有情绪学会克制、冷静，正确处理危机事件，并及时寻求民警帮助。

（三）第三阶段：结束与巩固阶段

目的：帮助李某进一步了解自己的不合理信念，建立合理信念，缓解心理冲突。

方法：合理情绪疗法。

过程：回顾前几次咨询，帮助该犯进一步认识到其非理性信念是不合逻辑的、与现实不协调的，使其放弃原有的不合理信念，建立起新的、合理的信念。从而进一步改善其不良情绪。该犯表示自己平时与别人沟通少，总是用自己的尺子去量别人，导致出现了很多不应该有的想法，以后应该多沟通，并且要多从对方的角度想问题。

至此，该犯能够逐步发现自身问题所在，并力争主动调整自身状态，增强信任感，改善人际关系。

十三、案例总结、评估与反思

（一）效果评估

（1）李某自评：能够调整自己的不合理认知，焦虑情绪有所缓解，睡眠状况得到改善，与人交往情况有所好转。

（2）同监舍的人反映：李某比以前勤快了，说话比以前有谱了。

（3）心理测验。

①焦虑自评量表（SAS）：标准分48分，焦虑情绪已经有所缓解。

②抑郁自评量表（SDS）：标准分40分，抑郁情绪已缓解。

咨询师评估：通过回访发现咨询已基本达到预期目标，消除了李某的不合理信念，焦虑情绪有所缓解，睡眠情况有所好转，心理健康水平有所提高，咨询过程较完整。

(二) 案例总结与反思

在本案例中, 咨询师与求助者建立了良好的咨访关系, 从谎话连篇到说到做到, 从不信任到信任, 经历了一个既有针锋相对又有真诚尊重的过程, 李某之所以没有一直抵触访谈和管理, 是由于其找到了"想改变现状"这一积极的一面, 所以后期能积极配合, 这一点是咨询取得成效的基础。

咨询师针对求助者的成长经历、性格特点以及具体情况, 在咨询过程中运用合理情绪疗法协助李某调整认知观念、宣泄负性情绪, 并结合放松训练来缓解焦虑, 增强人际信任, 提高危机事件处理能力, 取得了良好的咨询效果。

纵观李某的咨询过程, 不仅涉及心理咨询范畴, 还涉及狱政管理、教育改造等方面, 不同改造手段之间互相取长补短, 形成合力, 是咨询效果取得实效的关键。如在工作中, 针对李某的心理特点, 合理调整班组人员构成, 减少不良刺激, 对班组人员如何与李某沟通、相处等进行教育引导, 也是解决李某心理问题的关键。

对罪犯进行入监改造质量评估和心理矫治的个案

北京市第二监狱　吴韶辉

　　罪犯袁某被随机抽取进行评估测试。袁某入监教育期间因琐事与同班罪犯范某发生争吵，动手给范某一记耳光造成其耳膜穿孔，现正在接受隔离审查，等待司法鉴定结果。目前袁某情绪低落、焦虑烦躁、睡眠极差，监区申请对该犯进行心理干预。通过入监罪犯改造质量评估和对该犯进行心理干预，其情绪低落、不思饮食、失眠、多梦等符合急性应激障碍的症状得到缓解，并提出了具有针对性的改造需求建议。

一、个人信息

　　袁某，男，24 岁，初中学历，捕前无业，北京人，未婚。在入监教育期间表现一般。

二、案例来源

　　通过掌握罪犯基本情况、心理及个人特征、客观经历及现实表现等各个方面因素，从危险性、恶性程度以及改造需求两个维度提出综合评估及矫正建议，探索改造需求评估、危险性评估和心理矫治手段在罪犯改造中的科学应用，加强调查访谈，找准犯因性问题，为罪犯服刑改造全程的评估和"一人一策"档案建设提供科学依据，该犯被随机抽取进行评估测试。该犯入监教育期间因琐事与同班罪犯范某发生争吵，动手给范某一记耳光并造成对方耳膜穿孔，后接受隔离审查，并进行司法鉴定。监区表示该犯近期情绪低落、焦虑烦躁、睡眠极差，请求对该犯进行心理干预。

三、第一印象

　　该犯身高 170 cm 左右，身材较瘦，肤色较黑。对该犯进行评估访谈时感觉该犯比较精神，但眼神比较凶狠。隔离审查后对该犯进行心理干预时发现该犯情绪较低落，精神状态较差，低着头，神情恍惚。

四、主诉

认为自己控制不住自己的情绪，平时总有用暴力解决问题的冲动。自己平时和范某关系还不错，那天不知为什么，只是因为地上有张废纸就发生了争执，一股邪火控制不住，一记耳光闯了大祸，听说还要加刑。本来这次刑期不长，还有一年就出去了，很是后悔，感觉最近心情极差，晚上总是因为想这件事而睡不着觉。

五、主要心理问题及发展史

通过访谈，该犯认知水平偏低，虽然有过服刑经历，但是未接受教训，家庭观念、亲情关系都有待进一步提高；评估暴力水平为中等，从小有虐杀小动物、欺负他人的经历，喜欢用暴力解决问题，同时又存在物质滥用等问题。

六、成长经历（个人史）

该犯自述其从小争强好胜，在社会上经常酗酒，喝多了就控制不住自己，经常打架。这次进来也是因为喝酒惹的祸。未成年时因打伤他人被送往未成年犯管教所劳教，在未成年犯管教所有用玻璃自伤自残的行为。但因当时未成年，此次法院判决书未注明该前科。该犯在入监时觉得说出这件事对自己不利，有意对民警隐瞒了有犯罪前科的事实。在调查评估访谈过程中被民警询问出在未成年犯管教所有过一次服刑经历，但其拒绝透露具体情况。

七、家庭背景及家庭关系

该犯自述家里是农村的，有一个姐姐，他是家中独子，因家庭重男轻女思想严重，从小受父母溺爱，无法无天。长大后父母也管不了自己，前一次出监后一直在家待着，也没工作，没钱就管家里要，在社会上认识了一帮小混混，每天都在一起喝酒，但这次出事后没有一个人来看他，感觉心里十分窝火。

八、心理评估

改造质量评估测试时，对该犯进行危险性评估筛查和 CCQA、PDQ、SCL-90、COPA-PI 四种心理量表测试，结果如下。

（一）危险性评估结果

表 1　袁某危险性评估结果

	暴力危险	自杀危险	脱逃危险
等级	中度	低度	中度

（二）入所教育矫治质量评估（CCQA）得分

表 2　袁某入所教育矫治质量评估（CCQA）得分

	在所需要	心理健康	负性思维	罪错归因	偏差行为	人身危险性	生活态度	帮教条件	人生规划	总分
分数	4	3.40	3.92	4.08	4.38	3	3.38	2	2.45	3.54
等级	–	较差	极差	极差	极差	较差	极差	一般	一般	极差

（三）PDQ 测试结果

表 3　袁某 PDQ 测试结果

	偏执	分裂样	分裂型	反社会	边缘	表演	自恋	回避型	依赖型	强迫型	被动攻击	抑郁型
分数	4	4	6	6	6	6	7	6	5	7	5	5
等级	阳性	阳性	阳性	阳性	阳性	阳性	阳性	阳性	阳性	阳性	阳性	阳性

（四）SCL-90 得分

表 4　袁某 SCL-90 得分

	躯体化	强迫症状	人际关系敏感	抑郁	焦虑	敌对	恐怖	偏执	精神病性	其他	总分
分数	1	1.20	1	1.08	1.30	1.33	1.14	1.50	1.70	1.14	110
等级	正常	正常	正常	正常	正常	正常	正常	正常	正常	正常	正常

（五）COPA-PI 测试结果

表 5　袁某 COPA-PI 测试结果

	外向	聪敏	同情	从属	波动	冲动	戒备	自卑	焦虑	暴力倾向	变态心理	犯罪思维
分数	63	66	57	70	56	58	60	60	58	74	87	61

	外向	聪敏	同情	从属	波动	冲动	戒备	自卑	焦虑	暴力倾向	变态心理	犯罪思维
等级	较高	高分	较高	高分	较高	较高	较高	较高	较高	高分	高分	较高

干预前再次对袁某进行 SCL-90 测试，结果显示：躯体症状、强迫、抑郁、焦虑、敌对、其他（睡眠及饮食状况）6 项因子均超过常模值，显现出明显的症状倾向。

（六）评估与诊断

（1）对获取咨询信息进行分析，袁某能感知自己的行为，表达自己的需求，无重大躯体疾病，无家族精神病史，可以排除器质性精神障碍。

（2）根据《中国精神障碍诊断标准 CCMD—3》的诊断标准：袁某的症状可初步分析诊断为应激相关障碍中的急性应激障碍。

心理应激也称心理压力或心理紧张，是个体在出现意外事件和遇到危险情境的情况下所出现的高度紧张状态。袁某的症状符合以下急性应激障碍的诊断标准。

（3）改造质量评估结论显示，该犯具有较明显的反社会人格障碍特征，对他人的感受漠不关心，缺乏同情心。忽视社会道德规范、行为准则和义务，长期行为不负责任，毫无内疚感，行为冲动且具有攻击性，一犯再犯而不知悔改。该犯危险性评估暴力危险为中度，行为较为冲动，缺乏理智，喜欢用暴力解决问题，具有较高的攻击倾向，争强好胜。

九、案例分析

结合调查访谈、危险性评估、心理咨询等工具，综合分析研判罪犯人格特征、政治思想、暴力攻击倾向、罪错归因、犯罪认知、身心健康状况、价值观念、偏差行为、情绪控制、社会支持 11 个因子等级，评估结果为：该犯总体评价较差，有反社会和边缘性人格障碍特征；罪错归因及犯罪认知极差，身心健康状况、暴力攻击倾向较差，班组应该对该犯加以注意，并将该犯纳入个体矫治对象，平时加强谈话教育，重点对该犯进行法律法规教育；该犯认知水平偏低，虽然有过服刑经历，但是未接受教训，家庭观念、亲情关系都有待进一步提高；暴力水平为中等，从小有虐杀小动物、欺负他人的经历，喜欢用暴力解决问题，同时又存在酒精依赖等物质滥用。

袁某因打架被隔离审查，恐惧被加刑，导致情绪低落，并伴随不思饮食、失眠、多梦等符合急性应激障碍的症状。

十、咨询目标及预后

通过心理干预，帮助该犯缓解情绪低落、焦虑烦躁等紧张情绪，并帮助其缓解伴随出现的不思饮食、失眠、多梦等急性应激障碍症状。

十一、咨询计划

为了使袁某的应激状态得到及时缓解，不造成心身损害，咨询师拟订了危机干预方案。

（1）危机干预方法：情绪宣泄、支持性心理治疗、行为训练。

（2）咨询设置：咨询师与求助者签订《知情同意书》，明确双方责任、权利与义务、保密原则及保密例外事项。

（3）时间设置：每两周咨询一次，每次 1 小时，由监区民警带领袁某来咨询室接受咨询，遇到特殊情况时咨询师与监区沟通，适时调整。

（4）咨询师与监区及时沟通，建议对袁某予以关注，并适时谈话，确保袁某不发生意外。

十二、咨询过程

（一）第一阶段：了解基本情况，建立咨询关系

主要是与袁某建立咨询关系，了解情况，根据袁某的叙述，作出初步分析诊断，拟订危机干预方案。

初诊访谈时，咨询师采取诚恳、耐心的态度倾听袁某的述说，对袁某表现出的情绪激动、沉闷、哭泣等表示无条件的接纳，在良好的"咨询关系"的基础上建立"治疗关系"。咨询师采取的主要方法是一方面讲解治疗的原则、双方义务等；另一方面表达共情，深刻理解袁某的感受，对他的情感、改造生活的关心，即鼓励袁某宣泄自己的痛苦与焦虑，并以言语使其明白咨询师能够理解其感受，对其始终表示积极关注。咨询师在实施心理咨询中以关心袁某的日常改造生活为主，让其感受到咨询师在对他所发生的事件表示关心，并且使袁某养成自己被关注的思维模式，这样可有效促进袁某的自我保护、接纳和尊重。无条件地接纳和尊重袁某的不良情绪和人格特点，表达真诚帮助袁某的目的。

（二）第二阶段：采用支持性心理治疗技术

支持性心理治疗就是协助袁某去适应所面临的应激。帮助袁某分析应激

源，培养袁某健康的非焦虑心态，使其明白焦虑与惊恐并非由实际威胁或危险所引起；或其紧张不安及惊恐程度与现实处境不相称等。告诉袁某要克服焦虑就应该用非焦虑的心态来驱赶。非焦虑心态包括勇气、放松、宽容、爱等。同时教会袁某学会使用放松技术，开展肌肉放松、深呼吸放松来克服焦虑等。通过以上措施，其压抑在内心深处的痛苦、烦闷得到了一定宣泄和释放，情绪逐渐趋于平稳。

（三）第三阶段：开展咨询回访及咨询效果评估

咨询师始终以陪伴的方式继续稳定袁某的情绪，以此来巩固咨询成果；在咨询的后期，咨询师逐渐放手，给袁某以自我成长的机会，并通过"生命线"心理游戏，帮助袁某重新树立对改造生活的信心。

十三、案例总结、评估与反思

案例评估：通过咨询，袁某目前心理逐渐趋于平稳，能够每天坚持做放松练习，心情愉快增强，睡眠状况好转，焦虑水平明显降低，对情绪症状的认识和把控感增强。但是，应急障碍产生的情绪、失眠等症状需要长期的治疗，需要其掌握放松训练的方式并坚持自我对症状的识别和练习，使其进一步放松身心，缓解症状。

同时，监区组织罪犯开展人生规划、认罪悔罪和法制道德教育，使其认识犯罪的危害，防止再次犯罪。该犯在访谈中有学习意愿，应加以鼓励引导。该犯心理健康状况较差，喜欢用暴力解决问题，存在物质滥用等问题。监狱应在班组内加强管控的同时加强心理矫治，建议该犯参加暴力预防、解除成瘾和情绪控制类改造项目。

案例启发与思考：罪犯在长期监禁情境下，内心极为敏感，也极其脆弱，他们的心理应对机制极差，很容易产生心理应激障碍，需要具有专业知识的心理咨询师进行心理危机干预，帮助他们缓解和消除应激障碍，从而消除监管安全隐患。本案例也说明入监改造质量评估结果客观、真实、有效，改造需求建议具有针对性，达到了"基础信息清楚、安全风险防控、改造需求明确、初步评估精准"的入监罪犯改造质量评估目标。

心路开启新生

北京市天河监狱　焦丽君

少数民族罪犯古某，入监后因语言不通与民警及其他服刑人员沟通困难，因为担心刑期长害怕被家人抛弃，产生心理压力。咨询师运用认知行为疗法帮助古某缓解焦虑情绪，加强对自身的认识，提升自信心。经过二十次的咨询，古某情绪大有改善，躯体症状消除，基本纠正了不良认知。

一、个人信息

罪犯古某，29岁，家中有丈夫和三个孩子。古某入监后经常表现为精神涣散、脾气暴躁、情绪低落，对任何事情都毫无兴趣。

二、案例来源

民警在入监摸排中发现古某情绪异常，便及时主动对其开展心理干预。

三、第一印象

在对古某进行入监例行谈话时，发现古某理解能力较差，听不懂普通话，表达能力更差，无法进行正常的汉语交流（古某系少数民族）。回到监舍也是一个人待着，很少与人交流沟通，心不在焉，行为散漫。与他犯交流时表现急躁。

四、主诉

古某自诉因语言不通，与他犯沟通不畅，心中压力较大，对监狱环境也不适应，时常无缘由地一个人啜泣。因很长时间未与家人联系，担心家里年幼孩子不能得到妥善照料，惦记丈夫身体恢复情况，同时因为自己刑期较长，担心丈夫戒毒成功后抛弃自己，为此非常焦虑，极度缺乏安全感，目前睡眠状况特别不好。

五、成长经历

古某自诉出生在偏远地区，从小家境不好，小学未毕业。后到北京打工认识了现在的丈夫，丈夫大学文化，有稳定工作。两人结婚后，丈夫意外染毒，家中经济拮据，古某深爱自己丈夫，为抚养孩子、照顾丈夫走上贩卖毒品之路。后古某因贩卖毒品罪获刑，丈夫也因吸毒被强制戒毒，三个孩子均由公公抚养。

六、主要心理问题及发展史

古某自诉其自幼性格就比较倔强、脾气急躁，属于易冲动的人。犯罪入狱后，现实的处境加剧了古某的不良情绪，罪重刑长的情况又导致其心理压力极大。另一方面古某家中有现实困难，孩子年幼、丈夫戒毒、父母年迈，古某心有余而力不足。古某的心理变化由最初犯罪时的不安，到判刑后的无助迷茫，再到入狱之后无法联系家人、无法安心了解形势政策，慢慢地对未来失去信心，情绪日益恶化。

七、心理评估与诊断

根据客观观察和古某的自我表述，民警安排古某进行单独 COPA-PI 测评，并逐条内容详细解释给她听，以确保古某能正确理解测试内容、准确选择，确保测评结果的可靠性。测试结果显示古某有 4 项测试值高于正常范围：冲动性（61 分）、攻击性（65 分）、同情心（73 分）、聪慧性（71 分）。

根据病与非病的三原则，古某知情意协调一致，个性稳定，主客观世界统一，自知力完整，主动就医，并且没有幻觉、妄想等精神病症状，因此可以排除精神病。古某病程的症状表现（如焦虑、睡眠障碍等）不足三个月，精神痛苦程度不甚强烈，没有影响逻辑思维，对社会功能没有造成严重损害，内容尚未泛化。古某的心理问题并不严重，时间也较短，可以排除神经症和严重心理问题。古某的心理问题是在近期（逮捕之后）发生的，尚未泛化，反应强度不太强烈，能找到相应的原因，思维合乎逻辑，人格无明显异常。因此，可以对古某诊断为一般心理问题。

八、案例分析

（1）古某受教育程度较低，未接受过汉语学习，由于语言不通而导致不能正确理解别人的意思，同时不能正确表达自己的意思，与他犯沟通不畅，心中压力较大。

（2）古某初到监狱，不能很好地适应环境，找不准自身定位。

（3）古某长期未与家人联系，担心家里年幼孩子不能得到妥善照料，惦记丈夫身体恢复情况，心中极为忧虑。

（4）古某因刑期较长，担心丈夫戒毒成功后抛弃自己，较为焦虑，极度缺乏安全感。

（5）社会系统没有给予古某良好的心理支持，未能进行积极调整。

（6）古某存在错误认知，认为刑期漫长，前途渺茫，家庭会受影响。

找出古某心理问题的症结原因所在，为后期制订合理的咨询方案提供依据，做到对症下药，以期达到预期的治疗效果；从根本上解决古某的心理问题，改变其对服刑生活的认识，帮助其重新构建生活目标体系，重塑生活信心。

九、咨询目标

经双方共同协商，确定如下咨询目标。

（1）具体目标：改善焦虑情绪和人际交往状况，改善睡眠障碍。

（2）近期目标：提高自我认知和自信心，提高心理承受能力。

（3）长期目标：完善认知，增强社交能力和社会适应能力，树立自信心。

十、咨询计划

（1）主要咨询方法与适用原理：认知行为疗法。

古某的心理问题主要表现为人际交往障碍和因担心害怕被丈夫抛弃而产生的焦虑。目前古某的心理和行为均未达到严重程度，还只是一般的心理问题。认知行为疗法对此类问题较有针对性和有效性。

（2）咨询设置：每周一次，每次一小时左右。

十一、咨询过程

咨询大致分为三个阶段。

（一）第一阶段：诊断评估与咨询关系建立阶段

本阶段主要任务是收集资料了解基本情况、建立良好的咨询关系完成心理测量、确定主要问题以及进行咨询分析。

（1）填写咨询登记表，介绍咨询中的有关事项与规则。

（2）倾听求助者的诉说，鼓励其宣泄不良情绪，调整心态，获取了求助者的信任和理解。

（3）收集求助者临床资料，了解其成长过程，尤其是重大事件。探寻求助者的心理矛盾及改变意愿。

（4）求助者独立完成焦虑自评量表、抑郁自评量表、90 项症状清单的自测。

（5）将测验结果反馈给求助者，并作出初步问题分析，让其理解为什么会这样。

（6）咨询师告知其为一般心理问题，进一步说明其心理问题得不到解决，就会以躯体症状表现出来，目前其睡眠障碍就是躯体化表现之一，需定期进行心理治疗。

（7）布置咨询作业：认真思考咨询师的谈话并提出问题。

（二）第二阶段：心理咨询阶段

本阶段的主要任务是加深咨询关系、识别负性自动想法、学会合理评价并提高自控力以及认知行为干预。

（1）说明认知行为治疗原理。

（2）认知分析。

（3）结合认知行为治疗原理，咨询师与求助者就上述认知分析环节进一步商讨，因此解决其心理问题的根本在于改变这一认知模式。

（4）与求助者进行角色扮演（咨询师扮演丈夫，求助者扮演自己），观察其情绪反应，让其描述具体想法。

（三）第三阶段：结束与巩固阶段

本阶段的任务是学会合理评价、对紧张焦虑的自我管理以及继续识别负性自动想法。

（1）反馈咨询作业：让求助者详细描述心烦意乱的情境。

（2）与求助者进行角色扮演，这次由求助者扮演丈夫，咨询师扮演求助者。让其观察"求助者"在何时产生情绪反应并进行分析。

（3）进一步分析负性自动想法，明确行为与认知的关系，引入"合理观念"，重新看待自我形象。

十二、咨询效果评估

（1）求助者自我评估：不再像以前那样紧张和敏感；觉得能和他犯交流

相处；觉得睡眠状态有所改善。

（2）心理咨询师评估：求助者已基本纠正了不良认知；情绪低落得到了克服；情绪症状（自卑、紧张、焦虑、人际关系敏感）得到了改善；躯体症状（睡眠不良）已消除。

（3）COPA-PI 心理测验结果：冲动性（42 分）、攻击性（54 分）、同情心（49 分）、聪慧性（56 分）。

十三、案例总结、评估与反思

本案例整个咨询过程以消除错误的认知模式、建立新的合理的认知模式为核心，结合行为治疗手段，循序渐进地矫正不良行为，建立新的行为模式。经过二十次的心理咨询后，求助者的焦虑情绪得以缓解，情绪低落得到了很大的改善，社交能力、社会适应能力、心理承受能力都得到了提高，人格进一步完善。

理性情绪化解矛盾冲突

北京市延庆监狱　张华强

　　本案例中，罪犯朱某因与民警产生矛盾，主观认为民警针对他，进而消极改造，逐渐发展成抑郁状态。心理咨询师运用理性情绪疗法，不针对矛盾问题本身，而是采取共情、支持的态度，试图理解该犯，并进一步引导该犯自我辩驳思考，逐步缓解了该犯的情绪困扰和躯体症状，化解了该犯的部分心结，达到了预期的效果。

一、个人信息

罪犯朱某，男，38岁，患有肝炎，在重病残监区服刑，病情加重时需要去其他监狱治疗。

二、案例来源

朱某反映在其治病期间受到民警虐待，要控告其他监狱民警，现监区民警和罪犯家属均建议朱某寻求心理帮助。

三、第一印象

（1）客观描述：朱某身材高大，眉清目秀，皮肤白皙，留平头，面带孩子的稚气，但衣着邋遢，愁容满面，精神萎靡。

（2）主观感觉：朱某给人感觉比较单纯，对自己要求不严格，不注重小节，规范意识不强。谈话中语气充满了气愤和委屈。

四、主诉

朱某自诉在其他监狱治病期间遭到民警的虐待与刁难，并从上铺床上摔下，导致头部受伤，现在时常头疼、耳鸣。宣称要告状，维护自己的权益，但是因为自己要告民警，觉得现在所在监区的民警也看自己不顺眼。朱某自诉最近总是睡不好觉、胸闷，对什么事都没有兴趣，吃什么也不香，满脑子都想着自己受欺负、没人管。

五、主要心理问题及发展史

（1）朱某认为自己受到民警的刁难虐待，而从床上摔下头部受伤，一直怀有怨恨。

（2）朱某认为现在所在监区的民警也是官官相护、打击自己，自己受到排挤，同时感觉维权无门，内心委屈，产生一定程度的抑郁情绪。

（3）管教民警反映，朱某刚调回监区时表现得很愤怒，多次向同组罪犯表示自己在治病期间受了欺负，一定要让那个民警脱警服。此后朱某经常写信告状，在此期间朱某不注意自己的定置管理和个人卫生，并因此受到民警的批评和扣分处理。接受咨询前一个月左右，朱某就不怎么与他人交流，时常失眠，吃得也不好，总是精神低迷。

六、成长经历

朱某是家中独子，从小娇生惯养，好东西都紧着他。上学后，家长也总是护着他，有一次家长甚至因为朱某在课堂违纪被老师罚站而与老师发生冲突。朱父对朱某学习要求较高，上了初中以后朱某因为贪玩，加上患上肝炎，成绩下滑，最后上了中专，父母对朱某也就不严格要求了。毕业后，朱某也没有正式工作。

七、家庭背景及家庭关系

朱某自诉与母亲关系较好，有事都和母亲说，缺钱也是找母亲。和父亲小时候还不错，中学成绩下降后就和父亲关系不好了。可是入狱后，父母几乎每月都来监狱会见，给自己存钱，朱某感觉父母都是很爱自己的，目前关系都很好。

八、心理评估

（1）评估标准。经抑郁自评量表测试结果显示，朱某为轻度抑郁状态。

（2）症状依据。主要为"三低"症状：情绪低落，从对朱某的观察和同组罪犯的了解可证；思维迟钝，朱某自诉一团乱麻，时常忘事，反应也慢了；兴趣动作减少，表现为食欲减退、活动减少。

（3）评估结论。朱某是因维权不利和环境压力导致的轻度抑郁状态。

九、案例分析

朱某从小娇生惯养，规范意识不强，去其他监狱治病期间依旧以重病犯自居，在各方面对自己放松要求。面对民警的严格管理，朱某认为民警是针对他。从床上摔下，也认为是民警不顾自己有病，仍让其劳动造成的，从而对民警怀恨在心。回监狱后，朱某以维权为由放松对自己的要求，认为民警的正常管理是官官相护，感觉民警都针对他，这些都是朱某认知失调产生的错误认知。错误认知加上环境压力，使朱某内心的委屈、愤怒和恐惧等负面情绪无法宣泄，导致了抑郁情绪的产生，持续一段时间便是抑郁状态。

十、咨询目标及预后

短期目标：缓解抑郁状态，减轻躯体症状。

长期目标：缓解朱某与民警的矛盾，缓解朱某对监狱民警的对立情绪。

十一、咨询计划

主要运用理性情绪疗法对朱某进行疏导，咨询计划一周一次。

（1）通过共情朱某的感觉，帮其梳理思想，与其建立咨询关系。

（2）对朱某进行心理教育，识别健康抑郁和非健康抑郁情绪，帮助其理解 ABC 理论。

（3）对朱某的维权思路进行梳理，识别认知谬误。

（4）引导朱某对不合理信念进行辩驳，鼓励其进行持续练习，通过认知的改变促进其行为的转变。

十二、咨询过程

（一）第一次咨询：收集资料，建立咨询关系

在初次访谈时，认真倾听朱某讲述自己在治病期间受到的欺负和虐待。在朱某讲述期间对其进行情感反映，理解他的痛苦，鼓励其在讲述中宣泄自己的委屈及愤怒情绪。待朱某讲述完毕、情绪平缓后，试图询问朱某的诉求，如要把"虐待"他的民警如何，朱某表示要让民警给自己的父母当儿子，因为自己头部受伤不能尽孝。咨询师对朱某的孝心表示认可，同时给朱某讲解相关法律，帮其认清并纠正不合理诉求。

（二）第二次咨询：认知自己的心理状态，理解 ABC 理论

再次见到朱某时，朱某衣着有所规范，情绪也有所改观。在询问其情绪

状态和躯体症状后，咨询师向朱某讲解了健康抑郁情绪和非健康抑郁情绪的区别，缓解了朱某对于抑郁情绪的恐惧和排斥。通过讲解 ABC 理论，让朱某逐步认识到自己的情绪和症状均来自于不合理的认知信念，和朱某一起分析导致这些情绪和躯体症状的信念。同时帮助朱某区分维权和接受管理服刑的区别，减轻朱某对现在监区民警管理的对抗，布置作业让朱某监控自己情绪背后的认知信念。

（三）第三次咨询：识别、梳理认知谬误

帮助朱某梳理情绪背后的信念。每当自己有负面情绪时，情绪背后的信念和认知可分为三类：别人不喜欢自己、自己身体有病应该得到照顾、在小节方面挑自己的错就是针对自己。向朱某讲解应该、绝对化、灾难化等不合理信念，帮助朱某分析自己建立事件中的不合理信念，对朱某不接受的不合理信念不辩驳，只就其认同的不合理信念进行分析，让朱某认知到不合理信念给自己造成的困惑和伤害。

（四）第四次咨询：对不合理信念进行辩驳，加强练习

本次咨询朱某表示情绪状态有较大改善，同时食欲、睡眠也得到改善。朱某认识到自己不应该把别的监狱的事和现在的监区混为一谈。咨询师引导朱某说出自己的顾虑和恐惧：除了被情绪左右外，不能表现得老实、好欺负，以及对自己躯体出现症状后被送去精神病监区感到恐惧。咨询师进一步引导朱某对顾虑、恐惧的不合理信念进行辩驳，让朱某由此及彼，在其他方面进行不合理信念的辩驳练习。

经过咨询，朱某抑郁状态的躯体症状有所改善，对本监区的对抗情绪有所缓解。经抑郁自评量表测试，结果已恢复正常。但朱某表示控告依然要进行，其认为自己再有错，民警也不应该那样对待自己。

十三、案例总结、评估与反思

（一）面对控告申诉罪犯，共情宣泄为先

面对控告、申诉的罪犯，民警通常第一反应就是反驳其中不是事实的部分，往往使双方陷入辩论。此时如果换个角度，认真倾听对方的感受，认同其感受，不对事实进行争论，对于罪犯控告及其申诉中不合理的部分以支持的态度帮其分析，让罪犯感受到民警的支持是建立咨询关系的关键。

（二）让罪犯自行辩驳申诉控告的事实

此类罪犯最不能接受的是民警否认自己所说的事实，或者民警认为错在

罪犯自身。因此，对此类罪犯宜以解决其痛苦感受入手，以解决痛苦为突破教给其方法，让罪犯自己领悟到事实方面的错误，这也符合理性情绪疗法"事实不重要，认知理念才重要"的理念。对罪犯的申诉和控告宜留有空间，咨询的目标不是消灭申诉、控告，而是让罪犯在合理合法的途径下进行维权。

（三）掌握必要的法律和规范知识很重要

申诉、控告罪犯所涉及的心理问题，大多涉及现实问题。心理咨询能在一定程度上缓解罪犯的情绪和压力，但罪犯最终还是要面对现实问题。此类罪犯的现实问题大多涉及法律、规范，所以掌握一定的法律和规范知识，能更多地取得罪犯的信任，提升咨询效果。

一例暴力犯发生绝食危机的心理干预个案

北京市潮白监狱　张　振

　　暴力犯是监管场所管理和教育的难点和重点，其反社会性和暴力倾向严重，行为方式简单粗暴，情绪易受环境影响，表现为易怒、暴躁、人际关系紧张且极易发生攻击等冲动行为。本案例中暴力犯存在攻击、绝食等危机情况，发现此情况后，民警对其进行心理矫治和教育转化。经过心理矫治，该犯虽未完全摆脱心理阴影，但已经有明显改变，目前能够正常进食，暴力攻击危险性降低，能够按时参加劳动，且无违纪现象，并逐渐与他犯有所交流。

一、个人信息

罪犯杨某，男，51岁，初中，北京人，未婚。因犯故意伤害罪被判处死刑，缓期两年执行，该犯在监狱服刑期间先后因私藏通讯工具、持械殴打他犯受到惩教，惩教期满调入监区继续服刑。该犯会见时得知兄长去世，情绪激动，遂与女儿发生言语冲突。会见结束后，该犯明显心情低落，回到班组内也不爱说话，不与班组内他犯交流，并连续三天绝食，表现异常。

二、案例来源

由监区转介进行危机干预。

三、第一印象

（一）客观描述

第一次会谈时，明显感到该犯情绪低落，且沉默，自闭，不愿与人沟通，并伴有烦躁情绪出现。

第二次咨询时，杨某情绪虽依然低落，缺乏积极性，但已经可以做一些简单的交流，提出一定诉求。

第三次矫治时，正值"十一"国庆节、中秋节双节期间，杨某情绪已有明显转变，主动表述与亲人通话后的感受，并对民警表示感谢。

（二）主观感觉

该犯出现异常情绪的原因有以下几个方面。其一，得知其兄长突然病逝。其二，其女儿在会见时，为劝说杨某踏实改造，调节好家庭兄弟关系而对其劝教，造成该犯逆反，从而发生争吵。其三，该犯曾因脑血栓住院并手术，出院后，其行动以及语言能力有所下降，至今未能完全恢复。其四，因家里的突然变故，感到自己无能为力，情绪沮丧，不知道怎么办。综上可以看出，该犯对亲情极为看重，且对自身现状产生自暴自弃的心理特征。

四、主诉

该犯表示近期没有精神，劳动、学习时也没有劲头，胸口憋闷、头痛、烦躁，就想一个人安安静静的。

五、主要心理问题及发展史

现实问题引发的焦虑、狂躁症状，属于一般心理问题。

六、成长经历（个人史）

该犯曾在北京市某健身娱乐中心任经理，后因脑血栓住院并手术，出院后，行动以及语言能力有所下降，至今未能完全恢复，且患有高血压、心脏病。

该犯先后两次犯罪，均为故意伤害，且 2013 年至今连续两次因违纪受到惩教处分，其中一次为持械殴打他犯，由此可见该犯具有一定的暴力倾向。

七、家庭背景及家庭关系

该犯在家中排行老三，与父母关系良好。该犯一直未婚，但具有事实婚姻，并生有一女。该犯自入监以来，家中事务均交由其兄长帮忙打理，关系良好，但 2016 年初，该犯因不满哥哥私自将自己的住房出租，导致女儿无固定居住地而与哥哥发生争执，两人随后有近一年时间不再联系。该犯经过家人劝导、民警谈话教育以及心理矫治之后，于 2018 年"十一"国庆节期间与哥哥拨打亲情电话，之后两人关系基本恢复正常。

八、心理评估

（一）评估标准

心理测验结果与分析。

（1）焦虑自评量表（SAS）测验结果：标准分 65 分，按照中国常模结果，标准分的分界为 50 分，60—69 分为中度焦虑，该犯为中度焦虑。

（2）COPA-PI 人格测试结果，该犯在冲动、焦虑、暴力倾向、犯罪思维等维度得分偏高。如冲动性得分 75 分，说明做事冲动鲁莽，行事从不加思考，以自我为中心，易感情和意气用事，不计后果。

（二）症状依据

（1）根据相关资料，杨某家族中无精神病史，本人患脑血栓后行动和语言能力有所下降，未完全恢复。杨某的主客观统一、知情意协调一致，自知力完整，没有出现幻觉、妄想等精神病的症状，因此可以排除精神病性精神障碍。

（2）杨某心理问题是由明显的现实原因引起的，对照症状学标准，杨某表现出焦虑、狂躁等症状。从严重程度标准看，目前的症状虽然有些强烈，反应也只限于当前的事件，逻辑思维正常，有不愿与人交流和沟通的回避行为，但是没有泛化，社会功能没有造成严重影响。据此诊断杨某为一般心理问题。

（三）评估结论

诊断：一般心理问题。

九、案例分析

造成杨某情绪起伏的原因有如下几个方面。

（1）该犯因殴打他犯被惩教九个月，其间与家人完全断绝联系，解除惩教以后，初次会见便闻听兄长去世的噩耗，造成该犯心理上难以接受、无所适从的状况。

（2）杨某之女在会见之时方才得知近一年杨某不与家人联系，乃是因其在狱内殴打他犯所致，在言谈话语之中，责怪杨某不知顾全大局，不顾家人感受，只图一时之快，不断的指责话语再一次刺激到杨某已经濒临崩溃的神经。

（3）杨某之兄的死因为突发脑梗，而该犯于 2015 年 5 月同样因脑血栓住院手术。这一巧合使该犯产生诸多联想，目前余刑尚有七年之久，造成其对前景并不看好。

（4）2014 年之前，杨某平均每两年减一次刑，但是因连续两次受到惩教，减刑受到影响，更是浪费了一个奖励，严重打击了其改造的积极性，综合以上三个原因，最终造成其自暴自弃、"破罐子破摔"的心理形成。

十、咨询目标及预后

（1）缓解杨某焦虑、狂躁等症状，平和情绪。

（2）帮助其重新塑造人生目标，恢复改造信心，促使其步入正常的改造进程当中。

（3）引导其以亲人为精神依托，恢复改造积极性。

（4）培养其良好的兴趣爱好，逐步矫正其冲动、急躁的性格特点。

十一、咨询计划

根据杨某的具体情况，拟定咨询计划共分三个阶段。

第一阶段：关心劝慰、转移目标、重燃希望。

第二阶段：亲情感召、利害牵制、恢复信心。

第三阶段：兴趣拉近、疏导减压、安心改造。

十二、咨询过程

（一）转移目标，寻找精神寄托，重新点燃希望

利用杨某对家人的情感，引导其转移目标，从兄长去世的阴影中走出，多想想 80 多岁高龄的母亲，以及对他翘首以盼的女儿，放弃自己现在心中的执念，尽快调整，控制、排解好自己的情绪，否则作出违规违纪的行为被严管教育的话，更让家里人担心，还影响自己的改造成果，出现坏的情绪是正常的，但是自己要想办法控制、排解好。通过谈话，虽然没有完全转变该犯的思想，但是该犯感受到有人在关心他，情绪基本稳定住了。

（二）通过书信、亲情电话、会见进行亲情感化

鼓励该犯给母亲以及女儿多写信，并带该犯拨打亲情电话，通过书信、亲情电话以及会见等方式，与家人多交流，该犯情绪有明显好转，其家人也一直鼓励该犯在狱中要踏踏实实地改造，该犯也比较听家人的话，并表示自己会努力争取减刑，早点回家。

（三）利用班内积极力量进行友情关心

充分利用罪犯与罪犯之间的平行关系，巧妙躲避罪犯对民警的戒备心理，

安排班组长及其他与该犯关系较好的罪犯主动与该犯沟通交流，并对该犯的改造和生活多加关心，通过聊天、休息日文娱活动来转移该犯的思想重心，使其逐步从极端的思想情绪中走出来，并感受到改造生活中有人关心他，帮助其重新建立起改造信心。

（四）带入团体活动，体会交流沟通

组织班组内的罪犯进行团体活动以及沙盘游戏等方式，使杨某加入其中，在放松心情的同时加以引导，在娱乐中促使其思考如何懂得珍惜与激励，在激励别人的同时，实际上也是在激励自己。积极的人给人以积极，消极的人只能给人带去消极，只要付出就一定会有收获。同时，利用沙盘游戏的无限塑造性，给该犯充分自由发挥的空间，释放自己所积蓄的负面情绪。在寓教于乐的同时，给该犯以启迪。

（五）投其所好，巧用激将法

知道该犯爱好读书，读过很多书，尤其喜欢读一些国学方面的书，民警用这一点来激发该犯，说该犯读了这么多的书，自己的这点事都弄不明白，书不是都白读了吗？该犯明白这是激将法，但是觉得很有道理，自己读了这么多国学的书，却没有真正地消化吸收，自己那些异常的情绪，应该靠自己解开心结。

十三、案例总结、评估与反思

通过心理矫治和教育转化，该犯虽未完全摆脱心理阴影，但已经明显有所改变，目前能够正常进食，按时参加劳动，且无违纪现象，并逐渐与他犯有所交流。对此次杨某案例的分析及总结，得到以下几点心得与经验：准确搜集狱情，及时发现罪犯异常状态；以亲情为突破口能够起到良好效果；多种手段多管齐下，达到转化目的；对罪犯的转变及时给予鼓励与肯定，树立罪犯改造信心。

驱散死的阴霾　重塑生的希望

——一例有自杀风险罪犯的心理咨询案例

北京市新安教育矫治所　何　姣

　　罪犯王某因与父母关系紧张没有得到解决，认为自己活着没有意义，曾多次自杀。服刑期间，又与父母产生矛盾，会见时与父母进行诀别。针对这一情况，民警果断采取措施，在加强安全管控的同时，运用危机干预、焦点解决、认知行为、家庭关系修复等技术对王某进行心理矫治，解决其自杀倾向和家庭关系紧张的问题。

一、个人信息

王某，男，28岁，汉族，大专学历，北京市人，未婚。

二、案例来源

个人申请，经监区转介到心理咨询中心。

三、第一印象

客观描述：紧张，说话结巴，语速快。双臂紧贴身体，坐姿僵硬。
主观感觉：情绪低落，内心有强烈的情绪体验但采取压抑的方式，不愿意与人有交流和接触。

四、主诉

由于与父亲关系紧张，王某曾多次自杀，加上被判刑的压力，越临近释放越感到前途渺茫，产生了轻生的想法。他说："生活对我来说没有任何意义，看不到希望。父母是这个世界上和我关系最紧密的人，也是与我矛盾最深的人，如果我死了，他们可能会生活得更好，我现在的想法就是想死，这样我就解脱了。"

五、主要心理问题及发展史

王某对父母的关系随着该犯自我意识的发展越发紧张，发生矛盾和冲突时情绪反应激烈；多次自杀；不愿意与他人发生过多接触，不信任他人；认知上非黑即白；类似情况持续时间较长。

六、成长经历（个人史）

王某是家中独子，父亲是国企的一名技术人员，母亲是同单位工勤。小时候他对父亲非常崇拜。长大后，不满父亲经常毫无预兆地发火，王某更愿意与母亲聊天，他觉得自己和母亲是家里的弱势群体。每次父母发生冲突，他都站在母亲一边，认为父亲不对。

小学时王某总被同学欺负，父亲说："别人打你，你要受着，不然回来我就打你。"

高考前，王某成绩下滑，父亲认为他有心理问题，带他接受过心理咨询。高考后，父亲帮他选了一个他不喜欢但可以专升本的专业。

大学期间，王某曾经与学校老师发生过冲突。

毕业后王某多次换工作。王某曾提出想要做户外旅行业务，但父亲不同意。工作之余，王某自学了本科课程，但是论文答辩一直没通过。

情感方面，第一次恋爱对象曾离异，后与他分手。通过相亲，认识了一个女护士，但是对方却脚踩两只船，从而发生了拍不雅照片等事件，进而导致王某被判刑。

七、家庭背景及家庭关系

高中时，因不满父亲的说话方式，他突然从背后用手勒父亲脖子，直到父亲喘不过气来，才放手躲到了自己房间。之后开车去亲戚家，途中父亲批评他，他突然从车后座站起勒父亲脖子，父亲紧急停车挣脱了他。在父亲改变出行计划并掉头时，他再次勒住父亲，之后用脚踹开车门跳下车逃走。

2017 年夏天，因为父亲发脾气，王某半夜用针管扎自己的动脉，流了很多血，后来自己用创可贴贴好了伤口。

2018 年初，因不满父亲对母亲发脾气，王某站在楼顶跳楼，但后来自己报了警。父亲下跪求他，他坚持与父亲断绝关系，并在父亲口头同意后，放弃了跳楼轻生的念头。

谈到父子关系，父亲认为，"我想躲着他，避免发生更激烈的冲突，他却觉得我不关心他"。母亲认为儿子之所以经常有极端的想法和行为，主要源于父子冲突。

八、心理评估

（一）评估标准

（1）生理原因：无。

（2）心理原因。

行为方面：有自杀、自伤自残行为史。

情绪方面：长期存在负性情绪，特别是愤怒、无助情绪明显。

应对模式方面：经常采取压抑回避的应对方式，在压抑不住的时候就会爆发。

认知方面：存在典型的错误认知，如绝对化的思维，认为非黑即白，缺乏弹性；只从自己的角度看问题。

（3）社会原因。

与父母长期关系紧张，导致王某屡次的自杀和自残行为。

（二）症状依据

（1）咨询师访谈。在访谈中，王某非常紧张，双臂紧贴身体，坐姿僵硬。情绪低落，内心有强烈的情绪体验但采取压抑的方式，对于周围的人和事不感兴趣；坚信自己对世界、对人和事情的看法是正确的，存在非黑即白的观念，如认为每个家庭都是幸福的，如果用分数表示，只有100分才是正常的，合理的，只要达不到都是不正常。

（2）民警反映。王某在看守所曾有过绝食，经常表现得悲观厌世。调入我所后，情绪一直比较低落，不能正确认识自己的罪错，认为"明明是别人的错，却让我承担"。会见时，王某不愿拿起通话器，只是看着父母，流眼泪，用手指在隔离玻璃墙上写下"别了"二字。在日常生活中，大多数罪犯看电视剧时，王某宁愿在通道坐着也不去看；经常和他人发生矛盾冲突，对他人不信任，总怀疑别人说话有别的目的，并认为自己的这种想法是对的，不相信别人的解释。

（3）心理测试情况。16PF（卡特尔16种人格因素量表）、SCL-90（90项症状清单）、内隐外显测试、焦虑自评量表（SAS）、抑郁自评量表（SDS）显示，王某个性上具有固执己见、做事有恒心、对人不够信任、人际敏感性较差的特点，在人际关系方面存在问题，焦虑症状和抑郁症状的出现与人际关系方面有密切关系。测试结果与大队民警观察和咨询师访谈到的王某的现实表现能够相互印证。同时，王某入所时的危险性较低，推测王某目前的自杀倾向与最近发生的事有很大关系。

（三）评估结论

王某知情意完整，人格统一，主客观一致，排除精神分裂；心理冲突来源于客观现实，且所述心理问题均符合道德判断，排除神经症。王某对父母的关系紧张，父母发生矛盾和冲突时情绪反应激动；多次发生自杀行为；不愿意与他人发生过多接触，不信任他人；认知上非黑即白；类似情况持续时间较长。综上，判断王某属于严重心理问题。

九、案例分析

王某具有很强的自杀倾向，情绪不稳定，认知偏执，与父亲关系恶劣，认为自己不重要，活着没有任何意义。王某问题产生的主要原因是在家庭中感受不到被爱、被尊重和被关心；过多地介入到父母的关系中，承担了母亲对父亲的不满情绪，并希望父亲能够作出改变，在发现改变不了父亲时，就会采取极端行为，有时候是对父亲的攻击行为，有时候是对自己的自残行为；没有自主性，一直被控制、被安排，任何事情自己都没有权利作出选择。

十、咨询目标及预后

近期目标：缓解或消除王某的自杀倾向，确保安全。

长期目标：找到王某对于生活的积极方面，重塑希望；增强其改变动机，修复家庭关系，调整认知，促进个人成长。

预后：正确看待与父母的关系并和谐相处，调整对家庭不合理的预期，找到生活的目标。

十一、咨询计划

（1）心理危机干预。确定王某采取极端行为的问题风险，协助大队做好预防性管控；疏导情绪，给予其心理支持，缓解情绪问题，确保不因情绪失控发生问题；提出更合理的应对方式，得到王某的承诺和认同。

（2）心理矫治。咨询师征得王某的同意，从以下两方面开展心理咨询。

①希望重塑，增强心理能量。从负性事件中找到背后所隐含的期望，从消极回避转向积极面对。注重发掘个人的资源，肯定在过去的处理问题中做得好的地方，增强心理能量。

②增强动机，修复家庭关系，纠正认知偏差。分别对王某、王某父母进行咨询。家庭成员三人面对面地进行家庭关系修复咨询，增强王某的转变动机，进而识别和应对认知偏差。

十二、咨询过程

（一）咨询初期：心理危机干预

第一步，建立信任关系。咨询师应用尊重、倾听、共情等基本心理咨询技术，与王某建立了良好的信任关系。

第二步，评估王某的问题。通过评估，认为王某具有高度的自杀风险；实施管控。咨询师及时与大队沟通，协助大队制定预防性管控措施，对王某实施 24 小时监控，把危险性控制到最低。

第三步，提供心理支持。咨询师耐心倾听，及时共情，适当引导，使王某充分感受到来自咨询师和民警的关心。

第四步，提供选择。现阶段王某的思维处于不灵活的状态，认为只有选择极端方式才是最佳选择。咨询师一起探讨了其他的应对方式以及效果评价，使王某认识到还有许多可以变通的应对方式选择。

第五步，作出承诺，放弃极端行为。咨询师和王某达成协议，在想不开的时候主动找民警，不采取极端行为。

（二）咨询中期：希望重塑，增强心理能量

王某的问题之一是看不到改变的可能，认为将来没有希望。进行希望重塑，帮助他看到自己有改变的希望，家庭关系有变好的可能是让他放弃自杀想法的一个重要措施。对此，咨询师采取了以下矫治技术。

（1）共情技术。王某谈道："我与父母的关系非常僵，他们不爱我。"咨询师说："你觉得与父母的关系不够理想，觉得父母不够爱你，觉得很伤心、很失望。我感觉你之所以有这样的感触，是因为你对家庭的重视和你对家人强烈的爱。"王某第一次感受到被理解，眼睛里面噙满了泪水，表示"父母从来都没有感受到我有多么地爱他们"，并由此将咨询关系引向深入。

（2）重构技术。针对王某提出的"父母从来都不知道我对他们的爱，没有回应，让我觉得委屈、受挫和愤怒"，咨询师把他的问题转换成了积极的表述，"我希望能够更好地表达对父母的爱并让他们接受"，使王某从原来的负性抱怨变成了正性期待。

（3）引导性问话。为了充分调动王某内在的改变动力，咨询师运用了焦

点解决技术的引导性问话来激发王某的内在动力。如王某在提到自己对于与父亲的关系紧张时，咨询师采用了例外问句"有没有曾经你和父亲出现矛盾时很好地解决的情况呢"，使王某更好地探索了自身的资源，对于解决问题充满能量。

（三）咨询后期：增强动机，修复家庭关系，纠正认知偏差

不良的家庭沟通方式以及错误的认知模式是王某问题的深层原因。为此，咨询师在对王某进行个体咨询的同时也把其父母请到了所里，进行心理咨询。

（1）促进家庭沟通。王某与父母之间的沟通方式存在很大问题。咨询师对其开展了三次家庭治疗，主要做了以下三方面工作：①帮助家庭觉察问题；②促进家庭沟通；③家庭帮教。

（2）纠正认知偏差。咨询师应用认知疗法帮助王某意识到自己认知的偏差并进行了调整。如王某认为，"每个家庭都是幸福的，只有我的家庭不幸福"。咨询师帮助他修改为，"每个家庭都有幸福的时候，也有不幸福的时候"。通过这样的方式，使王某僵化的思维变得更有弹性，不再偏激和极端。

十三、案例总结、评估与反思

（一）总结、评估

通过王某的自述、咨询师的观察、大队民警的反馈以及跟踪回访，总结评估对王某的矫治效果，具体如下。

（1）行为方面，对民警有了更多的信任，愿意与民警交流内心的想法；与其他罪犯的关系有了明显改善；与父母的关系从最初的提到父亲时充满怨恨，到后来对父母充分理解，并愿意承担自己对家庭的责任；由最初一心想自杀，逐渐变成"在所期间我不会自杀"、到后来"出去后的两个月我不会自杀"，到释放前已经对自己将来的生活作出详细的、积极的规划。

（2）情绪方面，负性情绪明显减少，积极情绪明显增加。

（3）应对方式方面，能够正视自己的问题，并愿意去探索、去尝试改变，具有了积极解决问题的应对方式。

（4）认知方面，认知开始变得有一定弹性，能够换位思考，尝试从他人和环境的角度，多方面去思考问题。

（二）反思

（1）对个案非言语信息的把握。王某在咨询过程中几次提到了自己已经很好了，不用再进行心理咨询。可是当时王某的眼神发光，身体前倾，拉近

了咨询师与他的距离，以及语气使咨询师感觉到了王某对于与咨询师交流下去的"渴望"，那是一种"求助式的渴望"，所以，咨询师决定继续对他进行心理咨询。由于咨询师的坚持，王某说出了很多对咨询很重要的信息以及他的信念，那些扎根在他心底最深处的冲突就一步步地展现在了面前，也让咨询师更好地走进了他的内心。

（2）改变在一点一点地发生。王某、王某父亲、王某母亲三个人的认知和行为模式僵硬，使家庭矛盾不断升级，虽然三个人都感觉不适，却认为这种现状摆脱不了，充满了痛苦。咨询师在与王某父亲的咨询中感受得尤其明显。所以在咨询中，咨询师对王某的父亲着重于表达方式的训练，鼓励他向儿子直接表达自己的感受。在王某的生日时，王某父亲用之前从没有过的表达方式向儿子表达了自己的无奈与痛苦，得到了儿子很好的反馈，王某父亲后来向咨询师说：我之前不觉得自己可以改变，也觉得这辈子儿子也不会改变对我的看法，今天我发现，我自己改变了，儿子也跟着我改变了，我想，以后我要主动地多作出好的改变，为了儿子，为了我们这个家。

（三）个案体会及释放后回访情况

临释放前，王某表示："释放以后，我准备找一份合适的工作，然后继续参加学习，取得一级建造师证书；另外，准备多和父母沟通交流，发生矛盾时积极主动地去解决，父母年龄大了，我会多多孝顺他们。"在释放后一个月的回访中，王某说，目前自己正在找工作，与父母的关系也得到了进一步的改善，说这些话的时候，王某露出了腼腆的笑容。

克服焦虑 点燃新生的希望

北京市柳林监狱 徐二宝

本案例主要运用正念训练和合理情绪疗法帮助一名传染病罪犯缓解焦虑、克服恐惧。通过半年的咨询，该犯改变了自己的不合理认知，改善了人际关系，学会了控制情绪，能适应正常的改造生活。

一、基本情况

罪犯刘某，女，47 岁，有吸毒史，属于累犯，同时患有丙肝和梅毒两种传染病。

二、案例来源

监区转介。

三、第一印象

（1）客观描述：刘某个子不高，很瘦弱，面对陌生人，说话有些颤抖，身上有伤痕。

（2）主观感觉：谈话过程中刘某不直视民警，反应较迟缓，也会出现情绪激动反应，激动时双手攥紧，面部狰狞，且在短时间内很难平静下来。

四、主诉

刘某自述入狱以来很惦记家人，尤其是身患癫痫病的儿子，对什么事情都提不起兴趣，情绪低落，食欲下降，睡眠差。刘某对自身疾病心怀恐惧，知道自己患有肝炎，但是不知身患梅毒，又毫无症状，自己对这个病比较恐惧。此外觉得什么都烦，经常与班内罪犯因琐事发生口角，人际关系紧张。

五、主要心理问题及发展史

（1）抑郁情绪。表现为对自己过去做过的种种错事心怀愧疚，包括交过一些不该交往的朋友，还有对孩子的愧疚，认为孩子的病是由自己吸毒导致的，深陷自责之中不能自拔。

（2）焦虑情绪。一是刘某调入梅毒班组，又是丙型肝炎携带者，班组其他人员对她怀有异样的眼光，环境压抑更加重了刘某的心理负担，彻夜难眠，造成长期睡眠严重不足，导致刘某经常无法安心下来做事和学习，劳动产品合格率较低。二是刘某对未来的不确定性充满恐惧，产生低迷、消极的心态。

（3）缺乏安全感：谈话时刘某总是有意绕开敏感话题，对自己的成长、生活经历等粗略带过。

六、成长经历

（1）家庭因素导致性格缺陷。刘某从小在农村长大，家庭条件较差，父母均为农民，且重男轻女的思想比较严重，从小家里的杂事重担就压在她身上，为此产生了厌学情绪，初中毕业后就进入了社会。

（2）不良交友圈导致行为堕落。刘某初中毕业后在一家餐馆打工，做服务员时结交了不同层次的人群，1996年跟"朋友"开了一家"歌厅"，挣了不少钱，在所谓"朋友"的教唆和好奇心的驱使下尝试了毒品，因为吸食毒品，吸食掉所有的积蓄，原本有点起色的生活也毁于一旦。

（3）毒品导致进一步走向深渊。刘某第一次婚姻因夫妻二人"以贩养吸"进入监狱而走向了终结。第二次婚姻夫妻感情一般，孩子小并且有癫痫病，刘某为照顾孩子不再工作，所以除接送孩子外空闲时间增多，与"朋友"多了联系，复吸、盗窃，再次进入监狱。

七、家庭背景及家庭关系

刘某自述与父母关系一般，尤其是与母亲关系紧张，俩人甚至不愿单独待在同一空间，从没有平静地坐下来说过一次话。刘某自从沾染毒品，就屡次骗家里的钱出去购买毒品，屡教不改，曾对家人以死相逼。入狱后刘某父母从没有来监接见，也没有亲情电话，刘某只能从丈夫和弟妹处得知父母的近况。刘某的弟妹和丈夫基本每月来接见，接见过程中能感觉到夫妻二人感情淡薄，靠孩子维系着一段关系，刘某也鲜少给丈夫写信，即使写信也都是询问孩子情况。

八、心理评估

心理测试结果：刘某缺乏安全感，缺乏同情心，感觉迟钝，对人抱有敌意。典型的情绪不稳定，对各种刺激的反应都过于强烈，情绪激发后很难在短时间内平静下来，容易与人发生冲突。

心理问题的原因分析：刘某对自身病情的恐慌以及担忧；认为孩子的病是由自己吸食毒品导致的，觉得老天对自己不公平；与其他人员关系紧张，认为其他人都针对自己，身边没有一个可以倾诉的人。综合分析刘某的主要心理问题是现实问题引起的焦虑情绪。

九、案例分析

由于刘某叛逆心理较强，性格偏执，爱钻牛角尖，事事以自我为中心，在心理咨询访谈中可以感到刘某强烈的抵抗，包括情绪抵触和行为抵触，同时还会表现出凶悍、无理取闹的过激行为。

刘某性格属于偏执类型，对人和事有自己的判断标准，觉得自己认为正确的就一定是正确的，缺乏自我反省能力和情绪宣泄的方法，容易被即时环境影响而产生冲动和鲁莽行为且不计后果。刘某自认为为人仗义，愿意为他人出头，一身"正义"气息，因此常被人利用，被扣分后也是不服气的态度。

刘某学历不高且法律知识匮乏，她一直认为自己刑期短，减刑困难，劳动中总是出工不出力，还经常发表不利于改造的言论影响他犯。刘某一直我行我素，多次与他犯发生冲突，出现违反监规的行为，情绪化严重，消极情绪严重影响了班组内其他成员。

十、咨询目标及预后

（1）近期目标：帮助刘某正确面对问题，分析问题，缓解焦虑情绪，改善睡眠及食欲。

（2）长期目标：帮助刘某构建合理的认知模式，提高有效处理各种挫折的能力，增强自信和社会适应能力，最终达到人格完善。

对刘某进行心理咨询，目标是剖析问题，重建刘某的思维视角，改变认知，同时要不断强化和提升其认识自身行为的能力，使刘某遇到问题能够沉着冷静处理，清晰地认识问题根源，能够认识到自身的问题行为以及问题行为背后的错误认知。

十一、咨询过程

主要咨询方法与适用原理：正念训练和合理情绪疗法。咨询分以下三个阶段。

第一阶段是心理评估和诊断阶段，主要是建立咨询关系，收集资料，进行心理诊断，确定咨询目标。（第一次、第二次咨询）

通过正念介绍以及正念训练的尝试，给刘某一个安静、轻松的环境，在感受分享这个过程中，刘某感受到团体的力量，感受到正念评判的真谛，建立了信任关系。在征得其同意下进行心理测量，通过抑郁自评量表（SDS）、焦虑自评量表（SAS）确定主要症状。

通过感受分享、倾听、理解、共情、无条件地积极关注、自我开放，让刘某尽情倾诉，与团体成员建立良好的咨询关系。

运用正念呼吸观想、正念瑜伽及三分钟呼吸空间法帮助刘某进行放松，通过生理和心理的完全放松来对抗焦虑情绪。正念呼吸观想是通过缓慢的呼吸，感觉吸气与呼气及腹部的涨落运动来体验当时的感受及活在当下。肌肉放松训练技术是将注意力集中在每个肌肉群，手臂、脸部、颈部、四肢及躯干，先感受紧张再放松，体会紧张与放松之间感觉的差异。三分钟呼吸空间法是在情绪激动和慌乱时自主运用的一种自我调节情绪的技术，鼓励刘某在情绪有波动的时候用这样的方式让自己放松下来，将情绪稳定之后进行理智的思考，进而采取处理办法。

第二阶段是咨询阶段，帮助求助者分析和解决问题，改变其不正确的认知，改变其对自身疾病的认识。（第三次、第四次、第五次咨询）

通过向刘某介绍合理情绪疗法的 ABC 理论，使刘某接受该理论及其对自己问题的解释，使刘某认识到 A、B、C 的关系。

结合刘某的问题予以初步分析，帮助刘某认识自己的非理性信念在心理问题中的核心作用，如"自己就应该强于他人，任何事都是这样，否则就是糟糕透顶"，使刘某领悟到自己的问题及其与自身不合理信念的关系。

让刘某讲出自己的故事，以此为主轴，再通过重新编排，丰富故事内容。在重新叙述自己的故事中，把人和问题分开，发现新的角度，产生新的态度，从而产生新的重建力量。将故事重新编排成一个积极的故事，在消极的自我认同中寻找积极的自我认同。鼓励刘某通过这种方式去面对问题，在找不到解决办法、走进了死循环时，不妨跳出现有的模式，把自己放在事情之外，一切就一目了然，帮助其正视过去，从而发现问题，解决问题。

通过布置作业让刘某坚持每天正念观呼吸、身体扫描练习，每天 2—3 次，每次 30 分钟，进一步巩固新建立的合理信念。

第三阶段是巩固与结束阶段，使刘某把在咨询中学到的东西运用于今后

的生活中，提高其有效处理各种挫折的能力，增强其自信和社会适应能力，促进其心理健康发展。（第六次咨询）

帮助刘某巩固咨询所获成果，适应结束咨询后的情况，并学会把在咨询中学到的有关知识和分析问题、解决问题的方法迁移到现实生活中，继续努力提高自己的心理健康水平。

经过多次团体和个体干预，咨询基本达到预期目标，刘某在多个方面的表现有了改观：人际关系得到了很大的改善、遇到问题会冷静处理、能积极主动向管班民警汇报思想、在劳动竞赛中获得了第一名的好成绩。

十二、案例总结、评估与反思

在本案例中，咨询师与求助者建立了良好的咨询关系，从而全面掌握了刘某的情况，后期刘某本人想努力改变目前的状态，所以非常配合，这一点是咨询取得成效的重要基础。咨询师针对刘某的成长经历、性格特点以及具体情况，在咨询过程中应用合理情绪疗法协助刘某调整认识观念，从而改变了刘某的负性情绪，并采用正念训练帮助刘某进一步缓解焦虑情绪，提高其面对压力的能力，取得了良好的咨询效果。

疏导焦虑心理　助力平稳回归

——一例有心理焦虑的未成年罪犯心理咨询个案报告

　　心理焦虑是未成年罪犯的典型心理特征之一。在实践工作中，因为心理焦虑前来咨询的罪犯不在少数，难以控制的心理焦虑给他们带来了很多情绪困扰，同时威胁着监管秩序的安全与稳定。本案例运用认知行为疗法对一名患有心理焦虑的罪犯进行心理咨询，收到了良好的效果。

一、基本信息

　　罪犯王某，男，17岁，父亲因车祸去世，与母亲一起生活，有一个哥哥，已经成家，家庭经济条件较差。

二、来访方式

　　王某的消极行为影响到监区的正常改造秩序，监区建议心理咨询师介入。

三、主诉

　　看谁都不顺眼，总想找人撒撒气，自己睡眠质量较差。

四、问题行为发展史

　　（1）初始：王某因搞卫生问题与同班罪犯陈某发生口角，因民警及时制止与劝解未出现过激行为。

　　（2）发展过程：一周后，王某又因水杯摆放位置等琐事与罪犯陈某发生冲突，被值班民警及时制止并进行了批评教育。后多次因琐事与陈某发生言语冲突。监区为防止出现突发事件，将陈某调离。此后，王某因洗澡问题又与陈某发生冲突。

（3）现状：通过王某自诉、询问监区干警以及从其他相关罪犯处了解到，王某脾气暴躁，易怒，多次与其他罪犯发生言语冲突。多次要求就医，但没有显现出明显躯体症状，其每天都服用 1 片安定才能入睡（有分院医嘱）。

五、成长经历

王某在校期间自认为是班里"老大"，喜欢管闲事，谁不听话就欺负谁，学习成绩较差，上到初中二年级就辍学了。后来与社会上一帮闲散人员为伍，整天游手好闲。

王某与父母关系正常，无重大身体疾病。自诉有一个年长自己八岁的哥哥，已经成家，父母从小就比较疼爱自己，对自己所提要求尽量满足。现在父亲因车祸去世，母亲身体状况一般，家庭经济条件较紧张。

六、初步诊断

（一）诊断标准

（1）根据病与非病三原则，王某知情意统一，对自己的心理问题有自知力，无逻辑思维混乱，无感知觉异常，无幻觉、妄想等精神病症状，因此可以排除精神病。

（2）由于王某的冲突与现实处境相连，涉及服刑期间的重要生活事件有明显道德性质，属于常形冲突，因此可以排除神经症和神经症性心理问题。

（3）由于王某的反应强度不甚强烈，反应也只局限于与周围罪犯范围内，没有影响逻辑思维等，无泛化，没有对社会功能造成严重影响。从病程标准看，病程只有一个月，所以可以排除严重心理问题。

一般心理问题是由现实因素引发心理冲突所致的不良情绪，不良情绪持续存在一个月以上或者间断存在两个月，反应强度不太强烈，尚能在理智控制之下，不良情绪反应局限于诱发因素本身，即使与诱发因素相关或类似的事件也不引起此类反应，思维合乎逻辑，人格无明显异常，社会功能较完整或受轻度影响。

（二）症状依据

1. 现实因素激发——因

王某焦虑情绪的出现主要是由于刑期较短，减刑希望渺茫且面临释放，对正常社会生活的期待以及与他犯日常生活琐事矛盾的积累等现实因素造成的，是常形冲突。

2. 持续时间较短——时

焦虑情绪间断地持续一个月仍不能自行化解。王某自诉有的时候也没有这么着急上火。（不是心理冲突持续）

3. 社会功能常态——度

不良情绪反应仍在相当程度的理智控制下，人格没有明显异常，行为不失常态，生活学习社交基本正常，但效率下降。

4. 反应没有泛化

自始至终，不良情绪的激发因素仅仅局限于最初事件如刑期较短、不能挣分减刑，即便与最初事件有联系的其他事件，也不引起此类不良情绪。

（三）诊断结论

属于一般心理问题的焦虑心理。

七、行为功能分析

（一）S—刺激源/情境（Stimuli/Situation）

1. Se（引发问题行为的）外部刺激

（1）刑期短，不要分不要奖，监规纪律无法约束。

（2）监区整体氛围，其他罪犯的轻微违纪行为没有受到严格处理对其有强化作用。

（3）他犯对其"权威"的挑战，罪犯陈某在班内不服王某，在其他罪犯面前与他争辩。

2. Si（引发问题行为的）内部刺激

不用挣分减刑后，感觉在服刑改造中没有什么期待，只有等待到期回家。

（二）O—个人因素（Organism）

聪颖性高，思维敏捷；有一定的领导力；偏多血质人格，热情好动，能较好地处理罪犯之间的纠纷关系，爱好足球等体育运动；性格掩饰性、攻击性较强。

（三）R—行为过程（Reactions）

认知——我什么也不要，谁也管不了我，我是老大。我要在这里拔份儿。

情绪——焦虑，烦躁，易怒。特别是干警安排其拨打电话时，如果提醒其时间已到，王某的情绪就容易爆发，认为别人可以打，自己就不行，干警就是针对自己。

躯体——有躯体化症状，浑身不舒服，失眠。

动作——情绪失控时四肢有攻击性动作。

（四）C—行为后果（Consequences）

时间：长期的，在2—3个月内经常出现这种情绪与行为。

形态：外部的，表现为与他人的冲突。

性质：负性的，影响了监区改造秩序，给一些蠢蠢欲动的不安定罪犯起到了"坏榜样"的作用，并强化了自己违纪的动机。

二次获益性问题：通过与他犯产生冲突，释放了压力，获得了其他罪犯的"尊重"，树立了权威性。

八、咨询目标

经与王某协商，咨询目标确定为控制自己的脾气、能与他犯正常交往。

九、咨询计划

学习简单实用的放松方法，缓解不良情绪，顺利度过剩余刑期，不与他人发生语言肢体冲突。

十、咨询过程

王某人格无重大变化，认知未受较大影响，焦虑情绪较为严重，出现明显的问题行为以及一定的躯体症状。可以排除神经症及精神类疾病，属于因重大生活事件应激导致的焦虑发作。罪犯在临释前出现焦虑情绪较为普遍，这种单纯性的焦虑发作，结合行为咨询方法中的"放松训练"疗法，能够较为有效地缓解罪犯紧张焦虑的情绪，获得较好的效果。通过4—6次咨询，帮助罪犯掌握"自我放松训练三步法"，能够自我放松，控制情绪，缓解压力。

（1）在第一阶段咨询（前两次咨询）中，咨询师明显感觉到王某对抗情绪较强，且有较强的控制欲，试图控制咨询过程，获得主动，从而回避自己的问题。咨询师顺水推舟，并不刻意主导咨询的内容，而是用真诚的态度表达出对王某的理解与尊重。王某逐渐明白，咨询师不是想去强求自己，而是真正希望帮助自己，让自己平静，从而接受咨询师，建立起咨询关系。

（2）第二阶段咨询（第三次咨询）中，考虑到避免对抗，咨询师并不深入探究王某出现焦虑情绪的根源，而是与王某共同探讨哪些行为给自己带来了麻烦与困扰，是否愿意去解决这些问题行为，以及如何解决。通过沟通，王某认可了咨询师提出的"自我放松训练三步法",并且与咨询师签订了咨询协议,对双方的权利义务进行约束,保证训练的成功。

（3）第三阶段咨询过程（第四次至第六次咨询）中,王某在咨询师的示范引导下开始进行放松训练,依据从手臂——头部——躯干部——腿部的顺序进行逐次放松。在咨询师轻松语调的指引下,王某从开始时的浑身紧张、抵触、不能配合,逐渐沉入其中,到自己掌握了放松的要领,使每个部位都经历了集中注意——肌肉紧张——保持紧张——解除紧张——肌肉松弛五个步骤,身心得到舒缓。在掌握方法后,咨询师在协议中要求王某在两次咨询之间每天自觉在就寝时完成一次训练,并记录自我感受。下次咨询时与咨询师讨论自己的感受并在咨询师的引导下进行训练。

通过六次咨询,王某已经较为熟练地掌握了"自我放松训练三步法"的方法,并且能够自觉完成协议,自诉症状有了一定的缓解。咨询师与王某协商,在接下来的半个月中,完全由王某自己安排放松训练,然后通过下一次的咨询进行效果评估。

（4）第四阶段（第七次至第八次咨询）,管教民警反映,王某近期表现较前一阶段有了明显的改观,未出现过激行为,他犯也反映王某脾气小了。通过咨询评估,王某自诉训练有一定的效果,身体没有那么紧张了,精神也放松了,也认识到自己的脾气有点大,现在注意言行,不和他犯发生冲突。

通过焦虑自评量表（SAS）结果显示,王某未表现出明显的焦虑情绪。

十一、案例总结、评估与反思

临释罪犯的管理教育工作近年来逐渐成为改造工作的重点与难点,在实践中也出现了种种问题,如罪犯不要分不要奖导致不服干警管教、人际关系冲突等。

此案例为矫正短刑未成年罪犯,在矫正过程中打破常规管教工作惯例,并不深究导致罪犯问题行为（如焦虑、人际冲突）的历史根源、人格因素等原因,而是更加关心设立直接特定的咨询目标,即通过对罪犯的行为观察,对行为进行功能分析后,通过与罪犯的协商,确定靶行为并进行咨询。通过不良行为的矫正建立起新的行为方式,从而解决罪犯改造中的问题。

一例抑郁症罪犯的案例报告

北京市沐林教育矫治所　司晓旭

　　抑郁症罪犯因受服刑环境影响易引起疾病复发和自杀问题，其特点为情绪低落、兴趣减退、悲观、思维迟缓、缺乏主动性、自责自罪、饮食睡眠差、担心自己患有各种疾病、感到全身多处不适，长期患病者伴有躯体化疼痛症状，严重者可出现自杀观念和自杀行为，抑郁症的自杀率和发病率很高。本文主要通过对一例所内患抑郁症罪犯的心理咨询和干预，介绍抑郁症罪犯的特点和精神动力学特征，尝试应用危机干预和创伤治疗来缓解其抑郁焦虑症状，并进行自杀危险性评估和心理干预。

一、个人信息

　　郭某，男，26岁，汉族，大专文化，未婚，捕前从事 IT 行业。该犯入所当日被诊断为焦虑抑郁状态，疑似结核病入院治疗，出院后调入矫治所服刑。经民警反映，该犯出院归队后对大队改造环境不适应，对民警抵触情绪明显，因患抑郁症被确立为重点病人，该犯敏感且易受外界环境刺激，多次与看护发生口角，有希望民警关注的心理，情绪不稳定，自控力差，不善言语，缺乏沟通能力，人际关系较差。

二、案例来源

　　大队领导和医务室建议对其进行心理咨询和干预，该犯主动咨询和治疗的意愿强烈。

三、第一印象

初次见面时，郭某个子不高，体型中等，穿着整齐，与咨询师交谈时低着头，不敢直视，双手搓着掌心，显得比较紧张，表情严肃，讲话声音不大，有些问题会追问咨询师数遍并希望得到咨询师的答案及帮助，表明其正处在非常焦虑的情绪下，有亟须解决的痛苦，因此有较强的心理动力。

经访谈，郭某意识清晰，接触中紧张拘谨；谈话中目光有逃避，有搓手动作；能够完整描述抑郁、焦虑病情；当谈及成长史时，会泪流满面，有时会泣不成声；存在背痛、腿疼的体感疼痛症状，有强迫联想、自我评价低、自卑感明显等问题；有自杀观念，未发现幻觉、妄想等其他认知活动异常；情感低落、严重焦虑、情感反应不协调，有强迫行为；有强烈求治愿望，希望咨询师能够帮助其缓解抑郁焦虑状况及身体疼痛症状，内省力完整。

四、主诉

从医院归队后焦虑情绪严重，有背痛、腿痛躯体化疼痛，情绪低落、不稳定，易怒，不能控制自己的情绪。紧张不安，喜欢猜疑身边人是不是在说自己什么。注意力难以集中，出现阅读障碍，不能背记《监狱服刑人员行为规范》，与班内罪犯、看护及民警的人际关系紧张，多次与班长和看护发生冲突，反映目前医生开具的精神科药物效果不好。

五、主要心理问题及发展史

郭某患抑郁症五年多，有焦虑、强迫行为、阅读障碍等问题十余年，自述有严重的创伤记忆，在外及所内曾多次有自杀意念。

自小与爷爷奶奶生活，小学后与父母居住，有分离焦虑，不喜欢和父母一起生活，感觉与父母没有感情。那时父母经常吵架，当时他并不懂，只是看到父母吵架就害怕得躲在一边哭。小学开始时学习成绩不错，在学习方面也很用功。后因来自农村的原因，遭到同学看不起和欺负，与同学沟通少，没有朋友，对外界事物兴趣逐渐减少，自卑感、孤独感强烈，注意力、记忆力开始下降，学习成绩越来越差，后考取一所普通中学，因担心成绩不好而变得越发焦虑，注意力难以集中，并开始出现阅读障碍。高三时，注意力越发难以集中，看书时眼前、脑子里常出现一片空白，头昏脑涨情况严重，成绩直线下降，高考失利，只能进入一所大专，自己感觉非常不甘心，因为考理想大学的希望落空。大学时因性格原因不能处理好社团内工作，情绪出现波动，逐渐转为抑郁，记忆力下降，自感有心慌、乏力、胸闷、濒死感等躯体症状，后被医院诊断为抑郁症，并间歇服药治疗一年，自觉效果明显。

六、成长经历（个人史）

郭某直到上小学才回到城镇与父母一起生活。父亲脾气暴躁，对其经常打骂，甚至家庭暴力，母亲对其缺乏关爱，使其没有安全感。父母希望他好好学习，但事与愿违，城镇的学生欺负他是农村来的，导致他经常遭到一些同学的歧视和嘲讽，甚至是欺负和打骂。父母对其漠不关心，原本学习成绩不错的他也因此成绩越来越差，性格也变得越来越内向，怕事懦弱。他在严重的校园欺凌中完成小学，后升入一所普通中学，18岁时，考入一所大专的计算机专业，毕业后，在一家IT公司从事编程工作，工作近三年，觉得工作累，想过换工作。郭某从小到大一直很孤独，没有朋友，曾谈过恋爱，后因自己生病，怕女朋友发现其患病，主动提出分手，至今未婚。无不良嗜好，无吸烟、饮酒史。

七、家庭背景及家庭关系

郭某是独子，自幼家庭经济状况较好，父母均为公职人员。早年由爷爷奶奶抚养，后因上学路程远等原因与爷爷奶奶联系逐渐减少。早期与父母没有建立亲密关系，感觉和父母没有感情，与父母沟通少。父亲脾气不好，对其教养的方式就是打骂，母亲性格急躁，爱唠叨，父母对其缺乏关爱和关心。父亲脾气暴躁，在工作上遇到挫折，经常与母亲吵架，其父母的关系逐渐恶化直至离婚，父母离婚后，郭某跟随母亲一起生活，与父亲联系甚少。

八、心理评估

（1）郭某自诉患抑郁症五年多，有焦虑心理、强迫行为、阅读障碍等问题十余年，伴有背痛、腿痛躯体疼痛症状，一直间歇服药。经观察，该犯近期情绪低落，焦虑情绪严重，情绪不稳定，紧张，食欲不振，失眠、经常性早醒，缺乏精力或疲劳，自尊心低，注意力不集中或犹豫不决，感到无望，该犯在队内背记时出现阅读障碍，担心释放后影响工作，并对躯体疼痛症状感到非常焦虑和痛苦，访谈中曾多次表示自杀意念。

（2）心理测量量表及分析。

①入所教育矫治质量评估（CCQA）得分。

从测试结果可以看出，该犯入所筛查CCQA测试结果为"装好"指标未通过,具有较强的自我防御意识,自我认知能力正常。

②SCL-90得分。

表1　SCL-90项症状清单得分数据表

躯体化	强迫	人际关系	抑郁	焦虑	敌对	恐怖	偏执	精神病性	其他
3.5	4.3	4.11	4	4	3.5	3.29	3.83	3.2	3.57

SCL-90为重度症状。心理健康状况较差,其中强迫、人际关系、抑郁、焦虑分值较高,说明该犯目前情绪化较为严重,焦虑、抑郁状态明显,且具有潜在攻击性。

评估结论:郭某的情况符合持续性抑郁障碍的诊断标准,故将其诊断为持续性抑郁障碍。

九、案例分析

(一)源于原生家庭不良的家庭结构

童年早期,没有和父母建立良好的亲密关系;少年时期,父亲的坏脾气和对他的暴力,母亲的漠视和对他缺少关爱,另外,父母的恶劣关系及离婚使郭某没有安全感,其没有在原生家庭中学习到如何与人建立良好的关系,如何形成稳定的亲密关系。

(二)缺乏社会支持系统

早年与爷爷奶奶等重要抚养人的分离焦虑,与父母没有建立亲密关系,在发生校园欺凌时,父母作为重要抚养人却缺位,导致其缺少心理支持系统,在学校被欺负、看不起,逐渐与人疏离,孤僻的性格使其在工作中也没有朋友,在学校和工作中也得不到支持。

(三)源于早年经历的创伤事件

郭某早年遭受父亲的家庭暴力和校园欺凌,其心灵受到严重创伤,强大的压力、愤怒无法释放,面对无助和压力,他选择沉默和默默忍受,其人格严重扭曲,延续至成年,形成了孤独、胆小、自卑、没有安全感、强迫等人格特征,否定自我价值,认为自己是不被爱和不被接纳的。

(四)源于改造环境不适应的诱发事件

出院回队后,队里严格的管理、训练和背记要求使其对服刑改造产生了严重的不适应,面对压力和环境的不适应,他向大队申请回医院或关禁闭,作出"回避"或"逃避"行为，这种对现实的无助感和无掌控感使其产生了挫败感和无价值感，这种消极的自我感觉诱发了郭某的抑郁症，在抑郁症的消极情绪影响下，其常年由于压力、抑郁情绪导致的非器质性的背痛、腿疼加重，同时紧张压抑的监所环境和躯体化疼痛体验加重了他的焦虑与抑郁情绪，加剧了他的自我挫败感和无价值感，造成恶性循环。

十、咨询目标及预后

根据郭某患有抑郁焦虑状况、人格特征及在所服刑情况，同时邀请北京市大兴区精神病医院心理康复科主任对本案例进行督导，确定对该犯进行心理咨询和干预的目标如下。

（1）评估该犯自杀危险程度，处理恐慌，降低自杀危险行为。

（2）引导该犯认识自己内心的焦虑状态，通过合理方式消除其内心焦虑，教其缓解情绪的方法。

（3）帮助该犯处理创伤记忆，认识症状的来源，学会表达情感，缓解症状。

经心理咨询和干预后该犯情绪有所稳定，睡眠状况好转，焦虑水平明显降低，创伤记忆得到缓解，行为控制能力增强，偏差行为减少，自杀意念虽未完全消除，但所内自杀危险行为得到控制，对病情恢复的信心明显增强，生活的积极性和希望感有所提高。

十一、咨询计划

鉴于该犯焦虑状况严重，担心、焦虑其躯体化疼痛症状，入所初期有自杀意念，有痛苦的创伤记忆，其痛苦感、无望感强烈。根据该犯存在的问题和在所服刑时间，为其制订如下咨询计划。

咨询第一阶段，针对郭某存在自杀意念，首先开展自杀危险性评估，并通过危机干预，降低其心理恐慌，为其建立希望感，降低自杀危险行为。

咨询第二阶段，根据督导老师提出的治疗抑郁症应首先从解决焦虑问题入手，咨询师帮助郭某处理最典型的焦虑情绪问题，缓解躯体化疼痛症状，提高对焦虑症状的认识和处理。

咨询第三阶段，由于该犯存在严重的童年创伤记忆，咨询师在有限的时间里帮助其处理创伤记忆，认识患病和症状激活的来源，并教其处理方法。

十二、咨询过程

(一) 评估自杀危险程度，处理恐慌，降低自杀危险行为

由于郭某常年的抑郁情绪，其痛苦的情绪体验和疼痛的躯体化情况越发严重，同时加剧了焦虑状况，使其痛苦不堪，无法摆脱的、无法忍受的、永无止境的感受越来越强烈。郭某自述在外曾多次有过自杀想法，但未有自杀计划和行为，在初次访谈中该犯就流露出自杀的想法。对于抑郁症个案应首先对自杀危险程度进行评估，评估自杀情况。咨询师通过危机干预对自杀问题进行分析，通过评估郭某当下的自杀意念、自杀计划和内心情感痛苦来评估其自杀行为的危险程度。郭某患抑郁症多年，有非常痛苦的情感感受，虽然有过多次的自杀想法，但还未有过自杀行为，咨询师对其评估自杀的危险性，并探讨"生存理由"为其建立生存的希望，郭某对"生存"的希望还是很坚定的，改变的意愿也很强烈，所以该犯的自杀危险为中级。虽然自杀的想法还不能完全消除，但是通过危机干预已经为其建立希望感，减少无望感，并不断强化其努力和坚持的正向行为，从而降低自杀危险行为。

(二) 认识焦虑状态，帮助缓解情绪

在多次咨询中，郭某都表现出强烈的焦虑情绪反应，其情绪状况不稳定，受躯体化疼痛困扰严重。经向医生了解，其躯体化的疼痛为非器质性的，而是因常年的抑郁焦虑情绪和压力无处释放所致，并伴有阅读障碍、看女性胸部的强迫行为等，焦虑紧张的情绪使其人际关系紧张，易发生冲突，所以咨询师首先从帮助其缓解焦虑状态入手，提高其对焦虑情绪的认识和处理。咨询师首先运用心理教育引导郭某从心理疾病的角度认识抑郁导致的躯体化疼痛，从而使其认识焦虑的症状表现，并以家庭作业的形式帮助其开展"腹式呼吸训练"来降低焦虑水平，增强对情绪的把控感，从而缓解焦虑作用到身体的躯体化症状。

(三) 认识症状的来源，学会表达情感，缓解症状

在谈到成长经历和家庭状况时，郭某的情绪总是特别激动，好几次都声泪俱下，在他成长经历中充满了创伤，父亲的家庭暴力和严重的校园暴力给他幼小的心灵埋下了痛苦和伤痛，这也是他之后抑郁患病和发病的根源，在最后几次的咨询中，咨询师主要帮助郭某消除创伤记忆，识别症状来源，并引导其进行情绪释放，帮助其缓解焦虑情绪。在治疗的过程中诱发了郭某对创伤的记忆情绪失控的体验，咨询师用"稳定化"技术，把他拉回到安全的此

时此地的咨询环境中，并用"隐喻"来呈现郭某从痛苦中幸存下来的方法是阻止对痛苦的觉察并回避思考，表示接纳他的方法，但同时提出弊端。在此基础上，运用心理教育引导郭某建设性地、更有成长意义地看待自己的症状表现。

十三、案例总结、评估与反思

咨询师的评价：郭某的咨询效果源于其对心理咨询和治疗的正确认识和学习，郭某主观改变的能动性和意愿较强，效果明显。（1）郭某情绪有所稳定，睡眠状况好转，焦虑水平明显降低，对情绪的把控感增强，焦虑作用到身体的躯体化症状有所缓解。（2）创伤记忆得到处理，有效帮助缓解伤痛。（3）行为控制能力提高，偏差行为有所减少。（4）自杀危险性得到及时评估，使其对病情恢复有了信心，生活积极性和希望感有所提高。

大队民警的评定：郭某近期的情绪反映比较稳定，睡眠状况有所好转，人际关系有了改善，与他人的争吵少了，违纪行为明显减少。

郭某自评：我一直焦虑自己的身体疼痛，通过这段时间的咨询，我学会和了解了我的这种疼痛是因长期的焦虑、抑郁情绪造成的，老师教会我一些训练方法，我会坚持练习，我感觉效果已经显现了，虽然还会存在焦虑情绪，但抑郁情况有所好转，对生活恢复了信心，我也坚信心理治疗能够帮我缓解身体疼痛，使我从痛苦中解脱出来。

案例总结：总体来说，郭某一直担心自己的病情和情绪问题，特别是担心和纠结躯体化的疼痛症状，随着咨询的开展和深入，郭某已经逐渐找到了控制自己情绪的方法，并对未来重新树立起了信心。但是，郭某也意识到情绪的控制不是那么容易的，而且很容易反复，需要自己不停地提醒自己并利用学到的方法加以强化，直到内化为自己的一种习惯，希望他能够继续努力，不要放弃。

郭某患有抑郁症并伴有自杀意念，因在所服刑时间较短，在短期的咨询和治疗中，咨询师首先为其评估并处理自杀危险，确保安全，帮助其认识和缓解焦虑症状，同时处理了在咨询过程中被激活且强烈情绪化反应的创伤记忆，通过心理教育和教授方法帮助其处理创伤激活和缓解焦虑情绪。该犯有较强的心理动力，改变意愿强烈，且家庭作业和后期方法练习情况较好，虽为短期治疗但效果明显。

焦虑情绪罪犯矫治案例

北京市清园监狱　刘　建

　　罪犯刘某入监以后不认罪，因思念家人产生情绪波动，紧张、焦虑、抑郁、失眠等症状明显，咨询师通过建立良好的沟通关系，提供情感上的支持，使用积极关注、情感宣泄、核心冲突关系主题法等心理咨询技巧对刘某开展心理咨询，使刘某情绪有所缓解，能够正确面对内心的矛盾冲突，睡眠质量有所提高。

一、个人信息

刘某，男，39 岁，汉族，家中有父母、妻子、女儿。

二、案例来源

新犯入监，状态不稳定，且不认罪，为保证监管安全，监区采取干预措施。

三、主诉

近期情绪烦躁，宁愿一人独处，也不喜欢与其他人待在一起。比较敏感，时常对他人产生怀疑，总觉得有人在背后议论自己，有时自己也知道事实不是这样的，但还是控制不住。时常感到紧张、焦虑不安，失眠。

四、第一印象

该犯面容憔悴，脸色蜡黄，坐姿僵硬，握拳，说话时语速较慢，一直低着头，目光交流少。

五、主要心理问题及发展史

该犯因伙同他人诈骗被判刑，认为法院在没有查清事实的情况下就宣判，觉得别人把诈骗得来的钱打到自己的银行卡就被认同为伙同诈骗是冤枉的，觉得自己是弱势群体，人微言轻；服刑后听到其他罪犯说外地的减刑政策好，减刑快，就想回原籍服刑，但实际情况不符合该犯的愿望，想法落空，十分沮丧；因为自己服刑，导致家庭失去了一大部分收入，只有妻子一个人苦苦支撑，家庭负担激增，觉得愧疚；自己在北京服刑，家人都在老家，看自己不方便，自己对家庭又十分思念，想见也见不着。

六、成长经历（个人史）

该犯出生在辽宁省一个农民家庭，年幼时家境贫寒。父亲身体状况较差，由于要维持家里生计，父母亲整天早出晚归地干活，忽略了对他的关心和教育。该犯初中毕业后因学习成绩不佳没有考上高中，便外出各地打工，混迹于社会，结交了一些社会闲散人员，误入歧途走上犯罪道路。

七、家庭背景及家庭关系

父母年龄大，妻子一个人在家照顾，女儿上小学，家庭经济由妻子一人承担。

八、心理评估

（一）评估标准

表现为对某些事担心，害怕，情绪反常。

（二）症状依据

情绪表现：情绪不稳定，近期时常感到紧张、焦虑、烦躁。

行为反应：不愿开口说话、不愿与其他人一起活动、坐立不安。

生理变化：入睡困难、早醒、食欲减退、血压不稳、注意力不集中。

（三）评估结论

该犯有求治动机，有一定的自知力，可以排除精神病。从该犯主诉及日常观察结果看，可以排除器质性疾病，具有一般焦虑性问题的临床表现及伴有环境适应不良症状。

九、案例分析

该犯为初次犯罪，因为文化水平低，法律意识淡薄，不能理解自己为什么犯罪，认为自己被欺负，感到委屈；自己在外地服刑，人生地不熟，感到孤单寂寞，环境适应存在一定问题；思念家人，但由于经济、路程和父母年龄的原因，家人不能经常来接见，一方面想要家人见，一方面又怕给家中增加负担，感到焦虑；认为自己在北京减刑比外地少，不能快点回家，感到很担心。

十、咨询目标及预后

近期目标：适应环境，负性情绪得到宣泄，压力得到缓解。

长期目标：调整认知，处理好对家人的思念，顺利度过剩余刑期。

十一、咨询计划

（1）环境适应。调整自身状态，适应监狱环境。

（2）情绪管理。学会情绪管理的技巧，宣泄负性情绪，缓解压力。

（3）调整认知。能够比较客观地看待自己所犯的罪行，主动探索自己和家人的关系，作出积极可行的改变。

十二、咨询过程

（一）环境适应

（1）鼓励刘某主动接触环境、积极适应环境。

（2）积极调整自我，教授其提高应对的技巧。

（3）利用支持系统，积极寻求帮助。

（二）情绪管理

咨询师采用温暖、热情、共情、倾听等技巧，对刘某给予积极关注，运用开放式问话，让刘某更多地表达自己，建立比较好的沟通方式。

（1）引导刘某体察自己的情绪。由于该犯的压力比较大，咨询师首先让其放松下来，增强自我觉察能力，对自己的情绪，尤其是负性情绪一出现就能够觉察。

（2）适当表达自己的情绪。觉察到自己的情绪后，咨询师引导刘某表达情绪，由于刘某长期压抑自己的情绪，在表达情绪上比较困难。咨询师引导他在咨询时逐渐表达自己的情绪，比如焦虑时可以和咨询师说，"我现在感到很焦虑，我对您的问题不知该如何回答。我希望可以平静下来想一想再回答"。通过这种方式帮助其养成表达自己情绪的习惯。

（3）以适当的方式疏解情绪。刘某一直以过分压抑的方式处理情绪，咨询师尝试带领刘某适度宣泄不良情绪，从而使负性情绪得以缓解、释放。咨询师建议刘某采取体育运动、劳动等符合监管场所的方式进行宣泄，刘某表示，情绪宣泄后，感觉压力小了很多，心里也舒服了很多。

（三）认知调整

1. 核心冲突关系主题法

首先，帮助该犯分析核心冲突关系主题。找出引起其焦虑、紧张、失眠、食欲减退的主要因素和主要关系事件，通过该犯主诉归纳关键关系事件。（1）父母年事已高，身体不好，接见不方便，担心父母。（2）妻子身上担子重，所有的事都是妻子一个人扛，压力大，感觉对不住妻子。（3）思念孩子，现在接见都是工作日，接见时孩子不能来。（4）北京财产刑罪犯不能减刑，自己没有动力。

其次，使该犯认识到主要关系事件在其意识中的反复出现对自己心境的负面影响。并使其认识到错误的认识是可以改变的，要有改变的信心。然后，使该犯正确认识和理解心理咨询的目的和方法，改变其过于压抑的情绪反应，使其情感得到宣泄。

2. 对其以后的生活予以讨论

咨询中刘某讲到，自己出狱后的生计没有任何问题，但是要怎么去面对这几年的监狱生活，使自己十分苦恼，觉得对不起家人。咨询师使用焦点解决技术中的奇迹问句，让刘某设想自己认为与家人的最好的关系，如果明天这个奇迹就发生了，但是没有人告诉你，你会发现什么线索？刘某表示，如果奇迹发生的话，女儿看见他会笑，会围着他不停地和他聊天，他会觉得十分的平静和满足。咨询师从这个方面引导刘某，平静和满足是他想要的，那么从现在开始，我们可以试着做点什么以便可以达到最终的平静和满足呢？刘某仔细地想了想，说："也许我可以给女儿打电话，多和她聊聊天，让她觉得爸爸关心她，没有把她忘了，快到她生日了，我给她写封信吧，让她知道爸爸爱她，心里一直有她。"通过引导，进一步让刘某了解在监所改造期间，也有许多事情可以做，以使其心态平稳、有目标地度过剩余的刑期。

3. 结束，复习咨询中所学到的知识与技巧，愈后注意复发事项

进行心境检查，讨论咨询所学的知识，对于今后生活中可能遇到的困难进行预判，厘清咨询师与刘某的关系，鼓励刘某面对新生活。

十三、案例总结、评估与反思

通过八次的咨询访谈，刘某逐渐适应了监所的环境，开始逐渐地与周围人接触、打交道，焦虑情绪有所缓解，能够正确面对内心的矛盾与冲突，睡眠质量有所提高。对于目前的处境，刘某可以认识到目前的情况不可转变，

只有调节自己的想法，在北京服刑也可以踏踏实实地努力度过，只要每天都过得充实，日子总会很快过去。对于家人的思念，通过写信、打电话等方式也可以得到缓解。他也了解到，虽然因为路远、父母年龄大、经济等原因，导致家人不能时常来看他，但是家人还是很挂念他，希望他在这里平平安安，早点回家。家人的支持也使刘某的压力得到缓解。焦虑自评量表的测试结果显示，刘某的焦虑分数降低，咨询达到了初期目标。同时刘某对自己所犯罪行以及加刑事件能够正确理解并书写了认罪悔罪书，表示认罪。

女性罪犯双相障碍心理咨询初探

北京市女子监狱　杨丽梅

　　李某患有双相障碍，易激怒、愤怒，敌意浓烈，动辄暴跳如雷、怒不可遏，常出现破坏及攻击行为，轻率鲁莽、自控能力差。李某的人格特征明显偏离正常，对生活环境、自然环境和社会环境适应不良。本案例通过对患有双相障碍的罪犯实施心理治疗，使其消除愤怒情绪、专心投入改造、建立和谐人际关系，为今后教育此类罪犯提供参考和借鉴。

一、个人信息

李某，女，汉族，33岁，本科学历，离异，捕前无业。

李某患双相情感障碍，有暴力危险。改造中情绪不稳定，易受他人及环境因素影响。

二、案例来源

根据李某的日常表现及测试结果评估，确定为班级重控，监区决定对其进行危机干预。

三、第一印象

客观描述：李某，身高1.70米左右，体态较胖，声音高亢，动作幅度较大且协调性差，脾气暴躁，眼神发直，动作缓慢。

主观感觉：李某比较年轻，控制力较差，懒惰，不爱劳动。

四、主诉

李某感觉自己对环境不适应，戒备心强，总感觉别人冒犯自己，情绪不受控制。

五、来访者主要问题与发展史

由于调至新监区对环境不适应，李某经常与他人发生争执，戒备心极强。调区后不久，因与他人争吵、大声喧哗等严重违纪行为，被一次扣分高达 120 分，人际关系十分紧张。李某平日出工劳动不积极，动不动就请假，经常瞌睡。李某从不参加班内公益劳动，同班组成员对她意见很大。入监后，李某一方面觉得对不起父母，另一方面又不后悔自己的犯罪行为；一方面向父母保证一定会努力出工劳动，另一方面总是以身体不适躲避出工劳动，呈现出诸多矛盾之处。

六、成长经历

李某是家中独女，家庭条件优越，从小娇生惯养，不爱劳动，形成我行我素、不受约束、脾气暴躁的不良性格。认为自己的利益不能受到一点儿伤害，只能占便宜，不能吃亏、吃苦。认为别人对她的付出都是应该的，她就应该比别人优越。对民警的教育有抵触情绪。同时因药物的原因，整天昏昏欲睡，精神不佳。

七、家庭背景

李某家庭比较和睦。父母对其暴躁的脾气一直采取放任的态度，使其变本加厉，稍有不顺心，就会一味地责怪别人，从来不从自身查找问题。

八、评估

90 项症状清单（SCL-90）测试中"焦虑"得分 4.0 分，为非常焦虑；"敌对"得分 4.83 分，对周围人充满敌意；"人际关系敏感"得分 4.78 分，人际关系存在很大问题。

综合测试结果及医院意见，李某处于双相障碍状态。

九、案例分析

李某常因不能控制易怒的情绪与班组成员发生争吵，有时伴有攻击性倾向。从其成长经历中可以看出，李某认为自己的利益不能受到一点儿伤害，只能占便宜，不能吃亏、吃苦。认为别人对她的付出都是应该的，她就应该比别人优越。对民警的教育有抵触情绪。同时因药物的原因，整天昏昏欲睡，精神不佳。

十、治疗目标及预后

（1）使用脱敏治疗，降低愤怒程度。为下一步治疗打好基础，首先就要使其降低愤怒的程度，便于其接受民警的教育。

（2）观察动作行为，确定采用舞动治疗方案。根据双相障碍患者情绪转换突然而激烈，易与人发生肢体冲突的特征，很重要的一点就是要降低其攻击性。

（3）通过心理干预，达到身心合一。通过舞动治疗，使其释放压力，同时对其进行感觉与知觉、行为与思维的统一训练，达到整合身心的目的。

十一、治疗计划

对李某的治疗分为三个阶段：（1）建立相互的信任，确立良好的咨询关系；（2）脱敏治疗（2次）；（3）舞动治疗（4次）。

十二、治疗过程

（一）建立信任的咨询关系

通过耐心倾听建立良好咨询关系，让李某倾诉自己内心的想法和存在的困惑，宣泄不良情绪，放松心情。心理咨询师耐心倾听，同时寻找其心理的症结所在，以与李某对其存在问题达成认知上的共识和意见上的统一，建立相互信任的咨询关系。

（二）使用脱敏治疗，降低愤怒程度（2次）

让李某找出容易让自己冲动的事件，以1—5分判定这些事件给其带来的干扰程度（1分：开始有冲动情绪；2分：冲动到必须把事情讲出来；3分：冲动到骂人；4分：冲动到发怒；5分：冲动到失控）。脱敏治疗开始，咨询师先用语言暗示其放松三五分钟，让其在头脑中对自己说，"我的身体变得越来越轻松……我感到全身越来越放松。感到非常舒适，非常愉快，非常轻松"。然后，让其想象冲动事件中干扰程度最轻的事件，感受该情境清晰地出现在头脑中时其所体验的干扰程度。然后再次进入放松状态，重复前面的过程，再一次想象刚才的事件，报告干扰程度。这样多次反复，如果内心感受到对这一冲动事件报告的干扰级别逐渐下降至某一较低水平且不再下降时，则可以认为对这一事件的冲动已经消失，便换用冲动事件层次中的下一个事件来进行脱敏。经过这样的脱敏过程，当其再次遇到这些事件时，其本能的冲动反应就会比之前减轻很多。

（三）观察动作行为，采用确定舞动治疗方案（4次）

多渠道了解其家庭生活状况、成长经历以及兴趣爱好。当感到难以用语言方式接近和治疗她时，咨询师针对其年轻、好动、思想活跃的特点，确定采用舞动治疗的方法帮助其进行认知的调整。通过治疗性地运用动作和舞蹈，使其创造性地参与治疗过程，从而促使其情绪、认知、身体和社会的整合。心理与身体是互相影响的，很多时候，人们往往不能明白自己的万般情绪及诸多感受。但是，身体却能带领人们诚实地面对自我。在与李某沟通中，咨询师注意到，李某总是说她有时会忽然全身打一个冷颤。咨询师感受到这个动作似乎在传达某种讯息。这种情况下，咨询师就让她只是用手作出这个打冷颤的动作，并重复。李某右手的手指开始忽然地合上又打开，同时在上下弹动。咨询师和她面对面坐着，像照镜子一样作出同样的动作。这是舞动治疗中最基本的一个方法，叫镜像，表示"我看见了你，你是这样的，我跟你在一起"。

几次之后，她说："好像有什么东西想出来。"

我说："可以继续这个动作，也许什么时候它会变化，就让它变化。"

过了一会儿，她的手放到了地上，开始像爪子一样抓地。她说："这是愤怒。"

我说："好像还是紧张，没办法出来。"

她点点头："太危险了。"又过了一会儿，她的动作放慢了。她说："好像有些悲伤。"说完开始流泪，左手掌心朝上，手指微微合拢。

我仍然在镜像，我感到这只手好像在接一些东西，又像是在等待。不过这一次我没有说出自己的联想，而是让李某先说了她想到的东西。之后，我们在这几个动作之间又做了一些切换和转化。象征打冷颤的动作有一次变成了抓的动作——我感受到了某种变化，于是说："这两个动作很像，但抓的动作更主动一些，好像是你能掌控的。"

慢慢地，通过几次治疗，李某渐渐明白，情绪是可以由自我掌控的。几个月下来，咨询师通过对其动作的不断训练，帮助其建立起了积极正向的身体记忆，引导其形成了行为上的自发和自控能力。

十三、案例总结、评估与反思

（一）总结及评估情况

通过对李某的舞动治疗和教育引导，李某不仅稳定了情绪，而且在循序渐进中，积极情绪战胜了消极负面情绪，愤怒程度不断降低，自控能力明显增强，暴躁情绪得到缓解。在 90 项症状清单（SCL-90）测试中，"焦虑"得分从 4.0 分降低到 1.0 分，降低了 75%；"敌对"得分从 4.83 分降低到 1.0 分，降低了 79.3%；"人际关系敏感"得分从 4.78 分降低到 1.0 分，降低了 79.1%，说明其病症得到明显好转。经主管医生诊断，李某用药量也有所减少，且病情持续稳定。目前，李某能正常与人交往，脾气收敛了很多，能够投入正常的改造生活。

（二）工作反思

通过对李某的咨询治疗，咨询师认识到对精神病罪犯的心理教育不能用传统方法，尤其是对于病症较重、较复杂的罪犯，综合采用两种以上的治疗方法是很有必要的。咨询师尝试通过脱敏治疗与舞动治疗相结合的方法，着眼于心理逻辑和身体逻辑发展的相互作用关系，引导精神病罪犯进行心理发泄、揭示及重筑。在动觉和视觉的形式里，个体可以释放出积存在体内的情感与生理障碍，从解除压力、紧张、忧虑开始，通过由生活经历而产生的具有象征性符号的展示、形象的记忆、幻想及个体在此刻的状态来揭示情感问题，带着对自我认识的清楚领悟去探索可变的行动模式，并重新建立新的行为结构，从而造就身心机能的全面健康。

驱走心理上的阴霾

北京市肯华监狱　代　强

在监狱改造罪犯的过程中，受服刑环境的影响，尤其是刑期较长的罪犯，因对未来的迷茫，易产生焦虑、烦躁等情绪，在服刑中常常表现为改造态度消极、兴趣消退，不愿参加集体活动，变得不善于与他人沟通，人际关系紧张，极易引发过激行为。本案中，对焦虑罪犯展开心理疏导，取得了良好的改造效果。

一、个人信息

罪犯敖某，男，1986年生，未婚，高中文化，捕前职业为个体经商，因犯诈骗罪被判处无期徒刑，剥夺政治权利终身。该犯能够遵守监规纪律，但与以往相比，改造态度有些消极，敷衍应付劳动生产任务和监区组织的活动，常常坐着发呆，提不起精神，时常又表现为焦虑，坐立不安，在班内不愿与他人交流，不积极不乐观。

二、案例来源

来源于心理咨询师所管班组罪犯。该犯有强烈的求治欲望。

三、第一印象

（1）客观描述：在咨询中，敖某言谈举止基本得体，能准确描述自己的感受和想法，也能较准确地理解咨询师所说的话，情感表达和语言交流基本正常，访谈时，情绪较为低落，言语不多，交谈时，时常唉声叹气，表情沮丧，初次来咨询室时他总是调整自己的坐姿，感觉非常焦虑，在与咨询师目光交汇时总是躲闪逃避。

（2）主观感觉：该犯给人一种"低头耷脑"的印象，谈话时，他面带微笑，但是他的微笑非常不自然，这种做作的微笑让人感觉他在强打精神。谈话期间，他有时会目光凝视发呆，让人觉得他心事重重。

四、主诉

该犯表示自己已服刑多年，觉得刑期太漫长，担心释放后回到社会会不适应，今后的生活会遇到很多困难，也担心父母年老了会对其置之不理，所以，终日忧心忡忡，情绪低落、抑郁悲观。久而久之，变得话越来越少，不愿与他人沟通，也不想参加活动，对服刑改造没有积极性，感觉生活无望，没有兴趣，产生了烦躁不安、悲观消极等较明显的心理焦虑问题。

五、主要心理问题及发展史

该犯近期的心理状况比较焦虑、抑郁，加上自身的刑期比较长，经常有一些发呆的情况发生，会出现容易激动的情形，平日的劳动任务质量较以前出现明显下降，总体呈现比较浮躁的状态。

该犯情绪低落，干什么都提不起精神，相较以前的改造状态差了很多，从生活上到劳动中都表现得不尽如人意，使自己陷入一个怪圈，但是该犯表现出强烈的求治欲望，希望通过疏导治疗让自己摆脱心理上的阴霾，回归到正常的改造中来。

六、成长经历

该犯出生于北京，家庭条件比较优越，又是家里的独子，从小到大没有经历过艰苦的生活，娇生惯养，文化程度不是很高，法律意识较为淡薄，认为什么事情都可以做，不计后果，从而触碰了法律底线，最终走上了犯罪道路。

七、家庭背景及家庭关系

该犯是独子，父母对其比较疼爱，他和父母的关系很好，家庭亲情关系密切，但是对其疏于管教。其父母是普通国家干部，现均已退休，每月均来监狱会见。该犯未婚，无子。

八、评估

（1）从情绪情感状况来看，该犯近期出现焦虑、抑郁、烦躁等情绪，但处在正常值范围内，其焦虑抑郁程度没有影响社会功能，情绪情感表达正常，有一定的情绪控制能力。

（2）从认知情况来看，该犯认知水平正常，有完整的自制力，主客观一致，没有出现幻觉、妄想等精神病性症状。

（3）从社会功能来看，该犯晚上经常有失眠的情况，但从严重程度和病程上来看还没有影响到生活。虽然该犯与他犯的交流沟通减少，改造积极性有所下降，但是其能够参加监区活动和劳动生产，社会功能基本正常。

九、案例分析

测试显示，该犯情绪还算稳定，承受能力一般，内在好胜心强，固执，常常认为自己比他人更出色，不掩饰自己的思想和行为。虽然比较大胆，但是也容易鲁莽，粗心大意，忽略细节。对自己的自律性属于中等，不完全放松，会出现心神不安、内在起伏波动的表现，有焦虑和压力大的感觉。

十、咨询目标及预后

消除该犯心理上的焦虑和无望感，能与其他罪犯进行良好的沟通，积极参与监区组织的各项活动，建立一个良好乐观的心态，重新燃起其对改造生活的希望。

十一、咨询计划

（1）建立咨访关系，疏解焦虑情绪。
（2）培养健康心理，学会自我调适。
（3）学会问题解决技巧，巩固改造效果。

十二、咨询过程

（一）咨询第一阶段：建立咨访关系，疏解焦虑情绪

（1）运用心理疏导法，对其紧张、焦虑等不良情绪进行疏导，主要运用情感宣泄法、转移等方法。

（2）对其进行访谈，深入细致了解该犯的成长史、生活史，分析其心理问题形成的原因。

（3）注意把握心理咨询的原则，与该犯建立良好的咨询关系，定期对该犯进行访谈咨询，增强其对咨询师的信任感，加强咨询师与该犯的沟通与了解，让其宣泄心中积累的情绪和压力。

（4）加强信息沟通，注意观察该犯的日常表现，对该犯表现出来的不良心理及时进行疏导。

（二）咨询第二阶段：培养健康心理，学会自我调适

（1）根据该犯不断变化的心理情况，及时进行心理矫治。

（2）在日常访谈中加强心理教育，培养该犯的健康心理。教会该犯运用 EFT 情绪释放技术缓解情绪和压力，学会自我调节的方法，帮助其在日常改造中遇到问题时能够及时自我调节。

（三）咨询第三阶段：学会问题解决技巧，巩固改造效果

（1）通过前期的工作，注意观察该犯的日常心理变化和行为表现，对出现的不良心理及时进行心理干预。

（2）注意培养该犯的耐挫力，使其在日常改造中能够正确面对服刑生活中遇到的困难，学会使用合理的方法解决。

（3）监区民警加强对该犯的谈话教育，注意掌握该犯的思想动态，对该犯反映的问题及时进行化解。

（4）再次对该犯进行心理访谈，了解该犯的心理变化，鼓励该犯在日常改造中如遇到心理问题及时找民警进行疏导。

十三、案例总结、评估与反思

通过对该犯进行访谈以及从他犯了解的情况来看，该犯心理症状得到了有效缓解。该犯表示：这段时间心情比以前好多了，与其他犯人的关系也比较融洽，焦虑、失眠等外在症状也得到了一定程度的缓解，学会了一些控制情绪的放松方法，对自己很有帮助。虽然有时还会出现一些紧张和无望感，但是也能够自我调节。他十分感谢民警对自己的关心与帮助。

他犯普遍反映，该犯现在比以前好接触了，能够经常有说有笑，不再独自悲伤，和班里人相处得也很融洽了。

监区民警观察到，该犯现在处理问题比以前冷静多了，能够通过自我心理调节来缓解压力，失眠症状得到有效缓解，表现得不像以前那样心事重重，对改造和未来变得有希望和信心了。

新收押罪犯不适应环境心理咨询案例

北京市天河监狱　岳东旭

初入监罪犯常因服刑环境的不适应出现情绪反复、易怒、烦躁、失眠多梦、思想不集中等情况，在身体上表现为上火、脸眼浮肿、体重急剧下降，难以疏解的情绪和压力造成免疫力下降，致疾病多发，以及出现无法正常排便等急性躯体性反应。针对此情况，民警采取情绪疗法，帮助罪犯打开心结，缓解压力，释放紧张焦虑的情绪，使其摆脱困扰，平静地面对自身存在的问题，从而坦然接受刑期，树立正确的价值观，积极改造。

一、个人信息

罪犯刘某，男，1981 年出生，犯罪时 36 岁，离异，大专学历。该犯有两个孩子，分别为 11 岁和 8 岁（孩子均归前妻）。父母退休在家，是家里的主要经济支撑。入监以来，该犯能基本遵守日常行为规范和各项监规纪律，背诵监规非常快，思维敏捷，但不好说话，内向，不与人主动接近，不善言笑，时常表情严肃，与人交流表现出一种礼貌的漠视，好安静，易烦躁（缺乏耐心），时不时坐立不安，情绪波动异常，睡眠易惊醒或难以入眠。

二、案例来源

本案例为个人主动求助，曾多次向民警报告，表示压力大，对未来生活没有信心，害怕无法回归社会，患得患失，并主动请求进行心理干预。

三、第一印象

（1）客观描述：该犯原是国家一级运动员，体型健硕，但面色明显蜡黄，容貌憔悴，时常脸眼浮肿，口鼻处长疮（上火表现），从不与人主动交流，喜欢独处，时常发呆，易烦躁，夜间难入眠，伴有惊醒。

（2）主观感觉：入监以来，该犯能与他人正常沟通，自觉遵守监规纪律，但伴有明显情绪起伏，易怒，不耐烦，表现出心理压力大，患得患失，有焦虑、抑郁倾向。

四、主诉

我一直遵纪守法，从没有想过会触犯法律而坐牢。自入监几个月以来，心情压抑，内心恐惧，每日患得患失，不知四年刑期怎么过，出狱后怎么生活，如何面对家人、孩子，更不能接受曾经的社会地位瞬间崩塌，最不能接受的是将有四年见不到女儿、儿子，错过他们的成长，还有年迈的父母，害怕他们身体出现变故，唯恐四年后走出高墙，却已是家破人亡。因为这些，每日惶惶不可终日，深夜无法入睡，甚至在梦中多次哭醒。还有，感觉对不起前妻，她一个女人，又要工作，还要带着两个孩子，实在太不容易，为此我无法正常进食，烦躁，体重也从入监前的 105 斤降到目前的 88 斤，身体抵抗力持续下降，每天都在吃各种药物，以至于到了不吃药就无法正常排便的地步。

五、主要心理问题及发展史

在与刘某的谈话中发现，该犯属于高智商，有非常丰富的从商经验，有很强的可塑性，其思维逻辑性强、反应快。

针对他的成长史、犯罪史、家庭组成、性格特征等进行细致分析，从中找到了改造工作的突破口。

（1）该犯受过很好的教育，并获得过不少运动奖项，后又自学成才，好胜心强。

（2）该犯从小家境一般，又少年得志，导致他极度膨胀，自大自满，以自我为中心，不考虑他人感受，生活奢侈享受，追求物欲，使他蒙蔽了双眼，不辨是非，为其犯罪埋下了隐患。

（3）该犯错误理解互联网金融的实质，被高薪诱导，加之花销无度（据说曾一天花费 3 万元用于享乐），希望快速致富，因此，凡事从利益出发，不顾经济规律，违反行业常态，从而走上犯罪的不归路。

（4）如今，很多年轻人都是"向钱看"，一味地追求奢侈生活，崇尚享乐主义，同时又极度自私，这些都加剧了犯罪的产生。

六、成长经历及家庭背景

该犯出生在上海一个双职工家庭，是家中的第五个孩子（前四个孩子都不幸夭折），所以他自出生以来就集万千宠爱于一身。正因如此，他从小娇生惯养，养成了好胜、自大、不服输的性格，并在 7 岁时被上海市水上运动场招入，成为赛艇运动员，15 岁时获得过上海市、全国等赛艇少年赛冠军、青年赛冠军。一直以来集光环于一身，更助长了他爱慕虚荣的秉性。20 岁他因伤退役，并自学计算机、互联网营销及金融等，慢慢地开始进入社会，之后追求名牌、豪车，贪图享受，最后迷失在金钱的欲望之中。

七、评估与诊断

（1）该犯的主客观统一，知情意协调一致，个性稳定，对自己的心理问题有自知力，有主动求医的行为，无逻辑思维的混乱，精神活动内在协调一致，无感知异常，无幻觉、妄想等精神病的症状。

（2）该犯以焦虑、烦躁为主要症状，但未严重影响其社会功能和逻辑思维，心理冲突未变形，没有泛化，可以排除焦虑性神经症。

（3）该犯虽然表现为情绪低落，但与抑郁症的典型症状相比，并未严重影响其社会功能和逻辑思维，可以排除抑郁症。

（4）心理测验结果与分析：根据该犯的情况，选择焦虑自评量表（SAS）和抑郁自评量表（SDS）心理测试，结果如下。

①焦虑自评量表（SAS）测验结果：标准分 60 分。按照中国常模结果，标准分的分界为 50 分，60—69 分为中度焦虑，该犯为中度焦虑。

②抑郁自评量表（SDS）测验结果：标准分 55 分。按照中国常模结果，标准分的分界为 53 分，55 分超出中国常模分界值，该犯为轻度抑郁。

评估结论：该犯的心理问题是由明显的现实原因引起的，对照症状学标准，该犯表现出悲伤、烦躁、情绪低落、睡眠障碍等症状。从严重程度标准来看，该犯的反应强度不甚强烈，反应也只局限于对刑期漫长的担忧，没有影响其逻辑思维等，无回避和泛化，没有对其社会功能造成严重影响。从病程标准来看，病程为 1 个月。据此诊断为一般心理问题。其主要表现为情绪低落、内心烦躁、入睡困难、多梦易醒、食欲下降等症状。

八、案例分析

（一）自我认识较强，有积极向好心态

该犯入监时间较短，入监后能够遵守日常行为规范和各项监规纪律，接受改造教育的各方面表现尚可。但由于其性格和家庭背景原因，漫长的刑期给该犯造成了巨大的精神压力，其主动向监区警官求助，寻求心理咨询干预，证明其对自己的处境和心理有较强的自我认知，有积极向好的心态，这为咨询沟通顺利进展提供了较好的基础。

（二）负性情绪源于对未来的担心

该犯表现出的情绪低落、烦躁、焦虑等症状均为一般性心理问题，反应不甚强烈，更多的是对漫长刑期的担忧，并没有影响该犯的逻辑思维和自我认知。

（三）心理问题形成的社会和心理因素

（1）社会因素：服刑生活限制了该犯的人身自由，漫长的刑期给该犯带来了巨大的影响；社会舆论对犯罪服刑的负面看法给该犯心理带来了负面影响；社会系统没有给予良好的心理支持，未能进行积极调整。

（2）心理原因：该犯性格偏内向，不善于交流；该犯内心要强，对自己期望很高，受挫能力较弱；该犯认知错误，认为刑期漫长，前途渺茫，家庭会受影响。

九、咨询目标

咨询目标：根据以上评估与分析，同该犯协商，确定如下咨询目标。

具体目标和近期目标：帮助该犯正确认识罪与罚，重新看待服刑生活带来的影响，看到新生的希望，正确认识家人对自己的态度，正确认识自己的服刑给家人造成的影响，缓解紧张情绪，改善睡眠及食欲。

最终目标和长期目标：促进该犯心理健康发展，构建合理的认知模式，提高有效应对各种挫折的能力，增强自信和社会适应能力；促进该犯的心理健康发展，达到人格完善。

十、咨询计划

咨询过程计划分为三个阶段。

第一阶段是心理评估和诊断阶段，建立咨询关系，收集资料，进行心理诊断，确定咨询目标。

第二阶段是咨询阶段，帮助该犯分析和解决问题，改变其不正确的认知，改变其对服刑生活的认识。

第三阶段是巩固和结束阶段，使该犯把在咨询中学到的东西运用于今后的服刑改造生活，促进该犯的心理健康发展。

十一、咨询过程

（一）心理评估和诊断阶段

第一次：诊断阶段。

目的：了解基本情况，建立良好的咨询关系，收集相关信息，进行心理诊断、心理测验，对刘某的心理问题形成初步印象，确定主要问题。调动刘某的求助积极性，明确双方的责任、权利和义务。

方法：摄入性会谈、心理测验。

过程：

（1）在咨询开始时，尊重刘某，用开放性问题收集其相关信息，介绍咨询中的相关事项与规则。

（2）在征得刘某同意的情况下进行抑郁自评量表（SDS）和焦虑自评量表（SAS）心理测量，确定主要症状。

（3）通过倾听、理解、共情、无条件地积极关注、自我开放，让刘某尽情倾诉，与其建立良好的咨询关系。

（4）与刘某共同协商，确定具体目标和长期目标——帮助其正确面对服刑改造生活，改善其的错误认知，缓解烦躁情绪，从而改善睡眠及食欲。促进其心理健康发展，帮助其构建合理的认知模式，提高有效处理各种挫折的能力，增强自信和社会适应能力。促进其心理健康发展，达到人格完善。

（二）咨询阶段

第二次：领悟阶段。

目的：通过会谈解说合理情绪疗法的 ABC 理论，帮助刘某领悟到自己的情绪和行为的根本原因不在事件，而在于自己的认识和信念与现实不协调，找出不合理的信念。

方法：合理情绪疗法。

过程：（1）向刘某解说合理情绪疗法的 ABC 理论，使该犯接受该理论及其对自己问题的解释，使其认识到 A、B、C 的关系。（2）使该犯结合自己的问题予以初步分析，帮助其认识自己的非理性信念在心理问题中的核心作用。如"刑期漫长，未来肯定没有希望"，使该犯领悟到自己的问题及其与自身不合理信念的关系。

第三次：修通阶段。

目的：帮助该犯进一步了解自己的不合理信念，修正原有不合理信念，帮助该犯建立合理信念，减轻情绪困扰。

方法：合理情绪疗法。

过程：（1）回顾上次咨询内容，帮助该犯进一步了解自己的不合理信念，使用"产婆术"的辩论技术与该犯的错误认知进行辩论，使该犯进一步认识到其非理性信念是不合逻辑的、与现实不协调的，从而使其放弃原有的不合理信念，建立起新的、合理的信念，以改善其不良情绪。（2）布置家庭作业，让该犯填写合理自我分析表（RSA），进一步巩固其新建立的合理信念。

表1　合理自我分析表（RSA）

不合理信念	辩驳	合理信念
进了监狱，刑期漫长，未来没有前途	所有有过牢狱经历的人就都没有前途了？	有很多人还是很成功的，未来还是充满希望的
家庭没有了顶梁柱，家人如何生活	你不在，你的家人就不能正常生活了吗？	生活充满起落，家人不会因你的不在而丧失生活信心

（三）巩固和结束阶段

第四次：再教育阶段。

目的：帮助刘某巩固咨询所获成果，适应结束咨询后的情况，并学会把在咨询中学到的有关知识和分析问题、解决问题的方法迁移到现实生活中，继续努力提高自己的心理健康水平。

方法：会谈、心理测验。

过程：（1）询问上次作业完成情况，回顾整个咨询过程，强调合理信念的重要性。（2）再次进行抑郁自评量表（SDS）、焦虑自评量表（SAS）测试并当场反馈结果。

十二、案例总结、评估和反思

（一）咨询效果评估

（1）刘某自评：我以前对服刑生活感觉太恐惧了，总感觉自己太委屈了，让家人蒙羞，让妻子孩子抬不起头，前途渺茫，对未来充满恐惧。现在我感觉好多了，正好可以让自己头脑冷静下来，回顾总结一下以前走过的路，反思自己的过错，认真考虑一下自己未来的道路该怎么走。从当下开始，我会积极面对服刑生活，参加各项改造活动，并规划好自己服刑生活中的学习计划，不白费这几年的光阴。

（2）其他罪犯评价：他比以前说话多了，乐观了很多，开始喜欢和人聊天，有时还帮忙开导新入监的年轻人摆正心态，劳动也变得积极主动，能够和大家做好配合。

（3）治疗后心理测验的结果：

①SAS：标准分50分，属于正常范围，说明该犯的焦虑情绪已经有所缓解。

②SDS：标准分38分，属于正常范围，说明该犯的抑郁情绪已缓解。

（4）咨询师的评估：通过回访和跟踪，发现咨询已基本达到预期目标，改变了刘某原有的不合理信念，烦躁情绪有所缓解，睡眠、饮食情况有所好转，促进了其心理健康发展，咨询过程比较完整、有条理。

（二）案例总结

在本案例中，咨询师与该犯建立了良好的咨询关系，从而全面掌握了该犯的情况，由于其本人主动想改变目前的状态，所以非常配合，这一点是咨询取得成效的重要基础。咨询师针对该犯的成长经历、性格特点以及具体情况，在咨询过程中运用合理情绪疗法协助其调整认识观念，从而改变了其负面情绪，进一步化解了烦躁和情绪低落，提高了面对压力的能力，取得了良好的咨询效果。

正向、例外、一小步

北京市团河教育矫治所 黄 毅

　　本案介绍了一例具有严重心理问题的罪犯，该犯入所后抑郁和焦虑交替，反复发作。有时情绪激动、言语增多，有时又情绪低落、独自哭泣，出现轻生念头，并伴随捶墙、拿头磕桌子等危险行为。咨询师运用短期焦点问题解决技术，帮助该犯将问题正向化重构，寻找自身资源，迈出改变的一小步，最终实现稳定情绪，减少心理压力，确保余刑内不发生严重违纪的矫治效果。

一、基本情况

李某，男性，33 岁，因故意伤害罪被判刑。据民警反映，李某入所后表现异常，主要表现为严重的焦虑情绪、经常性失眠、基本不和别人说话。在班里时常坐立不安，表现得很痛苦，偶尔独自流泪。近期情绪激动，有自言自语、用拳头砸墙的行为。一天午饭时因民警的一句批评突然情绪失控，躺在地上打滚，做痛苦状，且大喊大叫"你弄死我得了""反正我也不想活了"，并试图用头磕地面，被民警及时制止。鉴于其情绪不稳定并有过激行为，被隔离管束。

二、案例来源

经大队民警转介心理咨询中心开展心理干预。

三、第一印象

初次见面，李某非常拘束，有些紧张，表情痛苦，不太爱说话。

四、主诉

主诉：心理压抑、紧张、失眠。不良情绪持续大概半年多时间，近两个月开始胡思乱想，异常痛苦，希望寻求解脱。对未来的生活存在无力感，自我价值感比较低。

五、成长经历（个人史）

李某出生在农村家庭，独子，自幼家庭生活条件较差。虽然父母长辈对其较为疼爱，但父母婚姻关系的紧张导致其性格内向、自卑，行为拘谨，不善言辞，不爱主动与他人交往，缺乏安全感。该犯一直在家务农，2009 年结婚，有一子。2012 年父亲生病后，不得不来北京务工，后妻子也随之来北京务工。其间，妻子与同事发生婚外情被李某得知，李某愤怒之下持刀将对方砍伤，因故意伤害罪被判刑。

六、主要心理问题及发展史

入所后，因为无法接受被判刑的现实，该犯时常感到压抑、紧张，这种不良情绪持续半年时间。从进入看守所到现在，该犯长期失眠、头疼，经常感到紧张。近一个月来，该犯时常焦躁不安，莫名地愤怒，感到痛苦无法自拔，对未来的生活存在无力感，自我价值感比较低，想寻求解脱。

七、评估与诊断

（1）智力正常，意识清晰。无明显躯体疾病，主客观世界统一，有较好的自知力，因内心冲突感到痛苦，有强烈的求助愿望。其认知、情绪、意志三个方面的心理活动协调统一，人格特征相对稳定。

（2）内心冲突有明显的诱因，主要是受到妻子背叛以及自己被判刑的重大生活事件打击，他无法接受现实，心理失衡，持续半年左右。社会功能基本完好，影响未出现泛化，确定李某的心理问题属于一般心理问题。

（3）紧张、焦虑情绪及背后的不合理信念是李某产生问题的主观原因。

通过 SCL-90 测试，总分为 268 分，躯体化、焦虑、人际关系敏感，阳性项目数为 79 项，项目分值均超过了 2.8 分，焦虑、抑郁因子较为明显。

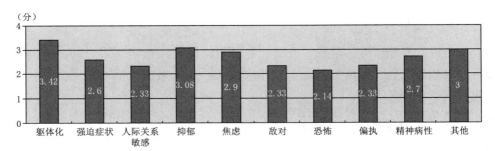

图1 SCL-90测试结果

八、案例分析

李某的问题，一是情绪问题，主要表现为内心矛盾纠结，时常有焦虑、抑郁情绪，出现情绪爆发及失控的情况；二是自我价值感降低，觉得生活没有希望，有轻生念头。产生问题的原因分析如下。

（1）个性原因：性格内向，软弱、优柔寡断，不善言谈。

（2）家庭教育原因：从小父母婚姻关系紧张，经常争吵。

（3）现实刺激：妻子出轨，被判刑入狱的压力。

（4）认知原因：以偏概全、全或无的不合理信念。

九、咨询目标及预后

虽然李某并没有主动提出接受心理咨询，但他也不反对。在咨询室里，不同于大队紧张、压抑的氛围，李某相对比较轻松，也很愿意同咨询师倾诉和分享。他对咨询抱着一种矛盾的心态，一方面，他担心咨询师的警察身份，担心在咨询室里面说的话对自己有影响；另一方面，他又迫切希望获得帮助，解决其目前的困难。通过前两次咨询，咨询师与李某初步建立了良好的咨询关系，打消了他的顾虑，在咨询师的引导下，李某列出了他希望咨询能够达到的目标：

（1）缓解紧张、压抑的情绪。

（2）减少心理冲突，能顺利作出抉择。

（3）提高自我认识水平。

十、咨询过程

（一）环境的改变，内心充满矛盾和冲突

咨询中，他叙述了自己情绪失控的事情，表示事情的发生有一些偶然性。

本来心情特别不好，又赶上队长莫名地批评自己，顿时觉得很委屈，一时无法自控，就完全爆发了。这件事给大队带来了不好的影响，感到很自责，但通过情绪的宣泄，自己也释放了很多压力。在咨询师的引导下，他能够比较清楚地看到自己的一些变化，比如情绪的变化，能够放下之前的思想包袱，也谈到了对将来人生的一些规划，可以看出他对未来有很多期待。

他谈到了对于目前处境的一些压力，内心充满矛盾。主要原因是妻子的背叛，加之被判刑的打击，还有被看护、被隔离、被特殊管理对自己的影响，对于看护人员也有很多负面情绪反应。

谈到自己的期待，当被问及进监狱对他来说意味着什么，他说意味着自己的失败。咨询师接着问他："会对你有什么影响？"他谈到，自己一直以来根本就不接受罪犯的身份，所以心情特别压抑、烦躁，总想发作。生活失去了方向，没有目标，自信心也没了，好像做什么都不行；在外面的时候感觉自己的思路挺清晰的，可是现在思维特别混乱，心情非常不好，打扫卫生什么的也特别迟钝，在别人眼里干什么都不行。咨询师帮助他用分数（0—10分）评量自己的情绪状态，0分为最低。他给自己打了2分。他的理由如下：一是自己不接纳，觉得自己没错，不应该接受惩罚；二是很压抑，不知道怎么抉择，是不是要和妻子离婚；三是出事之后被人看护，感到很别扭，不舒服；四是想家，想孩子，五个月了，从来没有和家人分开过这么久。

李某的害怕与担心是他焦虑情绪的一种表现，而这种焦虑与家庭是有很大关系的。咨询师启发他感受家带给他的感觉，并进一步探索他与家人的关系，特别是与父母的关系。同时，咨询师帮助他探索"觉得自己一无是处，认为自己在别人眼里就是一个废物"的不合理信念和认知偏差，绝对化的思维是他情绪问题的根源。

（二）在迷宫中痛苦地挣扎，找不到走出去的路

第二次咨询的主要内容是帮助李某宣泄情绪。虽然他在描述问题时始终沉浸在痛苦和委屈中，但咨询师通过同感同情，给予其心理支持，强调正向导向，关注问题的积极有效解决，而不纠缠于问题本身，让他看到了自己的努力和成功，哪怕是一小点，同时也帮助其寻找资源，缩小问题，扩大资源。

李某的情绪好一些，咨询师首先问了问他的近况，他沉浸在情绪失控的事件中，感到很自责，同时又担心别人会瞧不起他。咨询师帮助他将问题正向化，把他的担心变成期待，比如"虽然出了问题，但我听到了你一直想努力控制自己，调整自己"，让他看到自己的努力。李某谈到了最近队长组织的

一个活动——"给未来自己的一封信"。咨询师觉得这是一个很有意义的探讨，于是展开这个话题。李某谈到了自己在做这个作业时很困难，不知道怎么下笔，看到别人都写得满满的，可是自己一个字也写不出来。咨询师问他的困难在哪儿？他谈到这一年经历的事情，感觉自己很失败，将八个月的刑期算进来，自己的人生都成了负数。咨询师问他对于未来会有什么期待，他谈到了亲人，他觉得亲人的表现让他很失望。自己这些年为家庭做了那么多，可是家人这半年来连封信都没给自己写。咨询师对他表示理解，将他的失望转化为期待，询问他对家人的期待。他谈到，其实自己需要的并不是一封信、几百元钱，而是家人的在乎。

在咨询时，咨询师敏锐地察觉到了变化，于是转换话题，谈他的变化，谈到他好像放下了一些东西。李某承认这种变化，觉得自己压力小了一些。他谈到自己小时候，因为家庭条件差，什么都不如别人，造成了自己自卑、缺乏自信的性格。内心中有两个自己，一个洒脱，一个谨慎。咨询师询问他更喜欢什么样的自己。他回答：希望自己更洒脱。咨询师使用奇迹问句引导他思考洒脱的自己是什么样子的，曾经有没有变得洒脱的经历，帮助他寻找例外。

（三）在绝对化的背后找到例外，缓解焦虑情绪

第三次咨询，李某的状态又不是太稳定，表情沮丧，含着眼泪。咨询师从李某最近的状态引起话题，李某说自己压力很大，需要宣泄。咨询师提示他，之所以纠结不全是因为痛苦，恰恰是因为牵挂、不舍。咨询师帮助他澄清对于妻子的感觉，出轨前后的变化。李某觉得自己为家庭的付出没有得到家人的关心，非常失望和沮丧。咨询师使用一般化技术，引导他接受自己的不满和沮丧，承认这是很正常的，进而探讨不满和沮丧的根源是什么，李某谈到了自己缺乏安全感，同时觉得自己不成熟。

在咨询过程中，咨询师始终给予李某心理支持，站在中立的角度，不评判、不指责，并紧紧抓住李某的纠结和失望，对他描述的问题进行重新建构，专注于未来导向，引导他去看当问题不再是问题时他们的生活景象，将李某的焦点从现在和过去的问题移动到一个比较满意的生活。

（四）倾听内心真正的渴望，从自身寻找更多的资源

在本次咨询前，管班民警介绍说，该犯有些反复，情绪波动很大。虽然有一些心理准备，但当李某走进咨询室的时候，一言不发，只是哭，这让咨

询师突然有些不安。咨询师没有打断他，耐心等他，大概过了 5 分钟，他开始说话了，他说自己很乱，又恨又怕，因为快要释放，要面对很多问题，这些天特别难受，想要砸桌子。咨询师使用因应问句，问他这几天是怎么熬过来的，是什么让他坚持下来。同时咨询师使用放松技术，帮助他降低紧张、焦虑情绪。这次的咨询，他谈到了自己之所以如此纠结，父亲的阻挠是一个重要因素。虽然自己无法接纳出轨的妻子，也想要分手，但因为父亲的反对，让他无法做决定。咨询师帮助他详细分析了离婚和不离婚所要面对的处境。

通过四次咨询，咨询师帮助他思考自己曾做了什么努力？怎么能够做这样的努力？如果没有做这些的话会有何差别？想一想，他已经做了什么让这难过没有更严重？他是怎么做到的？过去，当他有其他难过时，他是怎么帮助自己度过的？通过不断地尝试，带出希望——拉回现实——修正行为——达到目标。

（五）增强自主感，让内心强大起来

离上次咨询两周了，虽然李某仍然表示自己压力很大，控制不住自己，但咨询师发现他的状态有了很大的改变——情绪不再低落，不再有那么大的无力感。在谈到和妻子的关系时，李某表示自己虽然还是纠结，但好像做了决定——"就算今天我和她在一起，迟早还是要分开。现在分开心里可能舍不得，但总比勉强在一起最后还是要分开强"。咨询师表达了这种感受，"我感觉到了你的从容和坚定"，并通过提问，营造出围绕一个更好未来可能性的治疗对话，李某表示，"希望她将来能离开这个家，不要为了孩子依附在家里。把孩子带走，我就当一切不存在，做了一个梦，七年的梦，梦醒了，什么都没有了"。咨询师接着问他有什么具体的打算，李某告诉咨询师，他就想出去找个工作，安安稳稳地过下去。

李某承认自己身上有很多缺点。认识自己的缺点是需要一定勇气的，这是他进步的表现，他开始接纳和认识自我了。咨询师启发他依靠自己的力量，去思考自己应如何增强这种自主感。李某说到自己一直在努力适应，一直想尝试一些东西。李某说自己一直在努力培养自己在逆境中独立思维的能力，想让自己提高抗压能力、忍耐力，想调整自己面对这样一个环境的心态。咨询师鼓励他从能做的做起，并从中体会快乐，增强信心，使自己的内心强大起来，才不会被别人的思想左右。

（六）探索未来更好的可能性，迈出一小步

本次咨询的主要目标：一是帮助李某发展出良好设定的目标以及探讨可

以做的尝试；二是咨询结束前的回馈；三是评估咨询的效果。

李某谈到自己有些害怕，觉得特别丢人，想找个工作，但又很迷茫。咨询师帮助他探讨迷茫的部分，引导他正向思考。咨询师指出，李某习惯于"逃避"的应对方式，李某表示认可，并跟咨询师分享了他童年的几个故事。他谈到，"如果我有几个好朋友能够倾诉，我也不至于到今天这个地步"。可见，关系问题是他问题的实质，在成长过程中缺乏接纳、包容，经常处于紧张、不安的处境，造成了他软弱、退缩的个性。

在做效果评估时，李某谈到自己刚来的时候是一种非常焦虑、愤怒的状态，到目前能够"看淡"一些，心态平和了。他还表示，出去后和妻子"尽量地谈，和平地离开"。咨询师让他换位思考妻子的处境，学会接受现实，担起自己的责任，不要逃避，给孩子一个未来，把自己的家庭经营好，并引导他重新定义自己的成功。

十一、咨询小结及效果评估

针对李某情绪不稳定，出现过激行为，处于严重的冲突之中，咨询师给予心理支持，帮助其渡过难关，缓解焦虑、抑郁情绪，并将李某面临的问题进行重新建构，引发自我探索和认识，寻找资源和例外，迈出一小步，协助保持改变的动力，不断肯定和重复成功的地方。从咨询的效果来看，基本上达到了咨询的目标。

一是李某的焦虑情绪得到了缓解，在余刑里基本保持平稳，没有再出现情绪、行为失控的现象。从心理测试的结果来看，测试结果显示：总分 183 分，较原来的总分 268 分下降不少，尤其焦虑因子上的得分已明显下降。

二是李某的变化得到民警的肯定，情绪、行为保持稳定，剩余刑期内没有再出现过激行为，与他人保持和睦相处。通过评量自己的情绪状态，以 0—10 为标准，他打了 7 分，相比之前的 2 分，有明显改善。

三是在出监前的回访中，李某表现出一些焦虑，但是其能够正确地处理这些情绪，内心的纠结减少，自主感提高，变得有力量，能够换位思考，也认识到自己的违法犯罪给别人带来了伤害。面对释放，他虽然感觉有些紧张，但不像以前那样伤心、痛苦，更多的是兴奋。

一例罪犯广泛性焦虑障碍心理咨询案例

北京市新安教育矫治所　吴乃超

路某案发前曾被北京大学第六医院先后诊断为焦虑、强迫性思维、双向情感障碍等。在本次刑期中被诊断为广泛性焦虑障碍。咨询师采用认知行为疗法、叙事疗法，使该犯的错误认知得到改变，通过参与团体正念训练进行情绪调整，进一步缓解该犯的焦虑状态，和谐身心，降低所内危险，增强该犯回归社会生活的信心。该犯当前的生活状态开始恢复，基本达到咨询效果。

一、个人信息

路某，男，29岁，汉族，大学文化，未婚。

二、案例来源

主动求询。

三、第一印象

客观描述：五官端正，衣着整洁，有礼貌，但始终紧绷着脸、眉头紧锁，坐立不安，回答问题缓慢、需要思考。

主观感觉：面容憔悴，显得很紧张和不自信。感觉谨小慎微，生怕说错话，被误解。在谈到自己所担忧的事情和精神及身体状况时，情绪明显烦恼和焦虑。非常在乎别人对他的评价。路某谈到在与班组其他罪犯相处时感到困难，总是担心自己说的话被别人嘲笑以及谈到父母的时候，该犯表露出无奈甚至愤懑的表情。

四、主诉

在案发前一直接受北京大学第六医院的治疗，服用药物期间状态有所好转。本次被抓后，自己情绪低落，紧张，压力大，和他人交谈紧张害怕，担心被他人取笑，对改造环境不适应。认为自己不如别人，对于未来的生活感到迷茫。尤其想到父母对自己的态度，就更加紧张不安，不知道该如何面对他们。经常胡思乱想，不知道做什么好。本次违反行为，虽然对方有过错在先，但是自己当时处于焦虑状态中，这也是导致自己动手伤人的因素之一。现在被判刑，在这里接受改造生活，自己感到比在外面工作、生活的时候更紧张、沮丧，不知道这种糟糕的状况何时才能结束。真希望自己能够像其他罪犯一样正常交流、睡觉，希望咨询师能够帮助自己改善目前这种状况。

五、主要心理问题及发展史

路某在初高中阶段，由于父母期望较高，每次考试都感到很焦虑。中考、高考失利后，压力倍增，害怕见父母，怕被责备。大学毕业后考公务员几次未成功，后来到北京找工作不顺，之后在北京大学第六医院被诊断为焦虑方面的问题，一直服药。

六、成长经历（个人史）

路某的父母关系紧张，经常吵架，路某从小无人照顾。上幼儿园的时候，经常最后一个人回家。后跟随母亲来到乡里的小学就读，经常生病，学习成绩不好。

初高中时期，父母花钱让他转学到重点中学，对他的成绩要求非常高，导致他每次考试都会情绪波动，中考时由于压力过大，发挥失常。父母花钱帮他进入重点高中，后考入普通的二类本科。

大学期间，只有要学费和生活费的时候才与家人联系。路某毕业没有找到合适的工作，父母再次托关系帮其进入当地的公安系统做协警，之后准备考公务员，依旧没能如愿，后辞职来北京发展，在公司做技术管理方面的工作。

七、家庭背景及家庭关系

路某母亲是教师，父亲是技术人员，父母性格强势，原则性强，不善于沟通，两人经常发生争执。

八、心理评估

（一）心理测查结果

SCL-90 焦虑项分值为 3，显示该犯存在焦虑情绪。卡特尔 16 种人格因素量表测验（16PF—成人）显示倾向于自我内疚，常烦恼自扰，甚至沮丧悲观，感到不如人，有时缺乏生活勇气，时有自罪感，反映出该犯忧虑抑郁、烦恼多端的特征。状态—特质焦虑问卷（STAI）显示其焦虑情绪比较严重，特质焦虑（TAI）显示其有持续的高焦虑特征。

（二）诊断分析、评估

路某的症状符合广泛性焦虑障碍（DSM-Ⅳ）的诊断标准。紧张焦虑状态长达多年，而且在判刑后至今，他的担忧、紧张、睡眠不佳、脖颈异物感、吞咽困难等心理、躯体症状频频发生，甚至有增无减。同时，排除精神病、抑郁症、强迫症、恐惧症、疑病症、神经衰弱等其他神经症。

综上所述，路某存在较为严重的广泛性焦虑障碍。

九、案例分析

生物因素：自身存在特质焦虑状态，人格特征也反映其忧虑抑郁。

社会因素：存在负性生活事件，与同事打架被判刑，丢掉工作，失去自由，对以后的生活失去了方向，加重了忧虑情绪。

心理因素：（1）存在明显的认知偏差，过度概括化的思维方式；（2）敏感脆弱，抗压能力差，难以承受如此大的挫折，而且不善于用倾诉和沟通排除心中郁闷；（3）对父母又怕又气，对自己和他们的紧张关系感到无可奈何，不知道如何化解。

十、咨询目标及预后

（一）具体目标与近期目标

（1）帮助路某正确看待判刑、调监区等受挫事件，降低情绪反应，改善睡眠。

（2）帮助路某厘清思路，正确处理与其他服刑人员、与民警、与父母的关系，树立其对未来生活的信心。

（3）运用放松技术或积极的自我暗示，以降低焦虑水平，增强其自信心。

（二）最终目标与长期目标

完善路某的个性，形成正确的自我观念，学会原谅他人的过错，增强其人际沟通能力，提高其有效应对压力的能力，增强其自信和社会适应能力。

十一、咨询计划

咨询过程分三个阶段。

第一阶段是心理评估和诊断阶段，建立咨询关系，收集资料，进行心理诊断，确定咨询目标。

第二阶段是咨询阶段，首先帮助路某分析和解决问题，改变功能不良认知；其次改变其始终紧张、担心状态，教其学会放松、接纳。

第三阶段是巩固与结束阶段，把咨询中学到的东西运用于今后的改造生活中，使其不断完善人格，提高心理健康水平。

十二、咨询过程

（一）心理评估和诊断阶段

咨询初期，在充分尊重路某的前提下，用开放性问题收集资料；通过倾听、共情等让其尽情倾诉，与其建立良好的咨询关系，并完成心理测验。

（二）咨询阶段

（1）咨询师引导路某描述其焦虑和担忧情形，介绍焦虑和担忧的性质、治疗的概览（如自我监测、阅读相关资料、完成作业、有规律地参加治疗的重要性），解释治疗的原理。

路某表示，很多时候，他都希望别人喜欢他，他很想表现好，但越是这样越不自然，感觉会把事情搞砸。

（2）咨询师指导路某做自我监测表，一起回顾焦虑的性质，讨论焦虑的生理方面因素及维持广泛性焦虑障碍的因素，介绍正念减压训练方法并进行指导练习。路某表示：刚上大学的时候，也发奋过，渴望像初高中时期努力的样子度过大学生活，但是感觉越是努力越是迷茫。到监狱后，与周围人相处缺乏安全感，担心说错话，担心别人嘲笑自己刻板、古怪。

（3）在路某自我学习的基础上，咨询师和他一起寻找导致焦虑情绪的核心信念，并进行调整。通过寻找、分析、转变自我的核心信念，路某与自己的核心信念——"我与别人不同，我是性格有缺陷的人"进行辩驳，从而认识到自己焦虑情绪产生的原因，同时还对原生家庭对于自身成长的影响有了进一步的理解，为自己制订了调整计划，这些都是促使其缓解焦虑状态，促进自我不断成长的积极因素。

（4）在本案例中，路某在前面的认知治疗中能够认识到自己受家庭教养模式的影响，表示自己从小到大缺乏安全感。针对这一问题，咨询师借用叙事治疗问题外化技术，将问题与主体相分离，避免自我贴标签，从而促进路某自我内生力量的增强，让其相信自己是自己的疗愈师。

（5）咨询师利用家庭治疗中的自我冰山图、家庭关系图，促进路某重新审视自我及家庭，改善与家人的不良关系，增强亲情和社会支持力量。

路某的焦虑障碍受到其父母人格特征、家庭教养方式、个人成长认知积累等多方面影响，在前面认知治疗促使该犯在认知层面对自己存在的偏差认知有了进一步深入的了解和认识后，有必要对整体因素及其原生态家庭进行一次系统"扫描"，以便促进该犯更好觉察自我情绪和行为之间所受到的多方面因素影响。在萨提亚模式中，对于类似情况的解释为：用孩子的方式，处理成人的问题。

该阶段用到萨提亚模式中的冰山隐喻技术，咨询师按照相应步骤，进一步深入挖掘路某的内心体验，引导其更深入地觉察原有认知的不良之处。

结合本案例，我们引导的最终目的是促使路某认识到当下的行为模式不能适应现在的环境，即情绪支配下的个体所采取的应对方式是不合时宜的，是相对幼稚的。

路某的作业完成情况，详见图1。

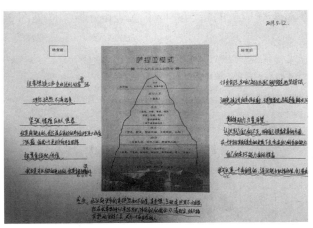

图1 一个人内在冰山的隐喻（路某作业完成情况）

在上面这篇"一个人内在冰山的隐喻"作业中，路某在改变前对自己的认识是"我本是可以做得更好的，我是被耽误的"，在改变后对自我的认知是

"我要避免孩子气的条件反射""我可以是一个有自信的，通过能力取得价值、受人尊重的人"。前后对比很容易发现，改变前路某对自我的认知很明显是一种抱怨、牢骚式的。而通过冰山图逐步分析，改变后路某的自我认知是其有自信、努力向上、积极的人生态度。

此外，在家庭关系图中，该犯对父母与自己的特点和关系进行了回顾和描述，详见图 2。

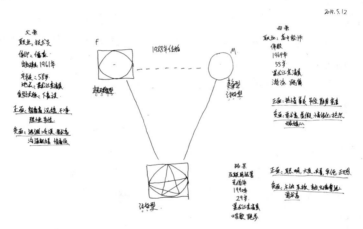

图 2　路某家庭关系图（父母与自己的特点和关系分析）（来自路某自画图）

同时，他还对家庭成员的特点进行了总结和分析，详见图 3。

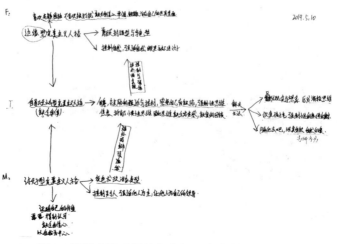

图 3　路某家庭成员特点分析（来自路某自画图）

通过上面的画图分析，路某总结道：看到图上的内容和关系，我现在认识到，其实父母没什么大问题，有些是社会问题，更多的是我自身的问题。因此，只有通过自己的努力，平和心态，增强自信，回馈感恩父母，才能打破这样的负性循环。

最终，在如何摆脱原生家庭困扰的问卷中，路某总结道：要想摆脱原生家庭的困扰，要靠自己，自己重塑认知，自己指导自己，自己觉察自己的情绪变化、思维变化，一切靠自己。因为原生家庭已然如此，但我可以改变自己，可以调整自己，从不同的角度看待问题、解决问题，需要自我觉察。

（三）巩固与结束阶段

进行症状自评量表（SCL-90）、状态—特质焦虑量表（STAI）测试，并与咨询前对照。对前面的咨询过程进行总结，请求助者谈自己的体会和感受，并总结整个咨询过程中自己的变化。

十三、案例总结、评估与反思

（一）案例总结、评估

1. 求助者自我评估

感觉症状明显改善，睡眠基本恢复正常，脖颈异样和吞咽困难有所缓解，虽然有时感到紧张不安，但感觉比以前轻松了很多。通过拨打亲情电话，和父母的紧张关系得到缓解，自己也敢于尝试更多地去和父母交流，并表达自己的意见，感觉父母对自己还是有很深的爱的，并且也比之前能够更好地理解自己了。目前在班组中也能够和其他罪犯正常交流，感觉大家对自己也很友善，没有出现之前担心的被嘲笑、被贬损的情况，甚至有的时候，大家还很愿意听自己讲解一些理论内容，感到自己很有价值。已经完全能够适应改造生活，对于未来的生活也有自己的打算和规划，释放后准备先和父母好好相处一段时间，然后再联系过去的同事和朋友，结合那时候的市场情况，争取找到一份自己能够胜任、薪资待遇也不错的工作，以后还要很好地调整自己，争取在北京周边买上房子，再谈个女朋友。

2. 其他罪犯评价

感觉路某比以前话多了，而且说话的内容很客观、很有道理。不像开始的时候，听别人说话感觉烦乱，有时自己想参与发表观点却犹犹豫豫、胆怯，似乎生怕说错被别人耻笑、贬损，现在比以前有自信了。

3. 监区民警评估

民警对路某的认识由入监时的呆滞、刻板、需要重点关注，转变为目前的认为该犯神情舒缓，遵规守纪意识强，学习能力强，劳动认真、保质保量，表现良好。

4. 治疗后心理测验的结果

SCL-90：该犯总分由前测 226 分下降至 122 分，显示心理健康水平良好，目前很少因为心理的原因而引起的身体不适感。

状态—特质焦虑量表（STAI）测量结果显示：该犯 SAI 状态由前测分值 49 分（中度焦虑状态）下降为后测分值 37 分（无焦虑）；特质焦虑（TAI）由前测分值 51 分（焦虑特质显著）下降为后测分值 38 分（焦虑特质有所影响）。

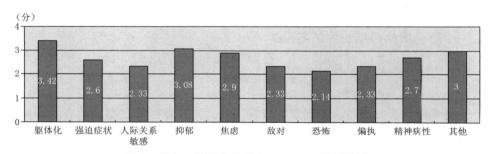

图 4　状态—特质焦虑量表（STAI）测量结果

5. 咨询师评估

路某紧张情绪得到缓解，对于民警和其他罪犯友善，积极参加监区活动。人际关系得到改善，更好地理解了自己的成长经历和父母的教养方式，内心中能够原谅父母，对未来生活有规划、有信心，咨询基本达到预期。

（二）案例反思

1. 是否服用药物在矫治中的不同

咨询师之前也接触过未服用药物或是在改造期间未服用药物的来访者，这些人的精神和情绪状态起伏不定，容易出现波动，仅仅凭借心理方面的治疗，效果不稳定。而路某在服用药物期间的焦虑状态虽然较高，但整体趋势较为平稳，不会变化波动过大，能够更好地与民警互动、一起学习成长，对于心理方面的治疗取得效果是非常有助益的。

2. 多理论多角度以实效性为导向

无论哪种流派，哪种方法，在某些方面都是相通的，作为一名咨询民警，要不断地加强学习，用理论指导实践，用实践检验理论，只要有利于矫治对象发生正向变化的，就不妨大胆尝试，总结提炼，在矫治过程中共同进步。

走出抑郁的阴霾　重拾生活的希望

北京市团河教育矫治所　王　引

　　罪犯程某经鉴定为抑郁状态，并具有自杀风险。该犯入监初期情绪低落、意向减退、自我价值感降低，出现异常行为，被列为精神异常类重点病人。为了防范自杀风险，心理咨询师运用放松训练及认知行为疗法，配合药物治疗，缓解该犯抑郁情绪和失眠症状，缓解其抑郁状态，改变其不合理信念，引导其积极面对生活。经过两个多月的干预，该犯病情稳定，服刑期间未出现重大违纪行为。

一、个人信息

罪犯程某，男，34 岁，有自杀史，曾被诊断为抑郁症，经治疗好转。

二、案例来源

入监后经鉴定为抑郁状态，作为精神异常类重点病人进行心理干预。

三、第一印象

程某感知觉正常，记忆力不好，思维不清晰，说话喜欢重复啰唆，身体虚弱，面容疲倦，情绪低落，有郁闷、焦虑、逃避、压抑的情绪体验。

四、主诉

程某自诉自小身体健康，无重大疾病，无精神病家族史（已得家属证实）。入监以来感到全身疲乏无力，睡眠障碍，食欲不佳，无诱因地哭泣，自卑自责。目前服用精神类药物。

五、成长经历

程某出生在军人家庭，家教非常严格，军事化管理，父亲经常不在身边，母亲是急诊大夫，工作不分白天黑夜，经常是一接到单位打来的电话就留他一人在家。儿时的他感觉缺乏家庭温暖，变得自卑并自我封闭。对医生和军人职业有种说不出的恨意，对社会产生了不满。

在高考填志愿和选择结婚对象这两件人生大事上，父母与程某有很大分歧，最终程某在父母的强势态度下屈服。这给程某心理留下阴影，觉得父母根本就不爱自己，同时感觉自己很无能，就是一个废物。程某婚后育有一女，但与妻子的矛盾日益凸显，妻子非常强势，如提出女儿随女方姓氏等。程某提出离婚，但双方父母都不同意，程某的无助感越来越大，慢慢变得沉默寡言，郁郁寡欢，对什么都提不起兴趣，觉得全世界都不理解自己，都不爱自己，抛弃了自己。后来在与妻子的一次争吵后，程某终于抑制不住内心中的委屈、无奈和压力，从自家 8 楼跳下，还好运气不错，捡回了一条命。之后家里人带程某去医院检查，最终诊断为抑郁症。程某也与妻子离婚，孩子判给了女方。程某住院接受治疗一年，病情有所好转。

六、案例分析

程某从小家教严格，被父亲压抑自身想法，导致性格内向，自卑压抑，想法极端，精神压力大，得病后更是心情低落，兴趣丧失，如行尸走肉，认为世界上没有人喜欢自己。主要问题有以下几点。

（1）精神疾患：对生活失去兴趣，情绪低落，无力感、自卑感增强，长期受到疾病困扰。

（2）认知失调：从小被父亲压制，对父亲的爱不理解，觉得所有人都不理解自己，都不喜欢自己，悲观失望，觉得父亲的所作所为都是因为自己的面子，一点也不为自己着想，从根本上否认父亲对自己的爱。

（3）压力失控：认知失调、自我封闭、人际失援导致程某精神生活变得更加不容易和艰辛，需要独自承担所有的压力，自己又缺乏宣泄减压的渠道，加之自己情绪疏解能力差，对社会的认知有误，遇事容易出现自动化思维，有较高自杀风险。

目前程某能正常参加日常的改造活动，但改造活动效率低，不积极，内心有抵触情绪，却不表现出来，有意回避与他人交往。很抵触服药，不喜欢聊家庭情况，不想要看护。

七、心理评估与诊断

（1）心理测试结果：

16PF测试显示敢为性、敏感性、幻想性均超过了8分，具有典型意义，表现为冲动、大胆妄为、敏感、感情用事、行为放荡不羁，不愿意被约束。

SCL-90测试结果总分168分，心理健康状况需要引起注意。精神病性、偏执大于平均差2分，呈阳性反应。

贝克抑郁量表（BDI）测试结果44分，大于常模标准25分，说明抑郁已经比较严重。焦虑量表（BAI）测试结果66分，大于常模标准45分，说明焦虑状态显著。

CCQA测试结果显示整体情况一般，帮教情况较差，与父母关系紧张。

（2）经鉴定为抑郁症，整体状态较差，情绪低落，稳定性差，不可预测性强，有自杀史，具有高度安全风险，被列为精神异常类重点病号。

八、咨询目标及实施计划

根据程某的情况，结合具体余刑期限，制定咨询目标。

初期目标：建立尊重信任的咨询关系，确保安全稳定。

中期目标：帮助其缓解压力，合理疏解自身情绪，提高自信心，消除自卑感和无力感，缓解抑郁症状。

长期目标：分析其存在的不合理信念，修复心理创伤，改变错误认知，重拾对生活的希望，增进社会适应能力。

九、咨询过程

（一）保障安全稳定，降低安全风险

一是加强监控及药物治疗，确保其活动控制在视线范围内，禁止其单独活动与外出。同时，每日民警监督其服药，确保药物治疗不间断。二是建立专档，定期请医生、咨询师对程某的情况进行会诊、评估，每小时记录相关改造表现情况。三是积极关注程某，鼓励班级成员对他进行照顾、理解和帮扶。

（二）咨询工作

根据程某的情况，采用放松训练帮其解除压力、抑郁、焦虑情绪，再运用放松训练和认知行为疗法，通过放松和纯理性分析、逻辑思辨的途径，改变程某的非理性观念，帮助其解决抑郁情绪及问题。

1. 第一阶段：情绪宣泄，调整改变动机

通过使用放松训练缓解程某的抑郁焦虑情绪，尽可能使程某谈出不愉快的事情，宣泄压抑的情绪，建立轻松、安全的环境，建立良好的咨询关系。

一是激发改变动机，并将正念训练和音乐放松训练穿插在对程某的矫治工作中，让他了解正念知识、掌握正念方法，学会正确处理自己的不良情绪和压力事件，避免压力蓄积，影响健康。积极习惯课程主要就是激发程某的改变动机，这样的学习很快就产生了效果。上完前三次课，程某跟咨询师说："我才上了这三节课，可是怎么感觉自己想的事比在外边这几十年加起来都多，我从来没有想过我和父亲的关系可以缓解改变，听了您的课，我觉得自己可以试一试！"

二是通过愤怒控制团体合理疏解情绪，通过愤怒情绪控制训练的标准操作流程及 10 个矫治单元活动，学习疏解情绪的基本技能，学会并熟练掌握合理疏解情绪的基本程序和方法。

2. 第二阶段：领悟阶段

寻找和分析抑郁产生的原因，利用认知行为疗法，寻找不合理信念，进行分析，让程某懂得自己问题的主要原因在于对事物的看法和信念，与他人相处造成困扰的主要因素是自己的行为方式。

一是寻找自动化思维，运用将情境视觉化、通过角色扮演重现人际关系场景等方法，确定程某的主要自动化思维是"父亲不爱我，只是好面子"，程某总是想起和父亲之间的事情，从小到大，所有事情，父亲都给他安排好，他自己没有权利选择，只能服从。找到自动化思维后，又通过苏格拉底式提问，检验自动化思维的准确性。

二是应对自动化思维，帮助程某用思维自检工作表等方法来应对功能不良思维的反应。如当程某想到"父亲不爱我"的时候，可以帮助程某提醒自己："你自己想想以前的事情，父亲可能只是真心想帮助你，希望你成才。你可以向别人求助，比如说亲戚朋友，让他们帮助你评判一下。这样对你会有很大的帮助。"

三是寻找中间信念和核心信念。使用箭头向下技术，从自动化思维开始，用一个问题链去发现更深层次的思想信念。如程某自述，父亲不爱我，妻子不爱我，单位同事和朋友们不喜欢我，世界上所有人不喜欢我，我很不受欢迎，还不如死了算了。找到可能的核心信念——我不受欢迎。

3. 第三阶段：辩论阶段

从科学、理性的角度对程某持有的关于自己、他人及周围世界的不合理信念和假设进行挑战和质疑，以动摇程某这些信念。

通过矫正认知图式的方式，矫正程某不合理的核心信念。协助程某制订新的或矫正的图式计划，包括将要实施的行为；同时制定克服困难的应对策略；协助程某在具体真实环境里练习。

第四阶段：再教育阶段，巩固前几个阶段取得的效果。主要是通过总结和提升，鼓励程某把在咨询中所学到的客观现实的态度、科学合理的思维方式，内化成个人的生活态度，使自身新的观念得以强化，体验到从前的自我不足，增加其自发性与主动性，从而达到自我实现，以改变和消除人际交往中的不良行为，并将这种态度迁移到日后的生活、改造中。

十、案例总结

经过系统的心理干预，程某的行为和态度发生了积极的转变，压力得到缓解，病情相对稳定。认知方面有一些转变，仍需要持续关注。

（1）精神疾病稳定。程某的整体状态得到改善，情绪长时间保持稳定，能够敞开心扉。抑郁情绪得到一定缓解，能够正常参加监狱各项改造活动，融入正常改造生活，对未来有了新的目标和一定的希望，不再彷徨。

（2）压力缓解，能够与人正常相处。在干预期间，随着程某的改变，其在班级中表现得越来越积极，没有违纪行为发生，能够与民警和班内其他罪犯和睦相处，没发生冲突行为。

（3）自信心水平大幅提升。程某精神状态良好，每天面带笑容，对未来生活有了希望，能将学到的方法运用到生活中，调整自身状态。

（4）心理测试结果显示症状缓解。贝克抑郁量表（BDI）和焦虑量表（BAI）测试结果显示程某抑郁和焦虑测试分值明显下降，目前仍有轻度抑郁情绪，焦虑状态已经基本缓解；CCQA 测试结果显示程某各因子分数均有明显改善，其中人身危险、生活态度和负性思维改善尤为明显。

人格障碍罪犯心理矫治个案

北京市垦华监狱　宋紫峰

> 罪犯王某入监后，与另一名罪犯因琐事在监舍发生口角，之后发展为互相殴打，被惩处教育六个月。惩处完毕解回后，该犯对此事不能释怀，多次向监区警察和其他罪犯表示对此不服。经过多次咨询，通过积极关注和恰当的情感支持，目前该犯情绪和行为基本稳定，取得了一定效果。

一、个人信息

王某，30 岁，北京市人，小学文化，捕前无业。

二、案例来源

主动寻求心理咨询，监区转介。

三、第一印象

客观描述：瘦小、语速快、健谈且重复、表情狰狞夸张。
主观感觉：年纪较轻、心胸狭窄、易激惹、情绪不稳、容易焦躁。

四、主诉

该犯因自感情绪冲动、难以自控，主动求助监区心理咨询民警。

五、主要心理问题及发展史

该犯入监后，经常与他人发生冲突，违纪行为不断。入监不久，王某与韩某因琐事在监舍发生口角，韩某用拳头猛击王某头部，王某予以还击，二人不听其他人劝阻继续互殴，后被强制拉开。王某被记过处分，被惩处教育六个月。惩处完毕解回后，该犯对此事不能释怀，多次向监区警察和其他罪犯表示："和韩某没完，见他一次，打他一次！"

惩教结束后，该犯在日常服刑中基本能够服从管理，不过，一旦遇到涉及自身利益问题时，就明显表现出情绪激动、难以自控。某日，王某在求医过程中因开药问题与医生发生争执，当监区民警对他进行教育时，王某指手画脚，大声顶撞，拒不服从管理，后被扣分处罚。在之后的个别教育中，王某解释称："我的身体出了状况，药老是没有，心里太着急了，所以才情绪失控，我可能有心理问题，希望监区的心理咨询师能帮帮我。"

六、成长经历

王某5岁时父母离婚，其跟随父亲生活。后父亲再婚，与继母生一子，后其父又与其继母离婚，又再娶一妻。王某自幼家庭关系复杂，童年生活变动频繁剧烈，亲生父母与继母均对他态度冷淡。父亲对王某的管教简单粗暴，在王某记忆中，父亲常常对他毫无缘由地殴打辱骂，从未对他进行过正面教育。

七、家庭背景及家庭关系

王某自幼家庭不和睦。年幼时父母离婚，父亲再婚，与其继母生一子，后其父又与其继母离婚，又再娶一妻，家庭关系较为复杂；亲生父母和继母均对他态度冷淡，亲情淡漠，缺乏关爱。

由于自幼家庭教育缺失，亲人未对其进行过正向教育。父亲常对其无缘由地殴打辱骂，因此其幼年时期没有形成正确的是非观念，缺乏正确价值导向，自我认识产生偏差，造成自卑性格，对外界刺激反应过激，无法站在更高层面审视现实，缺乏自我约束的意识。

八、评估

在《精神疾病诊疗手册》中，冲动型人格障碍被描述为一种以行为和情绪具有明显冲动性为主要特点的人格障碍，又称为暴发型或攻击型人格障碍。通常至少符合下述项目中的三项：（1）有不可预测和不考虑后果的行为倾向；（2）行为暴发难以自控；（3）不能控制不适当的发怒，易与他人争吵或冲突，尤其是行为受阻或受批评、指责时；（4）情绪反复无常，不可预测，易愤怒和出现暴力行为；（5）生活无目的，事先无计划，对很可能出现的事也缺乏预见性，或做事缺乏坚持性，如不给予奖励便很难完成一件较费时的工作；（6）强烈而不稳定的人际关系，与他人关系时而极好，时而极坏，几乎没有持久的友人；（7）有自伤行为。

依据上述关于人格障碍的诊断标准，王某符合人格障碍的诊断。

九、案例分析

（1）由于早年生活的剧烈变动，尤其是亲密关系的不稳定和家庭温暖的缺乏，王某在人际关系中缺乏信任感和安全感，人际交往以偏执和恐惧为重要特征。

（2）由于幼年生活中受到过多无端辱骂和责打，王某的自尊感低下，自卑感突出，性情多疑，对他人的评价极为敏感。

（3）因为缺乏基本教养，王某不懂礼貌，缺少必要的社交技巧。例如，在与人交谈时，小动作过多，表情夸张，手脚抖动，很少正视对方，人际交往中缺乏基本的礼仪观念。

（4）是非观念淡漠。无视规则，缺乏同理心。为抵御内心的恐惧和多疑，常常防御性地使用暴力。例如本次犯罪，因琐事与他人发生冲突，执刀猛刺对方致其死亡，手段非常残忍，且毫无怜悯之情。在狱内违纪事件中，也同样展现了这一特点，他在明知对方为洁癖患者的情况下，毫不顾忌他人的关切，一语不合就大打出手，甚至欲持笔扎伤对方。

（5）性格冲动，做事不计后果，对于刺激过于敏感，反应强烈，没有形成完整的社会道德观念，自卑明显，容易感到被轻视，害怕受到身体或语言上的伤害。与人发生冲突时，首先觉得"丢人"，从而采取极端手段报复对方，把"面子"找回来。同时，为塑造"不可侵犯"的形象，常常采用乖张狂放的行为举动展现自身"实力"，使他人"尊重"自己，以减轻内心深处的自卑感。

十、咨询目标及预后

鉴于王某具有明显的冲动型人格特征，咨询师希望在他主动求助的背景下，在建立良好关系的基础上，能在一定程度上缓解他的冲动性行为模式，改善他在人际关系中的不安全感，降低他的自卑感，促进自尊发展，从而改善他的自我体验和人际关系质量。

十一、咨询计划

（一）建立关系

在共情基础上，建立具有一定包容性的咨询关系。结合他主动求助的动机，引导王某对自己的情绪与行为进行有效管理。

（二）心理矫治

通过积极关注和恰当的情感支持，改善王某的情绪状态，同时，通过良性互动让该犯有机会内化他与咨询师的互动，在一定程度上矫正他因长期疏淡的亲情造成的在人际交往中的不信任感和不安全感。

（三）效果评估

进行评估，观察治疗效果。

十二、咨询过程

（一）情感支持

通过对他成长经历中的一些重要情感进行共情，例如对父母的失望，对家庭的不信任，特别是对他在成长中因缺乏足够的关心而产生的自卑感。为他解读为何容易冲动，把他冲动的性格和成长经历联系起来。这让王某有了一种被理解感。情感支持是一个既需要"做"又不能"做作"的内容，缺乏足够的情感支持无法建立有效的咨询关系，过度支持又容易使他产生不必要的退行。

（二）矫治认知

由于王某对别人不信任、敏感多疑，这种性格是一种基本的错误认知导致的。他认为没有人值得信赖，没有人真正对他感兴趣，即使有人愿意和他交往，那也是因为他暂时有"利用价值"，一旦他的价值被"榨干"，别人就会离开他。所以，基于这种对人际关系的认知，他始终用警觉的目光观察周围的人和事，使他觉察到这种认知模式并不难。他很清楚自己对周围充满警惕，但是他认为这种警惕是必须的，因为在他看来"危险"和"欺诈"是真实存在的，他必须随时保持警觉并作出反击。他把自己的敌意投射到环境中，这是咨询过程中的重点和难点。在访谈中，咨询师多次指出他对这种认知模式的"过度使用"，他从最初的"断然否认"到逐渐地"若有所思"，这表明他旧的认知模式开始松动。

（三）社交训练

心理咨询是一个"破"和"立"相结合的过程，在打破旧有认知和交往模式的同时，也需要建立积极的新模式，咨询师鼓励王某采用温和的方式和他人交往，对他在交往中表现出的善意和正能量给予必要的赞赏，帮助他以新的方式解读人际交往现象，特别是那些容易引发他敌意的情形。经过社交训练，咨询师帮助他在人际交往中引入新视角，逐渐建立起新的认知框架。

（四）效果评估阶段

（1）通过心理矫治，王某的冲动行为得到了有效缓解。他表示自己不像以前那么爱着急了，与其他犯人的关系有所好转，但是有时心里还是暗自生气，不过能在一定程度上压制住怒气，暂时离开可能发生冲突的场合，用"避开"来进行自我调节。

（2）其他犯人也普遍反映，王某现在比以前好接触了，能够经常有说有笑，不像过去有点什么事都要跟人急。

（3）通过监区其他人员的观察，王某现在处理问题比以前冷静多了，能够通过自我心理调节缓解压力，不像以前那样"点火就着"了。

十三、案例总结、评估与反思

迄今为止，咨询师和王某已经进行了6次访谈，咨询仍在进行中。目前，王某的基本状况如前所述，他在行为管理方面较以前有所好转，与他人的冲突明显减少，但是积极变化还不牢固，还停留在"勉强约束"自己的层面。这种局面首先是他进步的表现，同时也表明他还有很长的路要走，对他的心理咨询还很漫长。

通过这个案例，有如下两点反思。

（1）如何推进咨询进程。对王某的咨询访谈基本围绕日常服刑生活展开，偶尔他会提到自己的家庭和入狱前的生活。但在访谈中，咨询师始终感到与王某的谈话经常处于一种肤浅状态。虽然他有一定改变自己的愿望并主动寻求帮助，但是访谈中，他明显限制着交谈范围，例如，他更愿意谈监狱的管理、伙食或生产，而对个人生活避而不谈，当咨询师企图把话题拓展到更广泛的领域，比如他与父母的关系时，他会很快转移话题或轻描淡写一带而过。咨询师有时感到茫然，不知应该朝什么方向进行。最终，咨询师还是决定尊重他的节奏，以他感到舒适和安全的速度推进咨询进程。事实表明这个决定是对的，虽然王某还有很长的路要走，但是双方之间的咨询关系已经建立，有效的咨询进程已经启动。

（2）咨询目标的设定。

有人格问题的罪犯通常是监区管理的难点和重点，他们的特殊性格不仅对监管秩序有不同程度的破坏，更给他们自己带来无尽的痛苦，在监狱这种特定的环境中，人格问题的矫治非常必要，又极其困难。第一，人格问题都是长期形成的，具有很强的稳定性；第二，有人格问题的罪犯常常家庭和社会支持较差，咨询中可以利用的资源较少；第三，这类罪犯与他人建立积极、稳定、长期关系的能力较差，在咨询关系中也存在同样的倾向。鉴于上述几点，矫治人格问题罪犯的目标要有一定弹性，在治标与治本之间要有平衡，既不能"只管行为不管性格"，也不能过分强调人格调制忽略行为矫正。只有标本兼顾，才能在监狱这种特殊环境中对有人格问题的罪犯展开务实的矫治。